사진과 그림으로 보는

북한 현대사

사진과 그림으로 보는 북한 현대사 (개정증보판)

초판 1쇄 발행 2004년 9월 8일
초판 18쇄 발행 2013년 9월 17일
개정증보판 1쇄 발행 2014년 4월 14일
개정증보판 15쇄 발행 2024년 11월 20일

지은이 김성보 기광서 이신철

발행인 이봉주
단행본사업본부장 신동해 **편집장** 김경림
교정교열 임미영 **디자인** 박대성
마케팅 최혜진 이은미 **홍보** 반여진 허지호 송임선
국제업무 김은정 김지민 **제작** 정석훈

브랜드 웅진지식하우스
주소 경기도 파주시 회동길 20
문의전화 031-956-7366(편집) 02-3670-1123(마케팅)
홈페이지 www.wjbooks.co.kr
인스타그램 www.instagram.com/woongjin_readers
페이스북 www.facebook.com/woongjinreaders
블로그 blog.naver.com/wj_booking

발행처 ㈜웅진씽크빅 **출판신고** 1980년 3월 29일 제406-2007-000046호

ISBN 978-89-01-16194-5 04910

사진과
그림으로 보는

북한 현대사

김성보·기광서·이신철 지음

역사문제연구소 기획

웅진 지식하우스

일러두기

1. 이 책에서 북한을 지칭하는 용어를 해당 부분의 내용과 당시 시대상황 등을 고려하여 다음과 같이 사용한다.
-조선민주주의인민공화국 : 건국 과정과 대외적인 국호 사용이 필요한 경우 사용한다.
-이북 : 38선(혹은 군사분계선)을 기준으로 그 위를 이북, 아래쪽을 이남으로 지칭한다.
-북측 : 외교적·국제적인 상황에서 북한을 지칭할 때 '남측'이라는 지칭과 함께 사용한다.
-북한 : 위의 세 가지 경우가 아닌, 일반적인 경우 '북한'으로 용어를 통일한다.

2. 이 책에서는 '6.25전쟁 중단'을 표기할 때 협정문의 공식 용어인 '정전'으로 사용한다. 다만 국내에서는 현재 '휴전'이라는 용어가 더 널리 사용되고 있으므로, 독자의 이해를 돕기 위해 '정전협정', '정전회담' 등 공식적인 명칭을 표시하는 것 이외의 경우에는 적절히 '휴전'과 '정전' 두 용어를 혼용했다.

3. 북한의 인명, 지명, 기관명, 법령명 등 고유명사는 북한의 표기법을 따랐다.

북한 현대사를 한눈에 읽을 수 있는 책

남과 북에 두 개의 분단정부가 들어선 지 벌써 반세기 이상이 지났습니다. 그동안 남과 북은 화목할 때보다는 서로 대립할 때가 더 많았습니다. 서로 비방하고 전쟁을 치르고, 앞서기 위해 경쟁하다 보니 어느새 반세기나 지나갔습니다. 물론 1972년의 7·4남북공동성명에서는 '자주, 평화, 민족대단결'의 통일원칙을 합의했고, 2000년 6월에는 남북의 지도자가 함께 포옹하는 감격을 맛보기도 하였습니다. 한 기업인이 1천 1마리의 소 떼를 몰고 북한을 방문하던 모습은 얼마나 대단한 장관이었습니까? 하지만 당장 통일이라도 될 것 같던 분위기는 무슨 일 하나 터지면 금방 식어버리고, 다시금 서로 등을 돌리고 헐뜯는 상황으로 돌변한 것이 몇 번인지 셀 수가 없습니다.

이러다가는 통일의 가능성이 영영 사라져버리는 것은 아닌지 두려운 마음이 듭니다. 어떤 분들은 "굳이 통일할 필요가 있는가, 서로 간섭하지 말고 각자 살고 싶은 방식대로 살면 되지 않나" 라고 반문하기도 합니다. 언뜻 들으면 그럴듯한 말이지만, 지나온 역사를 돌이켜보면 이처럼 위험한 생각이 없음을 곧 알게 됩니다. 남북의 분단은 우리 민족이 스스로 원하여 결정한 것이 아닙니다. 대립과 경쟁이 지속되는 것 역시 한반도를 둘러싼 강대국들의 이해관계와 밀접히 관련되어 있습니다. 남북이 서로 다른 체제로 남아 있는 한, 언

제든 한반도는 전쟁이 재발할 수 있는 화약고의 처지를 벗어날 수 없습니다. 언제든 핵전쟁이 벌어질 수 있는 상황인데다가, 서해에서는 수차례 교전이 발생하더니 2010년에는 급기야 천안함사건까지 일어나지 않았습니까? 물론 당장 통일국가를 이룩해야 한다는 것은 아닙니다. 서로 화합하고 교류하며 공존하는 길을 찾음으로써 '사실상의 통일'을 이룩해야만 우리 민족의 생존을 보장할 수 있다는 뜻입니다.

서로 화합하고 공존하기 위해서는 무엇보다도 먼저 서로를 제대로 이해할 수 있어야 합니다. 북한을 무조건 '악의 축'으로 생각하는 것도, 그 반대로 '주체의 나라'로만 인식하는 것도 잘못입니다. 북한의 모습 그 자체를 사실 그대로 인식하고, 그 내면을 이해하되 문제점이 무엇인지를 비판적으로 볼 수 있는 균형 잡힌 안목이 필요합니다. 북한을 제대로 알려면 그곳에 가서 오랫동안 머무르며 관찰하는 것이 제일이겠습니다만, 그 방법은 현실적으로 불가능합니다. 따라서 현재의 북한을 제대로 이해하기 위해서는 무엇보다도 그 역사를 공부하는 것이 최선의 방법입니다.

역사는 거짓말을 하지 않습니다. 일시적으로 사실을 감출 수는 있지만 언젠가는 진실이 드러나게 마련입니다. 김일성 등 북한 체제를 만든 사람들이

어떤 인물들인지, 그들이 추구했던 이상과 현실이 어떤 것인지, 그리고 그 체제 아래 살아온 일반 대중의 삶은 어떠했는지를 이해하게 된다면, 우리는 참으로 불가사의하게만 보이던 북한 체제를 좀더 객관적으로 인식할 수 있게 될 것입니다. 그리고 남북관계의 역사를 알게 되면 남과 북 사이에 신뢰 회복의 길이 얼마나 어려우며 그 얼마나 많은 정성을 기울여야 이루어낼 수 있는 것인가를 이해할 수 있을 터입니다.

지금까지 북한에 관한 무수히 많은 책들이 출판되었습니다만, 북한의 현대사를 한눈에 쉽게 이해할 수 있도록 만들어진 책은 없었습니다. 이에 역사문제연구소는 웅진지식하우스와 함께 『사진과 그림으로 보는 북한 현대사』를 2004년도에 출간하였고, 이제 다시 10년 만에 내용을 수정, 보완하여 개정판을 내놓게 되었습니다. 문장은 가급적 쉽고 균형적으로 쓰기 위해 노력하였고, 사진과 그림, 도표 등을 배치하여 이해를 도왔습니다. 참으로 부족함이 많겠지만, 문장 하나하나, 자료 하나하나에 화해와 통일의 꿈을 실어 공동 저자 3인이 오랫동안 함께 작업해온 결과물입니다. 한국 근현대사의 큰 흐름을 이해하기 위해 『미래를 여는 한국의 역사』(전 5권), 『사진과 그림으로 보는 한국 현대사』와 함께 읽는다면 더욱 좋겠습니다.

우리 학계에서 북한 현대사 연구는 많은 성과를 내기는 하였으나, 자료의 부족과 연구진의 빈곤으로 인해 많은 부분들이 아직 충분히 밝혀지지 못한 상태입니다. 이 책을 읽다보면 명쾌하게 이해되지 않는 점들이 많이 있으리라 생각됩니다. 독자들의 궁금증을 모두 풀어줄 수 있는 책을 언젠가는 낼 수 있으리라 기대하면서, 일단 지금까지의 연구 성과를 최대한 수렴하여 북한의 현대사를 한 권의 책으로 엮었습니다. 비록 작은 책 한 권이지만, 이 책이 남북의 화합과 한반도의 평화를 위해 조금이나마 징검다리 역할을 할 수 있기를 간절히 소망합니다.

2014년 4월

역사문제연구소

김성보, 기광서, 이신철

통일시대를 대비하기 위한 북한 역사 이해

요즈음 북한 관련 책들이 쏟아져 나오지만 흥미 위주에 머무르는 경우가 많았다. 그래서 역사학자들이 적극적으로 나서야 한다는 생각을 하고 있었는데, 마침 자문위원으로 있는 역사문제연구소에서 북한 역사서를 출간한다는 소식을 들었다.

남한의 역사학계에서 북한을 연구 대상에 포함시키기 시작한 것은 1980년대 후반부터였다. 이제는 관련 도서뿐만 아니라 박사학위 논문도 여러 편 나와 북한에 관한 인식의 영역이 그만큼 넓어졌다. 분단시대를 극복해야 한다는 문제의식을 가진 젊은 연구자들이 적극적으로 나선 결과라고 할 수 있다. 최근 10년 사이에 북한에 대한 연구 조건이나 환경은 이전에 비해 크게 바뀌었다. 특히 러시아 자료가 본격적으로 활용되고, 2000년 6·15 남북정상회담 이후 남북한의 교류가 활발해지면서 북한을 이해할 수 있는 폭이 그만큼 넓어졌다.

이제 우리는 북한을 단순한 흥미의 대상이 아닌 남한과 함께해야 할 '21세기의 동반자'라는 역사의식을 보편화하는 단계로 나아가야 한다. 또한 이러

한 역사의식을 사람들에게 전해줄 수 있는 쉽게 읽히는 책을 만들어내야 할 때다. 그런 점에서 이 책의 출간은 의미가 있다. 이 책을 읽어보니, 충북대 김성보 교수, 조선대 기광서 교수, 역사문제연구소 이신철 연구원 등 젊은 역사학자들이 러시아 자료를 포함하여 최근에 새로 공개된 자료를 바탕으로 의욕적으로 집필한 흔적을 뚜렷하게 느낄 수 있었다. 특히 아직까지 일반인들이 보지 못한 사진이나 문서 등의 다양한 시각자료뿐만 아니라 처음으로 공개되는 다른 많은 자료들을 통해 객관적이면서도 생생하게 북한사를 설명해주고 있다.

21세기 동아시아공동체 수립을 위한 가장 기본적인 전제가 남북한의 평화체제 구축이라는 사실은 이제 누구도 부정할 수 없다. 6·25전쟁의 가장 큰 교훈은 한반도가 전쟁이나 일방의 이념으로는 통일되기 어려운 국제적 환경에 놓여 있다는 점이다. 결국 남북한은 서로를 이해하는 노력 속에 대등협상 통일론으로 이견을 좁혀가야 한다. 그러면 그 과정에서 남과 북은 동아시아 공동체와 평화질서를 주도할 수 있는 주체로 나설 수 있게 될 것이다. 남북한의 평화공존과 평화통일을 위해 선행되어야 할 것은 서로를 이해하는 일이

다. 이러한 역사적·시대적 요청에 부응하기 위해 역사학은 분단시대의 적대적 인식을 극복하고 통일지향의 역사인식을 넓혀가면서 북한 이해를 위한 디딤돌 역할을 해야 한다.

이제 이 책의 다음 과제는 남한과 북한의 역사를 따로따로 서술하는 차원을 넘어 함께 서술하는 방식으로 연구방법과 인식의 지평을 넓혀 가야 한다. 남과 북의 역사는 외면적으로는 적대적으로 분절된 것 같지만 그 내면에서는 서로 밀접하게 영향을 주고받았고, 결국 21세기 통일시대를 가꾸어 가야 할 주체도 남과 북이기 때문이다. 쉽지 않은 작업이겠지만, 젊은 연구자들이 더욱 정진하여 평화와 통일을 지향하는 역사인식을 더욱 발전시키는 한, 남과 북의 역사를 함께 서술하는 눈도 크게 트일 것이라고 믿는다.

2004년 9월

강만길

차례

1 1945~1948 조선민주주의인민공화국을 세우다

4 1961~1970

주체의 시대

5 1970~1990

모습을 드러낸 우리식 사회주의

6 1991~ 위기의 지속과 새로운 선택의 기로

1

조선민주주의 인민공화국을 세우다

〈보천보의 횃불〉, 정관철, 1948

1945–1948

1945년, 식민지의 고난 속에 끈질기게 투쟁하던 한반도는 마침내 해방을 맞았다.
그러나 분단이라는 조건에서 출발한 이 독립국의 운명은 순탄치 않았다.
1948년, 38선이라는 왜소한 간판 이남에는 대한민국이 수립되었고,
곧이어 이북에는 조선민주주의인민공화국이 세워졌다.

1945	8월 15일	해방
	9월	김일성 귀국
	10월	서북5도 당 책임자 및 열성자 대회: 조선공산당 북조선 분국 결성
	8월 15일	(남측) 여운형, 조선건국준비위원회 발족
	9월 6일	(남측) 조선인민공화국 수립 선포
	12월 16~28일	(국제) 모스크바삼상회의 개최
1946	2월	북조선임시인민위원회 출범
	2~8월	민주개혁 실시: 토지개혁에 대한 법령(3월 5일)
		남녀평등에 관한 법령(7월 22일)
	5~7월	보통강 개수 공사
	11월	건국사상총동원운동 시작
1947 제1차 1개년계획		
1947	1월	계획경제 시작
	2월	북조선인민위원회 출범
	11월 14일	(국제) UN 총회, 남북 총선거를 통한 정부 수립 결정
1948 제2차 1개년계획		
1948	2월 8일	조선인민군 창설
	4월 19~30일	평양 모란봉극장에서 제1차 남북연석회의 개최
	9월 9일	조선민주주의인민공화국 정부 수립. 김일성, 수상에 취임
	8월 15일	(남측) 대한민국 정부 수립
	10월 19일	(남측) 여순사건 발생

보천보전투

"유격대가 보천보를 쳤다는 소식을 듣고 보니 20여 년 세월 왜놈들 치하에서 수모를 당해온 망국민의 설움이 순간에 다 녹아버리는 것 같았습니다. 내 그때 보천보에 가보고 무릎을 쳤지요. 이제는 됐구나, 단군조선이 살아있구나 하는 생각에 눈물이 절로 나지 않겠습니까."

— 여운형의 말, 김일성 회고록 『세기와 더불어』 중에서

치스티아코프의 판단

소련 제25군 사령관 치스티아코프는 점령한 지역의 행정권 이양 중에 조선인들의 자치능력을 인정하는 결정을 내렸다. 그가 함흥에서 일본군 무장해제와 행정권 교섭을 하던 중 함남공산주의지협의회 대표와 한남건국준비위원회 대표가 찾아와 행정권 이양을 요청하자, 이를 즉각 수락했던 것이다.

토지개혁

개혁을 향한 민중의 열망은 크고도 뜨거웠다. 북조선임시인민위원회의가 실시한 토지개혁은 불과 한 달 정도밖에 걸리지 않았는데 이는 세계에서 유례를 찾아볼 수 없을 정도로 빠른 속도다. 이 열기는 이후 공산당에 대한 지지로 이어졌다.

건국사상총동원운동

"과거의 썩은 생활을 고치자"
"근로! 부지런히 일하는 자만이 새 조국의 건설자다"
"쌀 한 알, 실 한 오리도 절약하여 조국 건설에 바치자"
"무식은 파멸이다"

101

건국의 중심이 된 인민위원회

"짐은 제국정부로 하여금 미·영·중·소 4국에 대하여 그 공동선언을 수락할 뜻을 통고케 하였다."

1945년 8월 15일, 라디오를 타고 힘없이 흘러나온 일본 천황의 항복선언이다. 영원히 이 땅을 지배할 것처럼 기세등등하던 일제가 무릎을 꿇는 순간이었다. 삼천리강토는 만세 소리로 뒤덮였고, 하늘에는 태극기가 나부꼈다. 절망의 힘겨운 걸음들이 지배하던 거리는 건설의 희망으로 넘쳤고, 사람들은 흘러내리는 땀줄기에도 환희를 멈추지 않았다.

8월 15일 밤, 여운형은 서울에서 제일 먼저 새 조국 건설의 깃발을 내걸었다. '조선건국준비위원회'(약칭 건준)가 결성된 것이다. 그는 이미 1944년부터 일제가 패망할 것을 예측하고, '건국동맹'이라는 비밀 지하조직을 만들어 건국을 준비하고 있던 터였다. 전국 어디나 끓어넘치는 새로운 조국에 대한 열

건국을 준비하는 독립운동가

독립운동가 세 사람이 한자리에 모였다(왼쪽부터 여운형, 안창호, 조만식). 여운형은 서울에서 조선건국준비위원회를 조직했고, 평양에서는 조만식을 중심으로 한 평남건국준비위원회가 건국운동을 시작했다.

망으로 가득했다. 건준 지부의 숫자는 8월 말에 이미 145개를 넘어섰다.

38선 이북 지역에서도 건준 지부라든가 자치대, 치안유지위원회 등 다양한 조직이 만들어졌다. 8월 17일, 이북 지역의 중심인 평양에서는 조만식을 주축으로 하는 사람들이 평남건국준비위원회를 만들어 치안 유지 활동을 개시했다. 공산주의자들도 자신들의 깃발을 내걸고 조선공산당 평남지구위원회를 결성했다. 한 가지 흥미로운 점은, 당시에 우익 정치인들과 공산주의자들은 서로 대립하기보다 대체로 협력하는 분위기였다는 것이다. 평남건국준비위원회에도 공산주의자들이 들어가 함께 활동하고 있었다.

해방 직후 건국운동은 미군과 소련군이 각각 남과 북에 들어오면서 상당한 영향을 받게 되었다. 1945년 8월 9일, 극동전선에서 본격적으로 일본군과 전

일본의 항복

1945년 8월 9일에 소련군은 일본에 전격적인 선전포고를 한 후 만주와 일본으로 일제히 진격했다. 미국이 히로시마에 투하한 원폭으로 막대한 상처를 입은 일본은 소련의 무차별한 공세와 나가사키에 감행된 미국의 2차 원폭 투하를 견디지 못하고 항복을 선언한다. 사진은 일본군의 항복문서에 서명하고 있는 소련군 장교의 모습.

투를 개시한 소련군은 8월 11일에 처음으로 한반도 상륙작전을 펼쳤다. 이들은 곧바로 함경북도 웅기를 점령했고, 다음 날인 8월 12일에는 라진항을 점령했다. 라진전투에서 소련군과 일본군은 적지 않은 피해를 입었다. 일본군의 저항이 만만치 않았던 것이다. 청진전투도 치열했다. 13일부터 시작된 청진전투는 일본 천황이 항복을 선언한 다음 날인 16일에야 끝이 났다. 소련군은 21일에 원산항에 성공적으로 상륙했다. 8월 22일, 마침내 일본군은 소련군에게 공식 항복했다.

소련군은 자신들이 점령한 지역에서 행정권 이양 조치들을 취하기 시작했다. 당시 소련군은 이북 지역에 대한 정보를 그리 많이 갖고 있지 않았다. 그렇기 때문에 소련군은 처음에는 일본 측이 행정권을 그대로 행사하도록 조치하기도 했다. 대표적인 곳이 함경남도 함흥이었다. 함흥에 소련군의 선발대가 들어온 것은 8월 21일이었다. 24일에 본대를 이끌고 들어온 소련 제25군 사령관 치스티아코프는 다음 날 일본 측과 일본군 부장해제와 행정권에 관해 교

소련군의 한반도 진주일지(1945)

8월 9일	소련, 일본에 선전포고. 소련 제1극동 전선군 산하 제25군이 훈춘을 지나 함경북도 경흥에 진입. 소련 태평양함대, 함경북도 웅기와 라진에 집중 포격.
8월 11일	소련 해군보병여단, 웅기에 상륙작전 감행.
8월 12일	소련 제25군, 라진 점령.
8월 16일	소련 제25군, 청진 점령.
8월 21일	소련 태평양함대 제13해병여단, 원산에 상륙.
8월 24일	소련 제25군 사령관 치스티아코프 상군이 함흥에 도착.
8월 25일	소련 제25군, 평양 입성.
8월 말	소련 제25군, 북한 지역에 진주 완료.

섭했다. 여기서 소련군은 치안 유지와 행정사무를 당시의 도지사와 부하직원들이 계속 맡는다는 데 합의했다. 그런데 같은 날 함남공산주의자협의회 대표 네 명과 함남건국준비위원회 대표 두 명이 치스티아코프를 방문했다. 이들은 자신들이 독자적으로 '조선민족함남집행위원회'를 결성했음을 알리고 행정권을 이양해줄 것을 요청했다. 치스티아코프는 이를 즉각 수락했다. 일본 측과의 합의문은 폐기되었다. 이 일은 소련군이 조선인들의 자치능력을 인정한 중요한 사건이었다.

이후 조선민족함남집행위원회는 주요 관공서와 생산기관을 접수하고, 물자를 확보하는 동시에 치안을 유지하는 등 함경남도의 행정권을 장악했다. 이 기구는 공산주의협의회와 건준 측이 각각 11명의 대표를 파견, 22명으로 구성한 좌우연합의 기구였다. 9월 1일, 이들은 기구의 명칭을 함남인민위원회로 바꾸었다. 원산에서도 소련군은 원산인민위원회에 행정권을 이양했다. 결국 8월 말까지 함경남도에서는 3개 시, 16개 군, 129개의 인민위원회가 조

스탈린과 김일성을 연호하는 사람들

스탈린과 김일성이 함께 그려진 플래카드와 "조선의 위대한 애국자이며……"라고 씌어진 플래카드를 들고 사람들이 광장에 모여 연호하고 있다.

조만식과 김일성의 첫 만남

이북 지역 좌우익의 대표적인 지도자라고 할 수 있는 조만식(가장 왼쪽)과 김일성(오른쪽에서 두 번째)이 1945년 9월 30일에 소련군의 실력자 메크레르 중좌(사진 가운데)의 주선으로 첫 만남을 가졌다.

직되어 행정권을 장악했다.

8월 25일, 소련군은 드디어 평양에 입성했다. 하루 늦은 26일에 평양에 도착한 치스티아코프는 조선공산당 평남지구위원장 현준혁과 평남건국준비위원회 위원장 조만식을 비롯한 정치 지도자들과 일본 측 대표들을 불러 행정권 이양에 대하여 논의했다. 회의 결과 평남건국준비위원회는 평남인민정치위원회로 개편되었고, 행정권은 이 기구에 이양되었다. 평남인민정치위원회도 함남인민위원회와 마찬가지로 좌우의 정치 지도자들이 함께 참여한 기구였다. 이들의 합작에는 이미 일제 시기 신간회 때부터 함께 활동한 경험이 바탕이 되었다. 물론 내립이 없지는 않았지만, 이들은 자신들의 기관지로 《평남민보》를 창간하고, 정책의 방향을 담은 「시정대강」을 발표하는 등 활발한 활동을 전개했다.

평남인민정치위원회는 사실상 이북 지역의 중앙정권과 같은 역할을 하는 위치에 있었다. 그렇기 때문에 이들의 활동은 매우 중요했다. 평남인민정치위원회는 자신들의 정책을 밝힌 「시정대강」에 근거하여 10월 21일에 「소작료 3·7제에 관한 규정」을 발표했다. 일제 시기 내내 턱없이 과중한 소작료에 허덕이던 농민들에게는 가뭄 끝에 내린 단비와 같은 조치였다. 건국 준비와 함께 고통 받는 농민들을 위한 활동을 진행하던 평남인민정치위원회는 11월 24일에 다시 평남인민위원회로 이름을 바꾸었다. 그리고 곧이어 「접수 일본인 토지 관리규칙」을 발표하여 일본인들의 재산인 '적산'을 둘러싼 혼란을 막고 멈추어선 공장을 다시 가동시키는 등의 활동을 하면서 이북 지역의 개혁 작업을 주도해나갔다.

이처럼 함경남도와 평안남도에서는 좌우의 정치인들이 비교적 순조롭게 건국을 향한 활동을 진행시켜나가고 있었다. 그런데 평안북도와 황해도 지역에서는 좌우 간의 충돌이 적지 않게 나타났다. 소련군이 진주하기 전에 평안북도에서는 평북자치위원회가 자발적으로 결성되어 있었다. 8월 27일에 소련군의 진주와 더불어 평북자치위원회는 평북임시인민정치위원회로 개편되었다. 처음에 이들은 평안남도와 마찬가지로 일제 시기의 관리들을 내몰고 친일파들을 체포했으며, 기관지 《평북민보》를 발간하여 자신들의 활약을 홍보하는 등 활발한 활동을 전개했다. 그런데 평북임시인민정치위원회는 우익 정치인들보다 공산주의자들이 주도권을 장악하고 있었고, 양측의 의견 충돌이 적지 않았다. 결국 이러한 대립은 반공시위로 알려진 '신의주 학생시위'를 불러일으키고 말았다. 시위는 곧바로 진압되었지만, 평안북도에서 우익 세력의 영향력이 축소되는 결과를 낳았다.

좌우 정치 세력의 갈등은 황해도 지역이 훨씬 심한 편이었다. 8월 25일에 소련군 선발대가 해주에 진주하면서 황해도 건국준비위원회는 황해도인민정치위원회로 개편되었다. 기구의 주도권은 우익 정치인들이 가지고 있었다. 자체적으로 황해도공산청년동맹, 황해도노동조합 등을 결성하여 힘을 키우던 좌

3·7제란?

조선 후기 이래 농민들은 생산물의 반이나 그 이상을 지주에게 바쳐야 했다. 이는 일제 시기에도 마찬가지였다. 그런데 3·7제는 생산량의 30퍼센트만 지주에게 주면 되는 것이어서 농민들의 부담이 크게 줄어들었다.

익 공산주의자들은 이에 불만을 품고, 우익 세력들을 습격하기에 이르렀다. 9월 8일, 치스티아코프가 해주에 오면서 황해도인민정치위원회는 다시 황해도인민위원회로 개편되며 갈등이 봉합되는 듯했다. 그러나 이번에는 우익 세력들이 주도하고 있던 보안대가 인민위원회를 습격하는 일이 벌어졌다. 이 사건으로 인하여 인민위원회에서 공산주의자들의 영향력은 더욱 강화되었고, 보안대를 대신하여 좌익 세력을 중심으로 한 치안대가 구성되었다.

한편 이렇게 우익 지도자들과 공산주의자들이 각 지방에서 화합과 갈등 속에 건국운동을 진행하는 가운데, 10월 8일 평양에서는 5도인민위원회 연합회의가 개최되었다. 이 회의는 각 지방의 인민위원회가 중심이 되어, 이북

신의주 학생시위

1945년 11월 16일, 평안북도 용암포에서 열린 기독교사회당 지방대회에서 평북자치대 용암포 대표가 공산당의 활동을 규탄하는 연설을 하자, 이에 동조한 학생들이 '학원의 자유'를 외치며 거리시위를 시도한 것이 발단이 되었다. 곧이어 공산당 지지자들이 시위에 대한 보복으로 우익 지도자들을 공격했다. 이에 분개한 신의주 학생들은 11월 23일에 반소반공 시위로 대응했다. 사태가 점점 심각해지자, 김일성이 직접 신의주를 찾아 학생들을 설득하기에 이르렀다. 급기야 공산당 지도자 한웅이 처형되는 등 기존의 공산주의자들이 사건의 책임을 지게 되었다. 결국 사건은 평안북도 지역에서 김일성의 영향력이 확대되고 우익 세력이 축소되는 결과를 초래했다.

신의주 학생시위 현장 위치도

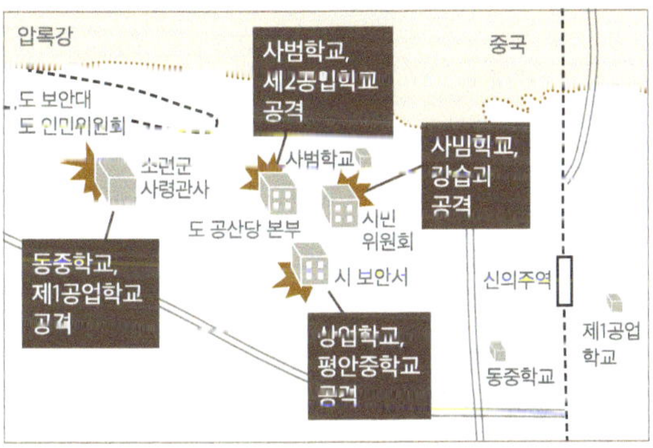

이 사건을 보도한 1945년 12월 9일자 조선일보 기사

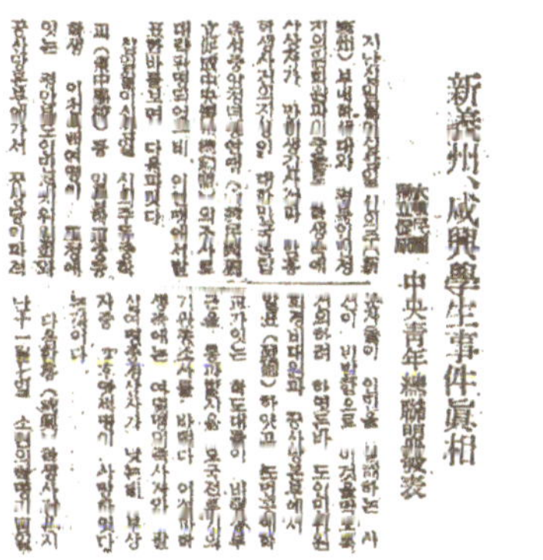
新義州、咸興學生事件眞相

평남인민정치위원회 간부들의 기념사진

사실상 북한 지역의 중앙정권과 같은 역할을 한 평남인민정치위원회는 소작료와 적산 문제를 해결하는 등 활발한 활동을 펼쳤다.

애국열사릉에 있는 현준혁의 묘비

조선공산당 평안남도 책임자였던 현준혁은 해방이 되자 조만식과 협조하여 평남인민정치위원회를 이끌다 9월 3일경 암살을 당했다. 남북을 통틀어 최초의 정치 암살이었다.

5도의 행정을 통일하고 중앙 집중적인 체계를 만들기 위한 것이었다. 대표들은 회의에서 각 도의 인민위원회를 정비하고, 행정의 계통을 잡아나가기로 의견을 모았다. 이에 따라 1945년 10월 11일에 이북 지역에서는 면 인민위원회와 구장들의 선거가 진행되었다. 또한 11월 19일에는 산업국과 교육국, 보안국, 그리고 교통국 등 행정 실무를 위한 10국이 설치되었다. 10국은 임시적으로 중앙 행정기구의 역할을 수행했다.

해방 직후 이북 지역에서는 좌우의 정치 세력들이 자발적으로 건국을 위한 자치단체를 빠른 속도로 건설하고 있었고, 전체적으로 볼 때 정치 세력 간의 갈등은 그리 큰 편이 아니었다. 자발적 정치조직들은 소련군의 진주와 더불어 같은 수의 좌우익 정치인들이 참여한 인민위원회로 개편되어갔다. 직접 통치보다는 간접 통치를 원한 소련의 정책과 자발적인 건국운동의 큰 뜻에 동의한 정치 세력들 간의 통일전선 요구가 맞아떨어진 것이다. 물론 다른 한편에서는 일제의 잔재를 청산하는 과정에서 기득권을 상실한 친일 세력과 소작제도를 개편하는 과정에서 불만을 품은 지주들이 월남하기 시작했다. 결과적으로 이북 지역에서는 좌우가 함께하는 건국운동의 큰 흐름을 인민위원회가 주도하는 가운데 소련군과 공산주의자들의 영향력이 점차 확대되어가고 있었다.

조선민주주의인민공화국 수립까지의 행정·정권 기관

시기	명칭	조직 경위
소련군 진주 이전 (1945년 8월 15일~8월 말)	건국준비위원회, 자치위원회	자발적 조직
소련군 진주 이후 (1945년 8월 말 이후)	인민정치위원회	소련군의 중재
5도인민위원회 대표자대회 이후 (1945년 10월 8일)	인민위원회 / 5도인민위원회 연합회의	5도인민위원회 대표자대회
1945년 11월 19일 이후	행정10국 (5도행정국, 부문별 중앙 행정기관)	각도 인민위원회 연합회의
1946년 2월 이후	북조선인민회의 (북조선임시인민위원회)	북조선민주주의정당, 사회단체, 행정국, 인민위원회 대표자협의회
1947년 2월 이후	북조선인민위원회	선거를 통해 구성된 도·시·군 인민위원회 대표자대회(간접선거)
1948년 9월 9일 이후	조선최고인민회의(내각)	전국 총선거(남북 협상)

| 북한에 머문 소련 세력이 원한 것 |

소련은 처음부터 한반도의 분단을 계획했나?

소련이 국제사회의 이름으로 해방 후 한반도의 미래에 영향을 미치기 시작한 것은 1945년 2월 얄타회담 때부터였다. 이때 루즈벨트는 스탈린에게 이삼십 년간 한반도에서 미국과 중국, 소련이 신탁통치를 실시할 것을 제안했다. 스탈린은 그 기간은 짧으면 짧을수록 좋다고 대답했다. 물론 스탈린이 동의한 것이 '신탁'인지 '후견'인지 구체적인 논의는 없었다. 그런데 분명한 것은 러일전쟁에 패배하면서 러시아가 일본에게 대륙 침략의 전진기지로 내주었던 한반도에 대한 영향력을 다시 행사하게 되었다는 점이었다. 그것은 일본이 한반도를 다시 대륙 침략의 기지로 만드는 일은 불가능해졌고, 소련으로서는 한반도에 자신들에게 유리한 국가를 만들 수 있는 기회가 생겼다는 의미였다.

이 같은 상황에서 38도선 이북을 점령한 소련은 어떤 나라를 세우고 싶었을까? 당연히 소련의 국익을 지지해줄 국가가 필요했을 것이고, 기왕이면 사회주의국가이기를 바랐을 것이다. 그런데 소련이 그러한 정책을 펼치기 전에 해결해야 할 과제가 적지 않았다. 국경을 맞대고 있는 사회주의 몽골을 지켜야 했고, 내전 중인 중국의 향배에도 눈을 뗄 수 없었다. 러일전쟁으로 일본에게 빼앗긴 사할린을 되찾아야 하는 과제도 가지고 있었다. 주된 관심은 소련과 직접 국경을 맞대게 되는 만주와 일본이었던 것이다. 게다가 일본군과 치열한 전투를 치르고 들어간 한반도 북부에서 공산주의 조직은 미약했다.

소련의 방침이 구체화되고 명확해진 것은 스탈린의 1945년 9월 20일 훈령이었다. 그는 극동군 총사령관 바실리예프스키, 연해주 군관구 군사회의와 25군 군사회의 앞으로 7개항의 훈령을 내렸다. 그 중에 북한의 국가체제와 관련된 내용은 아래의 3개항이었다.

❶ 북조선 영토에 소비에트 및 여타의 소비에트 권력기관을 창설하거나 소비에트 질서를 도입하지 말 것.
❷ 모든 반일민주정당 및 조직들의 광범위한 연합을 기반으로 북조선에 부르주아민주주의 권력 수립을 방조할 것.
❸ 이와 관련해 붉은 군대가 장악한 지역에서 반일민주조직과 정당의 설립을 방해하지 말고 그들의 사업을 도울 것.

스탈린은 통일전선에 의한 '부르주아민주주의 권력'을 장차 북한에 수립될 정치권력의 형태로 규정한 것이다. 이 같은 방침은 1922년 여운형을 만났을 때도 확인한 바 있었고, 코민테른의 '조선혁명' 방향이기도 했다. 스탈린은 해방 이후 조선의 노동자와 농민 계급이 아직은 미약한 상황이므로, 식민지 당시의 조선혁명의 방침을 그대로 유지해야한다고 판단한 것이었다. 그 훈령에 따르면 혁명의 가장 중요한 목표는 사회주의 혁명이 아니라 부르주아 민주주의혁명이 되는 것이다.

그런데 최근 학계에서는 이 '부르주아민주주의 권력'의 해석을 두고 북한 지역에 중앙 정치권력의 수립, 즉 분단정부 수립을 지시한 것으로 해석하는 주장이 등장했다. '부르주아민주주의 권력'이 사회주의 혁명을 전제한 2단계 혁명론의 첫 단계이기 때문에 실질적인 정부 수립을 의미하는 것이고, 결국 남한보다 먼저 단독정부 수립 노선을 추구했다는 것이다. 이 주장은 '권력'이라는 의미의 러시아어 'власть(블라스찌)'를 중앙정부로 해석했을 때 가능하다. 그렇지만 власть라는 단어는 중앙정부라기 보다는 부르주아민주주의혁명을 주도해 나갈 중앙과 지방단위의 자치권력 또는 행정기구를 포함하는 포괄적 '권력' 개념으로 보아야 한다. 북한에서 스탈린의 지령이 있은 이후 수립된 '행정10국'을 분단정부라고 해석하지 않는 것과 같은 이치이다. 그것을 단독정부로 보는 것은 러시아어에 대한 이해 부족과, 소련과 북한에 대한 이념적 선입견이 불러온 과장된 해석으로 볼 수 있다.

1946년 2월 만들어진 '북조선임시인민위원회' 역시 분단정부로 보기는 힘들다. 이 기구를 정부 형태라고 보더라도, 당시 공산주의자들은 '민주기지론'을 내세우며 미소공위를 통한 통일정부 수립 노선을 추진하고 있었으므로 제한적인 의미의 임시정부라고 밖에 볼 수 없다. 소련은 국내외 정세 속에 미국과 협력노선을 취할 수밖에 없었다. 게다가 당시 남북 정세 모두 사회주의 세력이 유리했다는 점을 감안한다면, 소련이 이 기세를 몰아 전국적으로 '부르주아민주주의 권력'을 형성한 후 소련에 유리한 통일정부를 수립한다는 노선을 포기할 이유는 거의 없었다. 즉 소련이 초기부터 한반도의 분단을 추진했다는 주장은 설득력이 미미한 셈이다.

얄타회담 중인 3국의 지도자

1945년 2월 얄타회담에서 한반도 신탁통치에 대한 이야기가 오갔다. 왼쪽부터 얄타회담 당시의 처칠, 루즈벨트, 스탈린.

102
돌아온 공산주의자들

38선 이북에서 인민위원회가 정국의 주도권을 장악하고 있을 때, 김일성이라는 낯설지 않은 이름이 정치무대에 등장했다. '김일성 장군'의 명성은 식민지 조선에 널리 알려져 있었다. 그가 이렇게 유명해진 데에는 1937년 6월 4일에 일어난 보천보전투가 결정적인 역할을 했다.

중일전쟁을 준비하고 있던 일본은 항일유격부대의 예상치 못한 국내 진공작전에 큰 타격을 입었다. 당시 조선총독부는 전쟁 준비를 위해 식민지 조선을 더욱 강하게 억압하고 있었고, 그에 따라 국내 항일운동 세력들은 모두 지하로 잠적한 상태였다. 또한 그 여파로 상당수 지식인들이 친일과 굴종의 길로 들어서고 있을 때였다. 그러한 시기에 들려온 조선인 유격대의 국내 진공작전 소식은 심한 가뭄 끝에 내린 단비와도 같은 것이었다. 《동아일보》는 호

조국의 물을 뜨다

김일성은 항일무장투쟁으로 명성을 얻었다. 백두산 정상 아래에 있는 호수 삼지연 주변에 항일운동을 기념하는 조각 연작 '삼지연 대기념비'가 있다. 김일성 동상, 봉화탑, 군상 〈조국〉 편, 〈숙영〉 편, 〈흠모〉 편, 〈진군〉 편 및 왼쪽 사진의 〈조국의 물〉 편으로 구성된다.

외를 두 번이나 길거리에 뿌렸다. 이 호외에는 김일성이 이끄는 무장공비가 평화로운 보천보를 습격하여 난동을 부렸다고 적혀 있었지만, 사람들은 대부분 그 속의 의미를 알고 있었다.

본명이 김성주인 1912년생의 김일성은 중국공산당이 지도하는 동북항일연군에 소속되어 있었다. 최근 학계의 연구 성과에 따르면, 그가 이끈 부대는 백두산 주변의 조선인들과 연결되어 있었고, 그 기반 위에서 보천보를 습격했던 것이다. 김일성 부대는 보천보전투 이후 일본군의 끈질긴 추격에 시달려야 했다. 일제의 토벌작전은 1938년 말부터 1939년 초에 그 절정에 달했다. 김일성 부대는 이 기간에 영하 40도의 혹한 속을 헤매고 다니며 생존을 위한 투쟁을 벌여야 했다. 그 와중에도 김일성 부대는 1940년 3월에 일본군 추격 부대인 마에다 부대와의 격렬한 전투 끝에 180여 명을 전멸시키는 전과를 올리기도 했다. 그러나 결국 김일성 부대는 일제의 끈질긴 추격을 피해 소련의 극동 지역으로 후퇴했다.

함남 보천보를 습격, 우편소와 면소에 불 지르다

당시 보천보전투를 보도한 《동아일보》 호외와 보천보 위치. 겉보기로는 김일성이 이끄는 무장공비가 보천보에서 난동을 부렸다는 내용의 호외였으나, 읽는 사람들은 대부분 만주에서 조선인 유격대가 활약을 벌인 것으로 받아들였다.

東亞日報 外號

咸南普天堡를襲擊

郵便所、面所에衝火

昨夜 二百餘名이突然來襲

普校、消防署에도放火

咸南警察部에서出動

金一成一派로判明

김일성과 동북항일연군교도려

1940년, 일제의 추격을 피해 소련 극동 지역으로 들어간 김일성 부대는 중국공산당 소속 유격대와 함께 전열을 재정비해 '동북항일연군교도려'라는 이름의 부대로 개편되었다. 북한의 집권 세력이 된 항일빨치산의 대부분이 바로 이 부대에서 김일성과 함께 활동했다. 두 번째 줄 왼쪽에서 두 번째 인물이 김일성.

그들이 도착한 곳은 블라디보스토크 근교였다. 만주에서 활동하던 다른 중국공산당 소속 유격대들도 속속 소련 땅으로 후퇴해왔다. 그들은 블라디보스토크와 하바로프스크에서 전열을 재정비했다. 여러 갈래로 나뉘어 있던 유격부대들은 '동북항일연군교도려'라는 이름의 부대로 개편되었다. 그러나 그곳은 엄연히 소련 영토였기에 그들은 소련군의 지휘를 받아야 했다. 그래서 부대 이름도 공식적으로는 '소련 극동전선군 제88독립보병여단'이었다. 그렇다고 이들이 완전한 소련군이 된 것은 아니었다. 유격대는 비록 소련군 군복을 입고 있었지만, 자신들의 명칭을 사용하고 자신들의 지휘체계 속에서 계속 중국혁명과 조선혁명의 임무를 수행했다.

김일성의 소련 생활은 해방 이후 그가 권력의 핵심으로 떠오르는 데 중요한 자산이 된다. 그는 만주에서 유격대 생활을 하는 동안 만나지 못하던 조선인 혁명가들을 모두 만날 수 있었고, 소련의 신뢰 또한 얻을 수 있었다. 당시 동북항일연군교도려는 영(營)이라 불리는 네 개 부대로 구성되어 있었는데, 제1영은 조선인 중심으로 구성되어 있었고, 그 영장이 바로 김일성이었다. 조선인 공산주의 혁명가들은 자연스럽게 김일성을 중심으로 움직였고, 오랜 전투 기간 동안 쌓은 신뢰와 조선혁명에 대한 열정을 기반으로 매우 강한 단결력을 가지게 되었다. 한편 그들은 '조선공작단'을 조직하고 해방 후 건국을 준비했다.

1945년 9월 19일, 김일성은 동료들과 함께 마침내 원산항에 모습을 나타냈다. 그는 소련군 대위 차림을 하고서 소련 군함 푸가초프호를 타고 꿈에 그리던 조국 땅으로 돌아왔다. 김일성과 동료들은 곧바로 평양으로 들어가지 않았다. 이북 각지의 공산주의자들을 만나면서 정보를 수집하고 자신들의 귀환을 알렸다. 김일성이 평양의 군중들 앞에 처음으로 모습을 드러낸 것은 10월 14일이었다. 평양 공설운동장에서 '김일성 장군 환영 평양시민대회'가 열린 것이다. 어떤 이는 30만이 넘었다는 증언을 할 정도로 많은 사람들이 '항일애국장군 김일성'을 보러 몰려들었다. 김일성은 소련 제25군 정치사령관 레베데프 소장과 조만식에 이어 세 번째로 연설했다. 예상보다 훨씬 젊은 나이(당시 33세)로 보이는 김일성의 등장에 일부 사람들이 당황하기도 했지만, 많은 사람들이 새로운 지도자 김일성의 등장을 흥미진진하게 지켜보고 있었다.

김일성과 김정숙

만주 유격대 시절 군복을 입은 김일성과 김정숙 부부.

대중들의 인기, 중국공산당과 소련군에서의 활동, 인민들과 함께한 무장투쟁의 경험, 광범한 국내 지지 세력 등 이 모든 것은 김일성의 지도자로서의 자질을 보여주는 배경이 되었다. 그의 등장은 이북에 있는 공산주의자 또는 사회주의자들 사이의 세력 변화를 예고

김일성 장군 환영 평양시민대회에 참석한 수만의 환영 인파와
환영대회에 참석한 김일성(오른쪽에서 네 번째), **조만식**(오른쪽에서 두 번째)

김일성은 당시의 열기를 이렇게 회고했다. "내가 연단에 나설 때 '조선 독립 만세!'를 외치는 군중들의 함성과 환호성은 고조에 달했습니다. 그 환호성을 듣는 순간 나의 심신에서는 스무 해 동안 쌓이고 쌓인 피곤이 한꺼번에 달아나버리였습니다. …… 내 일생에서 가장 행복한 순간이 어느 때였는가라고 묻는 사람이 있다면 나는 그 순간이었다고 대답할 것입니다."
(김일성 회고록, 『세기와 더불어』 8)

하는 것이었다. 당시까지 이북의 공산주의자들은 이남에서 박헌영이 중심이 되어 건설한 조선공산당의 지휘를 받고 있었다.

김일성 세력은 또다른 중심이 필요하다고 역설했다. 그들은 남북에 미군과 소련군이 진주해 있음으로써 서로 다른 환경과 정세가 만들어졌다는 점을 이유로 내세웠다. 이북 5개 도의 공산주의자들이 모여 10월 10일부터 개최한 '이북5도 열성자대회'에서 그들은 이 요구를 주장했다. 이 자리에서 공산주의자들은 논란 끝에 38선 이북 지역의 공산주의 활동을 책임지는 조선공산당 북조선 분국을 설치하기로 결정했다. 이 결정은 비록 조선공산당 산하에 분국을 설치한다는 것이었지만, 사실상 이북 지역에서 새로운 구심을 인정한다는 중요한 의미가 있었다. 이는 곧 김일성을 중심으로 이북의 공산당 활동이 재편되어가고 있음을 뜻하기도 했다.

항일투쟁의 영웅 김일성은 가짜인가?

평양 공설운동장에서 열린 '김일성 장군 환영 평양시민대회'에 참가했던 사람의 증언을 통해 당시 김일성에 대한 기대와 가짜설의 시작을 짐작해볼 수 있다.

"백발이 성성한 노장군 대신 30대로밖에는 보이지 않는 청년이 원고를 들고 '마이크' 앞으로 다가서는 것을 보았다. 신장은 1미터 67센티미터가량. 자그마한 몸에 짙은 밤색 양복이 좀 작아 맞지 않고 얼굴은 별에 그을었으며 머리는 중국요리점 간부급 '뽀이'처럼 버쩍 치켜 깎고 앞 머리털은 한 치 정도. 흡사 '라이트'급 권투선수를 방불케 한다. 가짜다!"(오영진, 『하나의 증언』)

김일성 부부와 어린 김정일

김일성의 등장에 의심이 생긴 사람들 중 토지개혁을 피해 월남한 이들을 중심으로 '김일성 가짜설'이 퍼지기 시작했다. 남북의 대립이 격화되면서 일부 학자들은 가짜설을 학문적으로 연구했고, 그 결과는 정치적으로 선전되기에 이르렀다. 그러나 현재에 와서는 북한에서 주장하는 그의 경력이 과장된 것이기는 하지만 항일무장투쟁을 한 것 자체는 사실임이 검증되었다.

결정서를 읽는 김일성

조선공산당 북조선 분국 제3차 확대집행위원회 회의를 앞두고 결정서 초안을 검토하는 김일성(왼쪽에서 두 번째). 제일 왼쪽의 인물은 김책이다. 이 회의 이후 김일성은 북조선공산당의 주도권을 장악했다.

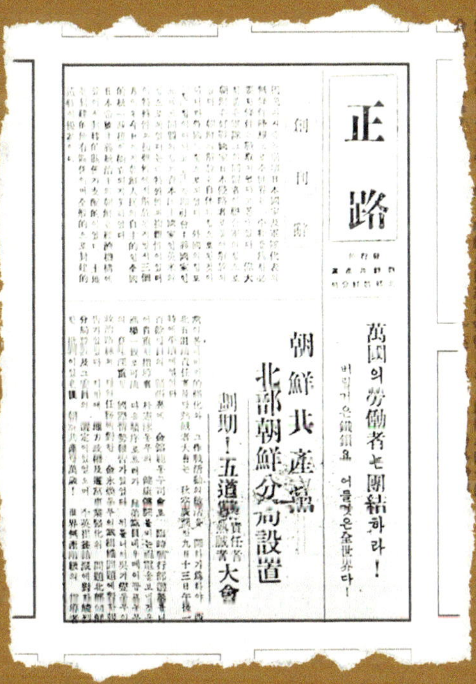

正路

創刊辭

萬國의勞働者는團結하라!

버릴것은鐵鎖요 어들것은全世界다!

朝鮮共産黨 北部朝鮮分局設置

創期! 五道黨責任者熱誠者大會

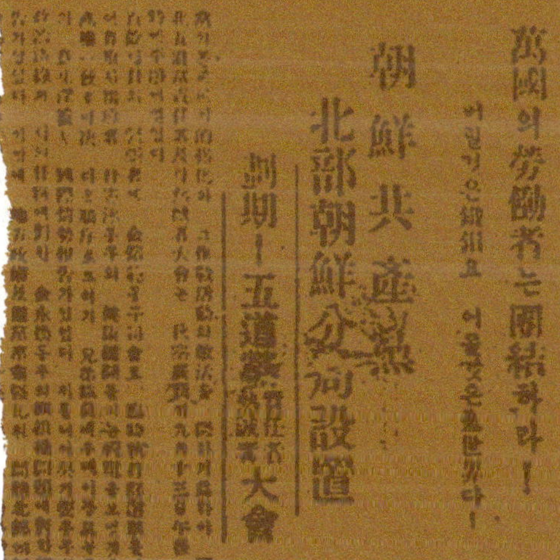

◀ **조선공산당 북조선 분국 설치**

북조선 분국의 기관지인 《정로》의 1945년 11월 1일 창간호. '조선공산당 북조선 분국 설치'를 창간사와 함께 1면의 머리기사로 보도하고 있다.

해방 당시 북한의 정치지형
소련계
우즈베키스탄
카자흐스탄
1946~1947년 입국
| 주요 인물 | 허가이, 박창옥, 한일무, 박영빈, 박길룡.
| 특징 | 1937년, 스탈린에 의해 연해주에서 중앙아시아로 강제 이주 당한 후 지역 당 활동을 전개하다가, 북한에 주둔한 소련군의 보조요원으로 입북.
하바로프스크
항일무장투쟁 세력(만주계)
1945년 9월 19일 입국
만주
| 주요 인물 | 김일성, 최용건, 강건, 김책, 김일.
| 특징 | 중국공산당 소속 동북 항일연군 및 소련 극동전선군 제88독립보병여단에서 활동.
화북
조선독립동맹(연안계)
1945년 12월 입국
| 주요 인물 | 김두봉, 무정, 최창익, 한빈.
| 특징 | 중국공산당과 연대관계를 유지하며 화북 조선독립동맹(조선의용군)으로 독자적인 활동을 펼침.
백두
갑산
평양
국내 공산주의 세력
*지지 성향과 활동 지역에 따라 세 개의 세력으로 구분 .
1) 오기섭, 정달헌, 이주하, 최용달(함남) : 함경남도를 기반으로 활동. 박헌영 지지.
2) 김용범, 박정애, 장순명, 주영하, 장시우: 이북 각지에서 활동. 김일성 지지.
3) 박금철, 이효순, 이송운(갑산계): 함경남도 갑산을 중심으로 활동. 식민지 시기 조국광복회 활동. 보천보전투, 혜산사건의 주역. 김일성과 밀접한 세력.
국내 민족주의 세력
| 주요 인물 | 조만식, 김병연, 한근조, 이윤영, 오영진.
| 특징 | 조선민주당 건설 후 대표적 우익 정치 세력으로 활동.

한편 김일성 세력 이외에도 국외에서 민족해방운동에 참가했던 공산주의자들은 대부분 소련군이 진주해 있던 평양으로 서둘러 귀국하고 있었다. 가장 대표적인 세력이 중국 화북(연안) 지역에서 마오쩌둥 등 중국공산당 지도자들과 함께 활동한 (화북)조선독립동맹이었다. 이들은 흔히 연안계라고도 불렸는데, 조선의용군이라는 무장부대를 거느리고 있었다. 당연히 이들은 중국공산당과 매우 밀접한 관계를 맺고 있었다. 가장 유력한 지도자였던 무정(본명 김무정)은 중국공산당 팔로군 최초의 포병부대 사령관이었다. 그리고 조선의용군에 입대한 많은 청년들이 팔로군 소속이었다.

조선의용군의 토대가 된 젊은이들은 상해에서 김원봉이 만들고 지도하던 의열단에 그 뿌리를 두고 있었다. 그런 조선의용대의 주요 구성원들은 더욱 활발한 독립 투쟁을 위해 화북 지역으로 옮기면서 조선독립동맹을 결성하는 계기를 마련했다. 조선독립동맹의 주석은 김두봉이었다. 그는 3·1운동에 참여한 후 상해로 망명했고, 임시정부 의정원 의원을 지냈다. 그는 민족주의와 공산주의를 같이 받아들인 사람이었다. 이처럼 조선독립동맹은 민족주의적

조선독립동맹의 핵심 김두봉

김두봉의 스승은 언문에 한글이라는 이름을 처음 붙인 주시경이다. 남과 북의 한글 문법이 크게 차이나지 않는 것은 주시경의 뛰어난 제자였던 김두봉이 북에서 한글 체계를 잡는 데 중요한 역할을 했기 때문이다. 위쪽 사진은 1948년 촬영된 김두봉의 모습, 오른쪽 사진은 1946년 8월 김두봉 부부와 소련군 장성들이 오찬을 함께하는 장면이다. .

성향과 공산주의적 성향이 함께 있는 조직이면서, 김일성 부대를 능가하는 전투 경험이 있는 군대를 가진 강력한 조직이었다.

해방이 되자, 조선독립동맹은 조선의용군을 거느리고 귀국을 준비했다. 그러나 귀국은 그리 쉽지 않았다. 왜냐하면 우선 중국에서 공산당과 국민당 간의 내전(제2차 국공내전)이 격화되면서 주력부대가 팔로군과 함께 전쟁에 참전키로 했기 때문이었다. 또한 미·소 간의 밀약에 의해 무장부대의 귀국이 금지되었다. 1945년 10월, 신의주에 도착한 선발부대는 무장해제를 당하고 중국으로 쫓겨나는 수모를 당해야 했다. 우여곡절 끝에 그들은 12월에 이르러서야 간부들을 중심으로 일부가 무장하지 않은 채 귀국할 수 있었다.

그들은 입북 후 대부분이 김두봉을 중심으로 조선신민당을 만들어 독자적인 활동을 개시했다. 국내파 공산주의자들과 김일성을 중심으로 한 조선

조선독립동맹의 투사들

조선독립동맹 지도부가 입북한 후 1945년 12월에 평양에서 촬영한 사진이다. 앞줄 왼쪽에서부터 박효삼, 최창익, 한무, 김두봉, 무정.

공산당 북조선 분국이 이미 만들어져 있었기 때문이기도 했지만, 그들이 지지기반으로 삼고자 하는 계층이 공산당과는 달리 중도적인 민족주의자와 지식인층이었기 때문이기도 했다. 반면에 무정을 비롯한 일부 사람들은 공산당 활동에 직접 가담했다. 이들은 1946년 8월에 조선공산당 북조선 분국과 조선신민당이 합당하여 북조선로동당(약칭 북로당)이 결성되면서 다시 같은 당에서 활동하게 되었다.

조선독립동맹 세력이 귀국하던 바로 그즈음 또 하나의 중요한 공산주의 세력이 이북으로 들어오고 있었다. 이들은 공식적인 조직은 없었지만 실질적인 영향력을 가진 사람들이었다. 바로 소련 지역에 살다가 소련 당국에 의해 귀국길에 오른 조선인들이었다. 이들을 흔히 소련계라고 부른다. 이들은 대부분이 연해주 지역에 망명해 살던 조선인 후손들, 즉 고려인들이다. 고려인들은 1937년에 스탈린의 강제 이주 정책에 의해 주로 중앙아시아 지역으로 이주를 당했으며, 대부분 소련공산당의 차별정책에 의해 제2차 세계대전 기간에 군인으로 참전하지도 못하는 수모를 당하며 지냈다.

그런데 전쟁이 끝난 어느 날, 그들 중 우수 인력들이 소련공산당의 갑작스런 차출을 받기 시작했다. 조선의 해방과 더불어 고려인들의 역할이 중요해진 것이었다. 차출된 이들은 지역 공산당 간부들도 있었지만, 많은 경우 학교의 교원이거나 협동농장의 관리인 등 평범한 지식인들이었다. 그들은 대부분 모스크바 근교로 호송되어 3개월에서 6개월 사이의 짧은 훈련을 거친 다음 이북으로 파견되었다. 이들은 주로 실무에 투입되었는데, 통역에서부터 각종 행정직의 업무, 그리고 군내에서 정보 처리에 관한 일 등이 그들이 맡은 임무였다. 그들은 소련의 사회주의 경험을 한반도에 그대로 옮겨 실행하는 핵심 인사들이 되었다.

이들의 대표 격은 허가이였다. 중앙아시아 우즈베키스탄의 지역(군) 공산당 위원회 비서 출신인 그는 주로 공산당 활동에 주력했고, 소련공산당의 강령과 규약, 그리고 체계를 연구하고 번역해 소개했다. 그리고 공산당의 규약과 강령을 만들고, 공산당의 세포 활동 및 당의 중앙과 지방 조직 등을 만드는 데 소련공산당의 경험을 도입했다. 그는 정부 수립 후 조선로동당 제1서기를 역임했고, 부수상의 자리에까지 올랐다. 허가이의 경우처럼, 소련 출신 조선인들의 경험과 활동은 초기 이북의 당과 사회 체제를 형성하는 데 적지 않은 영향을 미쳤다.

이처럼 해방 직후 이북에는 사회주의 조선, 공산주의 조선을 꿈꾸는 혁명가들이 속속 모여들었다. 이들은 크게 항일무장투쟁 세력(김일성), 조선독립동맹 세력(무정), 소련 출신 조선인들(허가이)로 나뉘었다. 이들의 활동 중심은 조선공산당 북조선 분국이었다. 이들은 소련군과 협력체제를 유지하면서, 각기 중국과 소련에서의 혁명 활동과 당 활동 경험을 바탕으로 서로 협력하거나 견제하면서 새로운 사회체제를 만들어갔다.

조선민주당 결당대회(평양)

1945년 11월, 조만식과 이윤영, 그리고 최용건 등에 의해 결성된 우익정당인 조선민주당은 '자산계급 민주주의 독립국가' 건설을 제창하며 반탁운동 등에 앞장섰다. 1946년 1월, 소련 군정에 의해 당수인 조만식이 해임되고 부당수인 최용건이 당수로 취임하면서 우익적 색채를 잃어갔다.

김일성의 이름을 알린 국내 진공작전

1912년 평양 대동강가의 만경대에서 태어난 김일성은 잠시 평양의 칠골소학교를 다녔지만, 중학교 교육은 중국에서 받았다. 그는 1931년에 이미 중국공산당에 가입해 활동할 정도로 일찍부터 공산주의를 접했다. 당시 세계 공산주의 혁명을 지도하고 있던 코민테른은 1국1당주의(한 나라에는 하나의 공산당만이 존재할 수 있다는 원칙) 방침을 채택하고 있었기 때문에 중국의 조선인 공산주의자들이 중국공산당에 가입하는 것은 자연스러운 일이었다.

중국공산당에 소속되어 만주에서 항일유격전을 전개하던 김일성 부대는 1936년에 백두산으로 활동 근거지를 옮겼고, 마침내 1937년 6월 4일에 백두산 아래 함경북도 갑산군 혜산 부근의 작은 마을 보천보를 습격했다. 유격대의 예상 밖 국내 진공에 당황한 일제 경찰은 급히 추격대를 보냈지만, 오히려 김일성 부대에 의해 경찰 일곱 명이 희생당했다.

이 사건으로 인하여 김일성은 높은 명망을 얻을 수 있었다. 그런데 김일성 부대가 이렇게 보천보전투를 성공적으로 치를 수 있었던 데에는 무엇보다 국내 지지 세력의 공로가 컸다. 김일성 부대를 보천보까지 안내하고 여러 가지 정보를 제공한 그들은 한 해 전 김일성 부대가 만주와 함경도 지방을 중심으로 만들어 놓은 비밀 항일운동 단체인 '조국광복회'의 일원들이었다. 그러나 이 작전으로 인한 타격도 만만치 않았다. 광분한 일제 경찰은 국내에 협력자가 있다는 사실을 알아내고는 함경도 일대에서 대대적인 검거작전을 펼쳤다. 일제는 결국 1937년 10월부터 1938년까지 무려 739명을 체포했다. 이른바 '혜산사건'이었다. 김일성의 국내 진공작전은 큰 희생을 바탕으로 이루어진 전과였다. 해방 후 이들 조국광복회 참가자들은 김일성 세력의 주요 지지자들이 되었다.

보천보 전경.

土地는 農民의 것!

103

변화의 바람을 몰고 온 토지개혁

인민위원회 건설, 행정10국 창설, 조선공산당 북조선 분국 설치, 공산주의 활동가와 실무 경험자들의 입북 등으로 이북에서는 새로운 정권과 새로운 사회체제, 장기적으로는 공산주의혁명을 실현할 수 있는 조건들이 만들어져갔다. 민족주의자들과의 마찰도 그리 크지 않았다. 다만, 1945년 12월 말에 모스크바삼상회의 결정이 전해지면서 불협화음이 생겼다. 소련이 제안한 것은 즉각적인 임시정부 수립 방안이었지만, 민족주의자 조만식은 이 결정을 신탁통치안으로 받아들였다. 그는 모스크바삼상회의 결정을 지지해달라는 소련 측의 요구를 받아들이지 않았다. 결국 소련 당국은 그를 사실상 연금시키고 말았다. 반면에 일반 민중들은 소련 당국의 설명을 받아들였다. 이남에서 벌어지는 강력한 반탁운동의 영향에도 불구하고 이북에서는 바람이 불지 않았

토지는 농민의 것!

토지개혁을 홍보하는 포스터에 흰 옷을 입은 노인의 모습으로 '농민'이 등장했다. 토지개혁은 북측 지도자들의 대대적인 '민주개혁' 정책의 일환이었다. 일본인과 지주에게서 몰수한 토지는 그때까지 지주-소작제로 고통 받던 농민들에게 분배되었다.

노동자와 농민을 대의원으로

1946년 토지개혁이 진행된 후 1947년 당시 북조선인민회의 구성원들이 속한 계층을 보면, 지식인은 15퍼센트 정도인 반면 노동자, 농민, 사무원의 비율이 72퍼센트에 육박하고 있음을 확인할 수 있다.

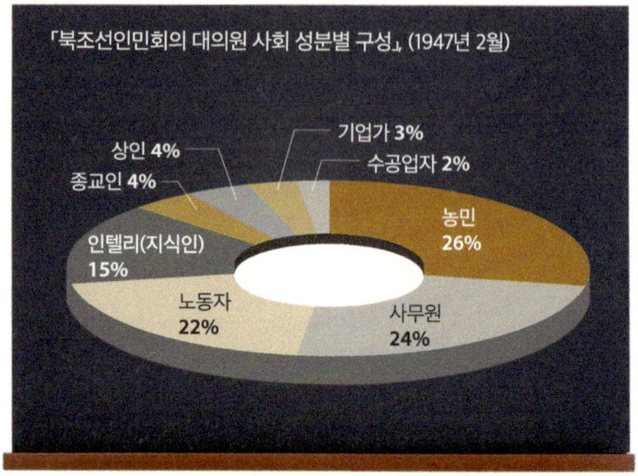

자료 출처: 『조선전사 33』, 사회과학원력사연구소, 평양

다. 오히려 1946년 2월에는 최고 권력기관으로서 북조선임시인민위원회가 결성되었고, 김일성이 위원장으로 전면에 나섰다. 이 기구는 각 지방 인민위원회를 총괄하는 중앙 권력기구였다.

준비는 끝났다. 북측의 지도자들은 대대적인 '민주개혁'을 통해 돌이킬 수 없는 개혁의 바람을 불러일으키고, 이를 바탕으로 지주와 자본가들의 어떤 방해에도 뒤집어지지 않는 체제를 만들고자 했다. 한편으로 이것은 다가올 미소공동위원회(약칭 미소공위)에 임하는 북측 지도자들의 전략이기도 했다. 그들은 이북에 안정된 인민민주주의 정권과 체제를 만들어냄으로써, 미소공위가 그들의 체제를 인정하기를 원했다. 나아가 그 정권 형태를 전 한반도에 적용할 것을 주장했다. 그들은 이러한 전략 하에 토지개혁을 준비했다.

토지개혁의 열망은 오래된 것이었다. 역사가 생긴 이래 가난한 농민이 자신의 땅을 가져본 시대는 없었다. 조선시대의 지주-소작제는 점점 농민을 살기 힘들게 했고 일제의 수탈은 그 고통을 더욱 가중시켰다. 그런데 해방이 되자 이미 농민들은 인민위원회의 3·7제가 가져다준 행복감을 맛보고 있었다. 1946년 3월 5일, 북조선임시인민위원회는 「북조선 토지개혁에 관한 법령」(17개조)을 발표했다.

연설하는 김일성

1946년 11월 3일에 실시되는 도·시·군 인민위원회 선거를 앞두고 김일성이 유권자 앞에서 연설하고 있다. (평안남도 강동군 삼등면, 1946년 10월)

인민위원회 선거 경축행렬

평양음악학교 학생들이 김일성과 스탈린의 초상화를 들고 북조선 도·시·군 인민위원회 선거 경축대행진을 하고 있다.(1946년 11월 3일)

"토지는 밭갈이하는 농민에게!"

구호는 성공적이었다. 농민들은 농민총회를 열고 농촌위원회를 구성했다. 도시에서 노동자들이 파견되었다. 노동자와 농민의 동맹이었다. 농촌위원회의 구성원들은 대부분 빈농과 소작인, 그리고 농업 노동자들이었다. 전국에 1만 1930개의 조직이 결성되었고, 19만 7485명의 농민이 참가했다. 또한 토지개혁을 지켜줄 농민자위대가 구성되기도 했다.

첫 번째 몰수 대상은 일본 국가, 일본인, 그리고 일본인 단체의 소유지였다. 그다음은 민족반역행위자들과 월남자들의 토지, 그다음은 지주들의 토지였다. 토지개혁의 목표는 지주-소작제의 해체였다. 소작을 주는 모든 토지는 그 소유주가 누구든 몰수되었다. 5정보(약 1만 5000평, 1정보는 약 3000평) 이상을 소유한 지주는 토지뿐 아니라 모든 재산을 몰수당한 후 다른 지역으로 이주되었다. 다만, 그 경우에도 직접 농사를 짓는 토지는 몰수하지 않았다. 종교

토지 측량을 지켜보고 있는 농민들

토지개혁에 따라 농민들은 가구당 평균 약 4000평의 땅을 분배받았다. 또한 토지개혁으로 이북 지역에서 지주와 종교세력, 그리고 민족주의 세력의 경제적 기반이 붕괴되었다.

단체의 토지라도 5정보가 넘거나 소작을 주었으면 몰수 대상이 되었다.

이렇게 몰수한 토지는 집집마다 가족의 수와 노동력(나이)에 따라 점수를 매겨 분배했다. 예를 들면, 18세에서 60세까지의 남자와 18세에서 50세까지의 여자의 경우 1점, 9세 이하의 어린이나 노인(남자 61세 이상, 여자 51세 이상)의 경우 0.3점이 주어졌다. 노동력이 왕성한 성인이 많은 집일수록 많은 토지를 받을 수 있었다. 한편 비옥한 토지와 척박한 토지의 경우에는 그 정도에 따라 분배 면적을 달리했다. 분쟁을 최소화하기 위한 노력이었다. 토지를 몰수당한 대지주를 다른 곳으로 이주시킨 것도 소작농들과의 분쟁을 피하기 위해서였다.

물론 저항도 뒤따랐다. 평양에서는 공산당위원회 건물에 수류탄이 투척되었다. 평남인민위원회에서는 조선민주당원들이 의도적으로 태업을 하고, 급기야 회의장에서 퇴장하기도 했다. 또 평안남도 강동군에서는 지주끼리 의논하여 토지개혁에 적극 참여한 읍 경찰국장을 구금했다. 그리고 황해도 해주에서는 200여 명의 중학생들이 수업을 거부했고, 사리원에서는 토지개혁과 김일성을 반대하는 전단이 살포되었다. 신막에서는 월남한 지주들의 아들 여덟 명이 무장조직을 만들어 토지개혁을 조직적으로 방해하기도 했다. 저항은

남북한 농지 분배 비교

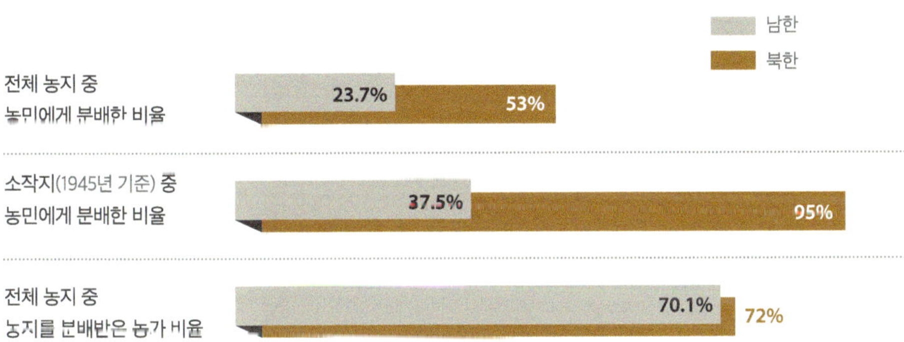

자료 출처 : 『한국사 21, 북한의 정치와 사회』, 한길사, 1994, 113쪽에서 재인용

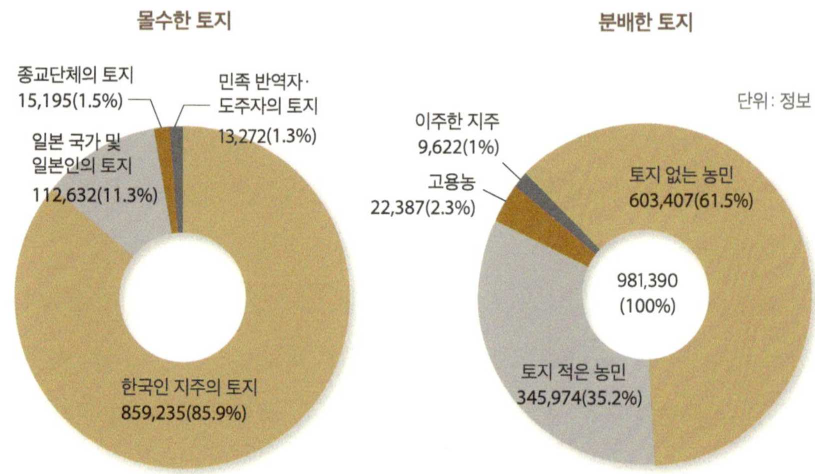

대체로 황해도와 평안남·북도의 서부 평야지대에 집중되었다. 전통적으로 지주가 많은 지역이었다. 그 외의 지역에서는 저항이 없다고 할 정도로 미미한 수준이었다. 토지개혁은 순조롭게 진행되었고, 거부한 지주들의 대부분은 월남을 선택했다.

불과 한 달여 만에 토지개혁은 급속히 진행되었다. 세계에서 유래를 찾아볼 수 없는 빠른 속도였다. 토지개혁에 대한 열망이 컸기 때문에 가능한 일이었다. 농민들은 가구당 평균 1.35정보, 약 4000평의 땅을 분배받았다. 토지개혁의 결과 집집마다 평균 1.63정보(약 4890평)의 땅을 가지게 된 것이다. 분배받은 토지는 매매와 저당이 금지되었다. 소작도 줄 수 없었다. 그렇지만 송곳 하나 꽂을 곳 없던 농민이 하루아침에 4000평 이상의 땅을 가진다는 것은 상상도 할 수 없는 일이었다. 농민들의 기쁨은 놀라움과 새 시대에 대한 환희로 나타났다. 토지개혁이 진행되는 동안 농민동맹원이 100만 명에서 144만 명으로 늘어났다. 뿐만 아니라 조선공산당원은 실로 비약적으로 늘어났다. 1945년 12월에 4530명에 불과하던 당원이 1946년 4월에는 약 2만 6000명으로 늘었고, 8월에 이르러서는 약 36만 6000명으로 불어났다. 80배가 넘는 증가였다. 토지에 대한 열망이 공산당에 대한 지지로 나타난 것이다.

결국 토지개혁은 북한 사회에 사회주의 체제를 건설하는 데 밑거름이 되었다. 무엇보다 혁명의 주체 세력이 형성되었다. 반대로 토지개혁은 사회주의를 반대한 세력의 몰락을 가져왔다. 지주와 지주제는 뿌리째 뽑혀버렸다. 불교와 천주교의 재정 기반이 약화되었고, 기독교를 믿던 황해도와 평안남·북도 평야지대의 지주와 민족주의 세력의 기반도 송두리째 흔들렸다. 이런 체제 변혁적 변화와 더불어 찾아온 가장 큰 변화는 농민들이 자작농이 되었다는 점과 그로 인해 경제 사정이 나아졌다는 점이다.

북측 지도자들은 개혁의 고삐를 늦추지 않았다. 여세를 몰아 1946년 6월에는 「북조선 로동자 및 사무원에 대한 로동법령」(약칭 로동법)을 제정했다. 로동법에는 여덟 시간 노동제를 비롯한 근대적 노동법 체계가 규정되었다. 이에 따라 임신한 여성에게는 해산 전 35일, 해산 후 42일 간의 휴가가 보장되었다.

농민과 대화하는 김일성

1946년 6월에 조선공산당 평안남도당 사무실을 방문한 김일성이 농민 대표들에게 꽃다발을 받으며 토지개혁에 대한 여론을 듣고 있다.

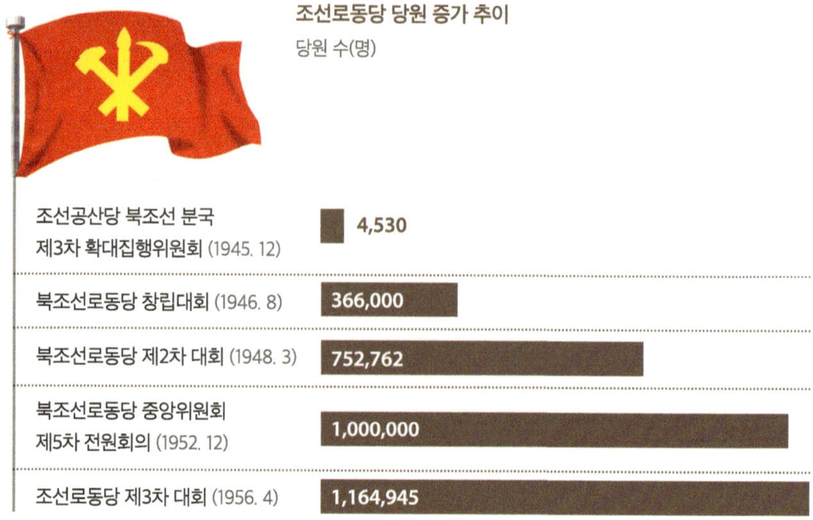

뿐만 아니라 모든 노동자는 의무적으로 사회보장제도의 적용을 받게 되었다.

7월에는 「북조선의 남녀평등권에 대한 법령」(약칭 남녀평등법)을 정하여 첩을 두는 행위와 성을 사고파는 행위를 금했다. 남아선호사상으로 인한 유아 살해도 금지되었다. 가정과 사회에서 여성을 부당하게 착취하는 것도 물론 금지되었다. 곧이어 8월에는 중요 산업시설에 대한 국유화 조치가 단행되었다. 이는 일본인이나 친일파들의 소유였던 기업들에 대한 국유화 조치였다. 이들이 소유하고 있던 산업기관은 공업 분야의 경우 전체의 72.4퍼센트에 해당할 정도로 그 규모가 컸다. 결국 중요 산업의 국유화 조치는 토지개혁과 더불어 자본주의 발전의 기반이 붕괴되고 사회주의적 제도를 도입할 수 있는 토대를 만들어주었다. 이와 같은 일련의 개혁을 당시 북쪽에서는 제국주의와 봉건제도에 반대한다는 뜻에서 '반제반봉건민주주의혁명'이라고 불렀다. 이렇게 북한에는 새로운 체제가 들어서고 있었다.

여성 혁신 노동자의 등장과 고충

1946년 6월의 「북조선 로동자 및 사무원에 대한 로동법령」과 7월의 「북조선의 남녀평등권에 대한 법령」이 공포되면서 이북 여성들의 삶은 급격히 변화되었다. 이 법령의 발포로 1년 만에 1만 명 이상의 여성들이 정권기관이나 사회단체, 기업소, 사법기관, 교육기관 등에서 간부로 활동하기 시작했다. 그리고 1948년 최고인민회의 대의원 선거에서는 대의원의 12.1퍼센트가 여성으로 선출되었다. 여성들은 기업소에서 남자와 동일한 임금을 받으며 여덟 시간 노동을 보장받았다. 임신한 여성 노동자는 해산 전 35일, 해산 후 42일 간의 휴가를 누렸다. 휴가 기간에도 최근 6개월간의 평균 보수를 임금으로 지급받았다. 돌이 지나지 않은 아기들은 엄마의 직장에서 하루 두 번 30분씩 엄마 젖을 먹을 수 있었다.

이러한 진보적 변화에도 불구하고 여러 가지 문제는 남아 있었다. 김일성은 "녀성들을 집구석에 얽매여놓던 봉건적 인습을 비롯한 낡은 잔재를 없애기 위한 투쟁을 강화하여 모든 가두녀성들과 가정부인들이 건국사업에 떨쳐나선 남편을 돕고 아이들을 잘 키우며 가정살림을 알뜰히 꾸릴 뿐 아니라 직접 건국사업에 로력적으로 도움을 주도록 하여야 할 것"이라고 주장했다. 가사는 물론 직장 일까지 잘 해내는 '슈퍼우먼'을 요구한 것이다. 덕분에 기업소들에서 '여성 혁신 노동자'들이 쏟아져 나왔다. 그들은 남들보다 세 배는 더 생산해냈으나, 출식률 100퍼센트를 자랑했다.

그러나 그들에게도 고충은 있었다. 남편들은 밥 짓는 일과 자녀를 키우는 문제에 대해 부인들의 임무를 강조했다. 직장에서도 여성의 능력은 은근히 무시되었다. 여성들은 자신이 이룩한 성과에 대해 종종 "여자치곤 잘했군"이라는 말을 들어야 했다. 그런데도 남녀가 같이 밥 짓고 같이 애들을 키우는 것을 주장하는 것은 올바른 여성 해방이나 남녀평등이 아니라는 의식이 사회를 지배했다. 당시 여성들은 자신의 직업으로 교원을 가장 선호했다. 그나마 아이들의 교육문제에서 남성들의 요구를 피해가기 쉬운 직업이었기 때문이다. 남한의 여성들에게도 교원이 최고의 직업으로 손꼽힌다는 점을 생각해볼 때, 남녀평등 문제에 대한 남북의 공통된 한계를 짐작해볼 수 있다.

남녀평등법 실시를 환영하는 북한 여성들.(1946년 8월)

104

대립, 협상, 그리고 두 개의 정부

1946년이 지나가면서 38선 이북은 새 국가의 면모를 서서히 갖추고 있었다. 그러나 남북 통일정부에 대한 논의는 앞뒤가 꽉 막혀 있었다. 민주적인 통일정부 수립을 위해 소집된 미소공위는 1년 내내 제자리걸음이었다. 미국과 소련은 제각기 유리한 국면을 만들기 위해 한 치의 양보도 없이 협상 테이블에 마주 앉아 있었다. 미소공위는 사실 첫 단추부터 잘못 끼워져 있었다.

모스크바삼상회의 결정에서 가장 중요한 것은 남북이 하나의 임시 민주정부를 수립한다는 것이었다. 신탁통치 또는 후견제는 그다음 문제였다. 그렇지만《동아일보》는 임시 민주정부 수립에 관한 내용은 빠뜨리고 마치 신탁통치가 확정된 것처럼 잘못 보도했다. 신탁통치를 미국이 제기했다는 사실은 은폐되고, 소련에 책임이 전가되었다. 사태는 걷잡을 수 없이 엉뚱한 방향으로

남북 정세의 갈림길, 5·10 선거

1948년 5월 10일, 남쪽에 새로운 정치권력을 만들 투표가 진행되고 있다. 남측과 북측 정계의 주요 인사들은 남북 총선거를 통해 통일정부의 수립을 논의했지만, 결국 남북은 각자 정부 수립의 길로 나아가기 시작했다.

전개되기 시작했다. 격분한 우익 세력들이 반탁운동에 총궐기하면서 문제의 본질을 벗어나 좌우 대립의 양상을 띠게 되는 결과를 낳고 말았다. 결국 소련이 강력하게 항의하고 미국이 왜곡 사실을 인정하는 과정을 겪으며, 우여곡절 끝에 미소공위가 겨우 열리게 되었다. 그러나 덕수궁에서의 화려한 개막식에도 불구하고 회의는 반탁운동 단체들의 참여 여부를 놓고 끝없이 대결하다가 결국 결렬되었고, 급기야 해를 넘기고 말았다.

이북의 지도자들은 미소공위의 결렬에도 불구하고 사태를 낙관하고 있었다. 그들은 모스크바삼상회의에서 결정된 내용대로 통일정부를 수립하는 것이 가능하다고 보았고, 그것을 전략으로 삼았다. 이미 조만식을 비롯한 이북 내의 반대 세력들은 강압이나 설득으로 제압된 상태였다. 그들은 이남의 좌파들과 연대하여 미소공위 재개운동에 매달렸다. 그들의 전략은 맞아떨어지는 듯했다. 1947년 5월, 미소공위가 다시 열린 것이다. 그러나 미·소 대립과 남북, 좌우 대립의 벽은 쉽게 무너지지 않았다. 이북의 전략은 일시적인 성공

미소공동위원회 경축 평양시민대회

1947년 5월, 미소공동위원회가 다시 열리자 평양에서는 경축대회를 열고 북조선인민위원회와 같은 형태의 조선 임시정부를 수립할 것을 촉구했다.(1947년 6월 30일)

에 그쳤다. 1947년 7월에 이르자 미소공위는 사실상 중단되었고, 10월에 이르러 공식 결렬이 선언되었다.

소련 측과 함께 이북의 지도자들은 새로운 대안으로 미·소 양군 철수와 자주적 정부 수립을 주장했다. 물론 미국은 반대했다. 미국은 유엔에서 문제를 다룰 것을 요구했다. 그리고 일방적으로 유엔총회에 안건을 상정했고, 유엔은 유엔 감시 하 남북 총선거에 의한 통일정부 수립을 결정했다. 소련과 북측은 이를 완강하게 거부하면서 자주적인 정부 수립을 재차 주장했다. 결국 유엔은 선거가 '가능한 지역', 즉 남쪽에서만 단독으로 선거를 실시하기로 결정했다. 북측은 선택의 기로에 섰다. 그들은 전 민족적 통일전선을 고민하기 시작했다.

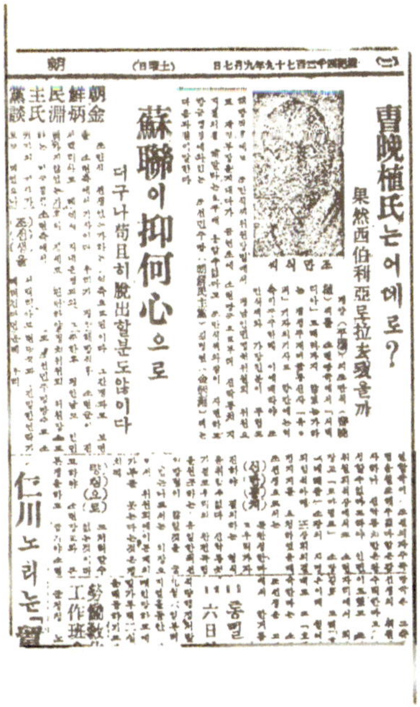
曺晩植氏는 어데로?

果然西伯利亞로拉去됐을까

蘇聯이 抑何心으로

더구나 苟且히 脫出할분도 않이다

朝鮮民主黨 金炳淵氏談

조만식씨는 어데로?

민족지도자 조만식의 행방에 관한 당시 신문의 보도. 신탁통치를 강하게 반대한 조만식이 소련군에 의해 시베리아로 끌려갔다는 UP통신 기자의 보도에 대해, 《조선일보》는 평남인민정치위원회 위원을 지낸 김병연의 말을 빌려 '조만식 시베리아 납거설'을 부정하는 기사를 보도했다.(《조선일보》 1946년 9월 7일자 조간 2면)

새로운 해법은 이남의 정치인 김구와 김규식이 먼저 내놓았다. 그들은 1948년 2월 16일에 김일성과 김두봉에게 편지를 보내, 통일민족국가 건설에 관한 방안을 토의할 남북정치회담을 제안하고 나섰다. 북측은 오랫동안 답을 하지 않았다. 그들은 3월 25일에 이르러서야 자신들이 준비하고 있던 '전조선제정당·사회단체연석회의'와 '남북조선소범위지도자연석회의'를 개최할 것을 남측에 제의했다. 김구와 김규식의 제안이 정치 지도자들 간의 회담이었던 반면, 북측의 제안은 정당·사회단체 대표자들의 회담을 포함한 더욱 포괄적인 것이었다. 김구와 김규식 측은 자신들의 제안에 대해서는 아무런 언급도 하지 않고 내용마저 수정된 북측의 제안을 받아들일 것인지 고심하지 않을 수 없었다. 그러나 마침내 그들은 통일정부의 수립이라는 민족의 대의를 위해 공산주의자들과 협상하기로 결정했다.

남북련석회의에서 쏘미 량국 군대를 철거시키고 조선 문제를 조선 사람의 손에 맡길 데 대한 우리 인민의 정당한 요구를 견결히 주장할 것이며…….

1948년 4월 19일, 평양의 모란봉극장에는 '전조선제정당·사회단체연석회의' 예비회의에 참석한 남과 북의 56개 단체 대표들이 모여 김일성의 연설을 듣고 있었다. 그리고 다음 날 김구와 김규식 일행이 38선을 넘어 회의에 참석했다. 김구는 22일 회의에 참석해 '우리 전 민족의 유일 최대의 과업은 통일독립의 전취'임을 역설했다. 4월 23일에 회의는 폐막되었다. 회의에서는 결정서와 격문, 그리고 미·소 양국에 보내는 요청서가 채택되었다. 결정서와 격문은 그야말로 격정적인 어조로 남측의 단독선거를 반대하고 이승만과 김성수 등 단독정부 추진 세력을 '미 제국주의의 주구'로 맹렬히 비난했다.

김구와 김일성

(왼쪽) 남한 단독의 정부 수립을 비판한 대표적인 민족진영의 지도자인 백범 김구는 통일정부 수립을 위해 38선을 넘어 북으로 향했다. 좌측으로부터 선우진, 백범, 김신(김구의 둘째 아들). (오른쪽) 김일성이 남북연석회의에 참가한 김구를 안내하고 있다.

4월 26일부터는 남북요인회담과 남북지도자협의회가 진행되었다. 회의 결과 「남북조선 제정당·사회단체 공동성명서」가 채택되었다. 성명서에는 미·소 양군이 철수한 후 전국 총선거에 의해 통일국가를 수립할 것이 표명되었다. 5월 초에 김구를 비롯한 남측의 인사들이 돌아갔다. 반면에 홍명희를 비롯한 적지 않은 사람들이 그대로 이북에 남아 총선거에 의한 통일정부 수립 방안을 모색했다.

그러는 사이 남쪽에서는 5월 10일에 단독으로 선거가 시행되었다. 제주도의 투표소가 불타는 등 투표는 적지 않은 혼란 속에 진행되었다. 하지만 이로써 남쪽에 새로운 정치권력의 기초가 마련되었다. 남북에 완전히 새로운 정세가 조성된 것이다. 6월이 되자, 북측은 4월 남북협상에 참여했던 남측의 인사들에게 제2차 남북협상(남북지도자협의회)을 진행할 것을 요청했다. 그러나 김구를 비롯한 대부분의 우익 정치 세력은 참여를 거부했다. 남쪽에 새로운 정부가 수립되는 것이 확정된 상황에서, 제2차 남북협상은 이북 지역에 또 다른

「남북조선 제정당·사회단체 공동성명서」의 주요 내용

1. 미·소 양군 철수.
2. 남북 불가침 확인.
3. 전 조선 정치회의 소집을 통한 임시정부 수립과 전국 총선거에 의한 통일국가 수립.
4. 남한 단선·단정 반대.

분단정부를 세우는 과정이 될 것이라고 판단했기 때문이었다.

북측은 집요하게 김구의 참가를 요청했지만, 김구는 움직이지 않았다. 결국 2차 협상에는 남측 정치인들 중에 홍명희를 비롯한 소수의 우파 정치인과 남측의 중도좌파 세력, 그리고 좌파 세력만이 참가했다. 6월 29일부터 7월 5일까지 해주에서 열린 회의에서는 먼저 1차 협상의 성과를 재확인했다. 그에 따라 남북 총선거를 실시하고, '남북조선 대표자들로 조선 중앙정부를 수립할 것'이 결정되었다. 이 결정에 따라 북에서는 총선거를 통하여 조선최고인민회의 대의원을 선출하기로 했다. 남에서는 공개 선거가 불가능한 '특수한' 사정을 고려하여 이중 비밀 지하 선거를 실시하기로 결정했다.

이에 따라 북쪽에서는 8월 25일에 총선거가 실시되었다. 오전 6시에 시작한 투표는 여섯 시간 만인 낮 12시에 마감되었다. 투표율은 99.97퍼센트, 선거구 212개에 후보는 모두 1217명이었다. 그중 227명이 북로당을 비롯한 주요 정당들의 연합체인 북조선민주주의민족전선의 공동 후보였다. 단일 후보로 내는 것이 원칙이었지만, 15개 지역에서 복수 후보가 출마했다. 투표는 흑

『임꺽정』의 저자, 홍명희(洪命熹, 1888~1968)

평양 대동강 쑥섬 유원지에서 배를 타고 있는 김일성과 홍명희(왼쪽)

홍명희는 일제 때 장편소설 『임꺽정(林巨正)』을 통해 조선시대 사대부 계층의 계급적 우월성을 배격하고 서민들의 생활양식과 권력에 대항하는 하층민의 활약상을 그렸다. 그는 1920년대 초 《동아일보》 편집국장을 지냈으며 이광수, 최남선과 함께 조선의 3대 수재로 꼽히기도 했다. 민족운동 단체인 신간회가 창립되었을 때 부회장을 맡으면서 정치 활동을 시작한 그는 좌우연합체 성격을 가진 신간회에서 활동했기 때문에 공산주의에 대한 거부감이 없었다. 1948년, 남북협상에 참가했다가 잔류하여 조선민주주의인민공화국 정부 수립에 적극 참여했다. 북한 정부의 초대 부수상을 지냈고, 최고인민회의 대의원, 과학원 원장 등을 역임했다. 사진은 1958년에 김일성이 수상, 홍명희가 부수상을 지낼 때의 모습이다.

수상으로 선출된 김일성

조선민주주의인민공화국의 수립 선포 전날인 1948년 9월 8일에 최고인민회의 제1차 회의에서 북조선인민위원회 위원장이었던 김일성이 초대 수상으로 선출되었다. 김일성 왼쪽에 보이는 인물은 김책 부수상이다(아래 사진). 당시 사진(위쪽 사진)에는 김책과 김일성 사이에 박헌영이 있었으나 숙청된 후 수정된 사진에서는 자취를 감추었다. 위쪽이 원래의 사진이다.

백함에 찬성 또는 반대 표를 던지는 찬반 투표였다. 유권자들은 212명의 공동 후보에게 98.49퍼센트의 찬성표를 던졌다. 이렇게 이북 지역의 조선최고인민회의 대의원 212명이 당선되었다. 한편 남쪽에서는 7월 중순부터 조선최고인민회의 대의원을 선거할 대표자들을 선출하는 '예비선거'에 돌입했다. 이를 통해 '남조선 대표자' 1080명이 선출되었다. 이들은 8월 23일부터 25일까지 해주에 모여 '조선최고인민회의 대의원 선거를 위한 남조선 인민대표자대회' 본회의를 개최했다. 대회 마지막 날 북측의 8·25총선에 맞추어 대표자들은 대의원 360명을 선출했다. 남과 북에서 조선최고인민회의 대의원 572명이 선출된 것이다.

조선최고인민회의 제1차 회의는 1948년 9월 2일에 평양에서 소집되었다. 이 회의에서는 헌법이 채택되었고, 북조선인민위원회 위원장이던 김일성을 초대 수상으로 선출했다. 김일성은 9월 9일에 내각을 구성하고, 정부 수립을 선포했다. 이로써 한반도에는 대한민국과 조선민주주의인민공화국이라는 두 개의 분단국가가 세워졌다. 그것은 김구를 비롯한 수많은 사람들이 그렇게도 바라던 통일정부 수립의 꿈이 무너지는 순간이기도 했다. 그렇지만 남북의 많은 사람들은 아직 두 개의 정부를 받아들일 준비가 되어 있지 않았다.

이남 지역에서 이북 선거를 어떻게 치렀나?

북측은 남쪽의 일부 정치 세력들과 연대하여 남북 총선거(1948년 8월 25일)를 통한 통일중앙정부 수립을 시행하고자 했지만, 이미 5·10총선거를 실시한 이남에서 이 선거가 합법적으로 실시될 수는 없었다. 그래서 북측은 비밀리에 선거를 치르기로 하고 간접선거 방식을 택했다. 인구 5만 명당 한 명의 조선최고인민회의 대의원을 뽑는 선거지만, 먼저 이들 대의원을 선출할 대표자들을 뽑고, 그들이 다시 모여서 대의원을 선거하는 방식이었다. 대표자들은 대의원의 3배수인 1080명이었다.
선거 관리는 남쪽의 남조선로동당(약칭 남로당)과 중도파 정당들이 연합하여 만든 '조선최고인민회의 남조선 대의원선거 지도위원회'에서 담당했다. 선거 방식은 선거 운동원들이 후보자의 이름이 적힌 종이를 들고 다니며 찬성하는 사람들의 도장이나 손도장을 받는 것이었다. 선거가 비밀리에 진행되었기 때문에 공정성이나 대표성에서 근본적인 한계를 가질 수밖에 없었다.

| 조선민주주의인민공화국의 국기와 국화 |

인공기와 목란의 내력

많은 사람들이 해방 직후 북에서 진행된 행사의 사진에서 태극기를 보게 되면 생소함을 느낄 것이다. '조선민주주의인민공화국'의 국기는 당연히 인공기라고 생각하기 때문이다. 그렇지만 정부 수립 이전까지 북측은 태극기를 사용했다. 북측은 새로운 정권의 탄생을 준비하면서 헌법을 만들고, 새로운 국가의 상징인 국기의 제정에 대해 논의했다. 이 과정을 주도한 사람은 김두봉이었다. 그는 당시 북조선인민회의 상임위원회 의장이었다. 그는 『주역』에 대한 해박한 지식을 바탕으로 태극기의 유래가 비과학적이며 미신적인 것이라고 주장했다. 그리고 새로 건립한 민주국가의 성격에 맞추어, 전도양양하고 부강화평하며 행복한 국가의 상징으로 인공기를 제안했다. 그의 제안은 1948년 4월 28일에 개최된 북조선인민회의 특별회의에서 받아들여졌다. 정부 수립과 동시에 인공기가 공식 국기가 된 것이다.

한편 남측의 사람들은 대부분 북의 국화를 진달래로 잘못 알고 있다. 북한의 공식·비공식 행사에서 인민들이 주로 진달래꽃을 흔드는 모습이 자주 소개되었기 때문이다. 특히 2000년에 김대중 대통령이 북한을 방문했을 당시 환영 인파가 흔든 진달래가 많은 이들에게 그런 생각을 가지게 만들었다. 북한은 진달래를 우리 민족의 한과 투쟁의 상징으로 내세워왔다. 진달래꽃은 정권과 수령에 대한 충성을 상징하는 꽃으로 표상되기도 한다. 그렇지만 정작 공식적인 국화는 목란이다. 목란은 산목련을 일컫는다. 목란이라는 이름은 1968년에 김일성이 이 꽃이 조선 인민의 슬기로운 기상을 상징하는 꽃이며 세계적으로 유명한 꽃을 '란'이라고 한다고 설명하면서 공식 명칭이 되었다.

목란

인공기

105

사회주의 개혁의 시작

해방된 조국에서 가장 시급한 것은 식민지를 청산할 새로운 체제와 제도적 장치를 마련하고 그것을 이끌어갈 주체를 만들어내는 것이었다. 1946년 한 해 동안 이북에서 진행된 토지개혁과 민주개혁은 체제와 제도적인 면에서 어느 정도 그 틀을 마련해주었다. 그리고 일본 제국주의 세력과 친일민족반역자들이 더 이상 기반을 갖기는 어렵게 되었다. 친일민족반역자들은 1946년 11월 3일에 최초로 실시된 도·시·군 인민위원회 선거에서 선거권과 피선거권이 박탈되었다. 반면에 과거 항일투쟁의 경력자들은 정치무대를 주도하게 되었다. 여성들도 정치 무대에 적극 진출하게 되었다. 1946년 인민위원 선거에서 453명의 여성 인민위원이 선출되어 전체의 13.1퍼센트를 차지하기에 이르렀다.

개성의 빨래터

1946년 1월 개성에서 아낙들이 차가운 겨울 냇물에 빨래를 하고 있다. 이 해 이북에서는 토지개혁과 민주개혁을 기반으로 식민지를 청산하고 새로운 조국을 만들기 위한 다양한 사업을 시도했다. 교육, 노동, 주거 등 다양한 분야에서 시작된 개혁은 대중들에 의한 건국운동으로 이어졌다.

북한의 교과서

새로운 사회제도와 교육제도를 준비하던 북한 정부는 문맹 퇴치가 무엇보다도 시급하다고 판단했다. 1956년 연변교육출판사에서 출판한 조선어 교과서와 1986년 평양 교육도서출판사에서 펴낸 인민학교 국어 4학년 교과서.

이러한 사회제도적 변화와 더불어 인재를 양성하기 위한 교육개혁이 시작되었다. 교육제도의 개선보다 더욱 시급히 제기된 문제는 문맹 퇴치였다. 1945년 현재 12세 이상의 인민들 중 문맹자가 230여만 명에 달했다. 농민과 노동자들의 거의 전부가 문맹자인 상황이었다. 당국은 대대적인 문맹퇴치운동에 들어갔다. 1945년 11월, 행정10국에 교육국이 만들어지면서 그 아래에 설치된 성인교육부가 문맹퇴치운동을 주도했다. 각급 인민위원회 교육부서들에도 성인교육을 담당하는 기구가 만들어졌다. 그리고 각 정당과 사회단체 대표들로 구성된 문맹퇴치지도위원회와 검열위원회가 만들어져 문맹퇴치운동을 지원했다.

문맹 퇴치와 기본 교육에 대한 국가 차원의 지원은 곧이어 각급 학교의 신설과 교원의 양성으로 나타났다. 정식 사범전문학교뿐 아니라 단기 교원양성소가 세워져 교원이 양성되었다. 1946년 여름부터 김일성의 혁명사상과 교육방침, 교수 교양 방법 등을 교육하는 전국 단위의 교원 강습도 조직되었다.

이러한 사업을 위한 재정 지원도 동시에 이루어졌다. 1946년에 국가 예산에서 교육비의 비중은 17퍼센트에 이르렀다. 한편 교육에 필요한 교과서도 새로 제작되었다. 1946년 9월 1일부터 인민학교의 7개 과목 25종의 교과서 45만 6500부를 보급했고, 중등학교 13개 과목 28종의 교과서 51만 3300부를 배포했다. 기타 교육에 필요한 각종 문구를 공급하기 위한 학교기금헌납운동을 전개하기도 했다. 부족한 학교 건물은 옛 서당을 비롯한 낡은 건물들을 수리하여 재활용했다.

이러한 노력의 결과 불과 1년 만에 1110개의 6년제 인민학교가 새로 세워져, 1946년에는 2482개의 인민학교에서 118만 3000명의 학생들이 교육을 받을 수 있게 되었다. 전체 취학 대상 아동 중 77퍼센트가 학교에서 공부를 할 수 있게 된 것이다. 중학교도 1945년에 44개에 불과하던 것이 1946년에는 217개로 불어났다. 두 개의 사범전문학교와 여덟 개의 사범학교도 세워졌다. 김일성종합대학을 비롯한 각종 대학에 재학 중인 학생들도 3만 1000여 명에 이르렀다. 그리고 성인을 대상으로 하는 학교도 각지에 세워져 1946년 현재 1만 6178개에 달했다. 적극적인 교육 투자와 문맹퇴치운동으로 마침내 1946년 말에 이르러서는 82만 명에 달하는 문맹자들이 글을 읽을 수 있게

김정숙과 북한의 여성 지도자

1948년 11월, 평양에 주둔하던 소련군의 철수에 앞서 김일성의 첫째 부인인 김정숙(앞줄 가운데)과 허정숙 문화선전상(왼쪽에서 첫 번째), 박정애 북로당 중앙상무위원 겸 부녀부장(왼쪽에서 두 번째) 등 북한의 여성 지도자들이 소련군 장성 부인들과 석별 기념 촬영을 하고 있다. 김정숙의 손을 잡고 있는 어린이는 당시 여섯 살이던 김정일이다.

되었다. 한편으로 이러한 교육제도의 확립으로 이북 사람들은 청소년 시절에 이미 조직 생활을 경험하게 되었다. 1946년 9월 말에 이미 인민학교에 1525개의 소년단 조직이 만들어졌고, 거기에는 60만 4934명의 청소년들이 포괄되었다.

이북의 공산주의자들은 이러한 대중적인 교육 활동과 더불어 당 간부 양성에도 많은 노력을 기울였다. 1946년 6월에 중앙당학교가 처음으로 문을 열었다. 이곳에서는 2개월간 당 이론, 당의 정치노선과 조직노선, 통일전선 정책, 사업 작풍 등 당 활동과 관련된 과목을 비롯하여, 민족해방투쟁사, 미국과 일본의 제국주의 침략사 등 역사 관련 과목을 가르쳤다. 이 밖에도 1946년 2월에는 군사정치 간부를 길러내기 위한 평양학원을 창설했다. 이 학원에는 항일무장투쟁 경력자들이 파견되어 노동자와 농민 출신의 정예들을 교육했다.

한편 1947년 10월 12일에 평양 근교의 대동군 재경리면 간리에서는 항일

만경대혁명학원

북한의 최고 엘리트 학교라고 할 수 있는 이 학교는 1947년 10월에 항일무장투쟁 희생자들의 유자녀들을 위해 지어진 것이다. 김정일을 비롯해 연형묵, 김일철 등 북한 정권의 실세들이 이 학교 출신이다.

운동 희생자들의 유자녀들이 모인 가운데 평양혁명자유가족학원 창립식이 열렸다. 창립식은 임시 교사에서 진행되었다. 9월에 만경대에서 착공식을 거행한 학교 건물은 아직 공사 중이었다. 학원 건립이 결정된 것이 3월이었다는 것을 생각하면 매우 빠른 속도였다. 이처럼 신속하게 학원 건립이 진행된 것은 김일성과 그의 부인 김정숙의 관심이 남달랐기 때문이다. 그것은 그들이 정권의 정당성을 항일무장투쟁에서 찾으려는 의도와 맞물려 있었다. 학원은 후에 만경대혁명자유가족학원이라는 명칭으로 바뀌었다가, 최종적으로 만경대혁명학원으로 이름이 정해졌다. 약 320여 명의 학생들로 시작한 조그만 곳이었지만, 점차 지도자 양성기관으로 성장하여 이후 총리를 비롯한 쟁쟁한 정치가들을 양성하는 곳이 되었다.

문맹 퇴치와 교육운동, 각급 간부 양성, 혁명가 유자녀들에 대한 배려와 같이 사람과 미래에 대한 투자와 더불어, 평양에서는 경제성장과 문화적 욕구를 좀 더 높이 실현하려는 움직임도 활발히 진행되었다. 이에 따라 평양을 혁

해방 후 개편된 그 당시의 인민 교육제도

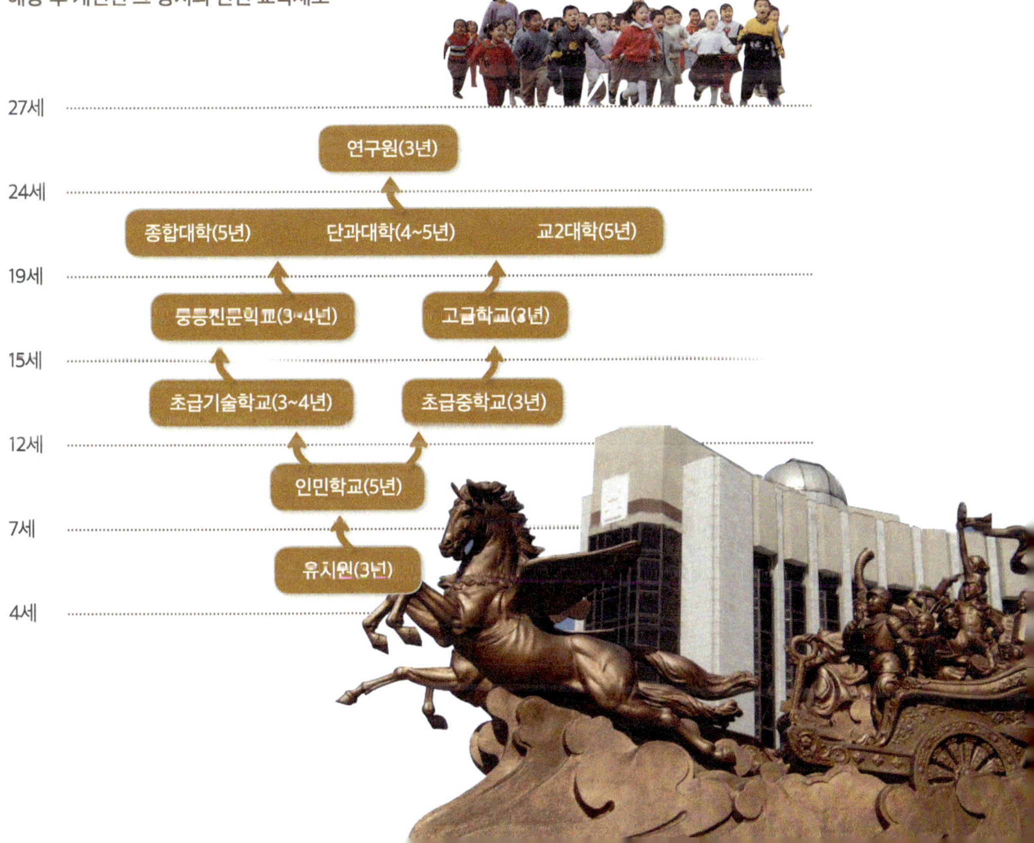

명의 수도, 민주의 수도로 만들 뿐 아니라 경제의 수도로 만들자는 구호가 제기되었다. 이에 따라 평양의 상하수도 공사와 석탄 운반 철도 및 도로 공사 등이 대대적으로 진행되었다. 또한 박물관과 도서관이 건설되었으며, 네 개의 극장, 일곱 개의 영화관이 모습을 드러냈다.

그런데 이 시기에 평양에서는 한 가지 걱정거리가 있었다. 바로 보통강의 범람문제였다. 보통강 주변 둑에는 '토성랑'이라는 움막들이 늘어서 있었다. 일제 때부터 도시 빈민들이 겨우 목숨을 부지하며 살아가는 초라한 거주지가 형성되어 있었던 것이다. 그런데 장마철만 되면 강물이 범람하여 주변을 온통 물바다로 만들어버렸다.

사로청 맹원증

사로청은 맹원 수가 가장 많은 단체인 조선사회주의로동청년동맹의 줄임말이다. 1946년 '북조선민주청년동맹'으로 출범했고 1996년 '김일성사회주의청년동맹'으로 개칭되었다. 소속된 위원회와 맹비납입란이 눈에 띈다.

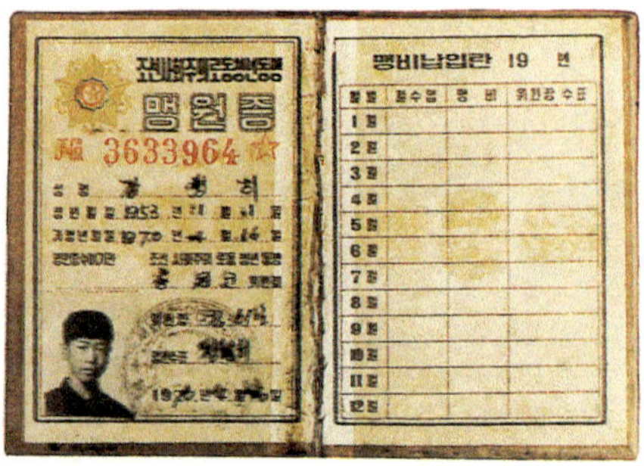

근로대중 단체 현황

단체	창립일	맹원 수
조선민주녀성동맹	1945. 11. 18	약 20만
조선직업총동맹	1945. 11. 30	약 160만
김일성사회주의청년동맹	1946. 1. 17	약 500만
조선농업근로자동맹	1965. 3. 27	약 130만

자료 출처: 『북한개요』, 통일부, 2000

1946년 장마철을 앞두고 이북에서는 보통강 개수 공사가 개시되었다. 제시된 공사 기간은 5월 21일에서 7월 31일까지 불과 2개월이었다. 강폭을 50미터, 물 깊이를 7미터로 파내고, 봉화산 기슭을 따라 구불구불 흐르던 보통강의 물길을 직선으로 만들어 돌리는 대공사였다. 수문 세 개와 6000제곱미터에 달하는 석축 공사도 해야 했다. 아무리 생각해도 불가능해 보이는 공사였다. 성공하려면 연 인원 100만 명의 노동력이 필요했고, 처리해야 할 흙의 양만 해도 1인당 하루 평균 0.7세제곱미터에 달했다. 평양을 홍수에서 보호할 뿐 아니라, 하층민의 고단한 삶의 상징이던 보통강 일대를 풍치 좋고 아름다운 곳으로 만들겠다는 이 대공사의 의미는 정치·사회·경제·문화 등 모든 부분에서 매우 컸다. 공사 기간 내내 평양의 공산당 당원을 중심으로 열성자대회와 정당·사회단체 대표자연합회의 등 크고 작은 독려 집회가 개최되었다. 전국 각지에서 지원의 손길도 끊이지 않았다.

6월 15일에 불가능해 보이던 새 물줄기가 뚫렸다. 공사는 2단계로 넘어갔고, 각 정당, 사회단체, 기관, 기업소, 공장 단위와 각 리 단위의 각종 돌격전이 실시되었다. 공산당원들이 주도한 이러한 돌격운동은 3월의 토지개혁에 뒤이은 로동법령 발포(6월 24일), 농업현물세제 실시(6월 27일) 등의 개혁이 진행되면서 더욱 고양되었다. 7월 5일에 예상보다 일찍 찾아온 장마로 인해 공사는 마지막 고비를 맞았고, 평양시당은 긴급동원령으로 위기를 극복했다. 마침내 7월 15일, 공사는 성공적으로 마무리되었다. 일제가 10년을 매달려도 성공하지 못한 공사였다. 그것도 공사 기간을 16일이나 앞당긴 것이었다. 공사는 단순한 홍수 방지를 위한 공사 이상의 의미를 가졌다. 보통강변의 거리는 '락원거리'라는 이름이 붙었다. 당국에서는 공사 개시일인 5월 21일을 기념하기 위해 이날을 '건설자절'로 선포했다. 보통강 개수 공사는 인민들에게 건국의 자신감을 가지게 하는 계기가 되었고, 대중 동원의 중요한 전례가 되었다. 이런

보통강 개수 공사장의 김일성

대중 동원의 중요한 전례가 된 보통강 개수 공사 현장에서 김일성이 노동자들과 함께 일하고 있다.

로동법을 환영하는 군중집회
토지개혁에 이어 두 번째로 이루어진 '민주개혁'은 노동자의 생활 안정에 초점이 맞추어진 새로운 노동법이었다. '로동법'의 실시는 농민과 함께 노동자의 지지를 획득하는 데 큰 역할을 했다. (1946년 6월 24일)

분위기 속에서 1946년 9월 1일에 공민증(만 17세 이상이 되면 발급받아야 하는 수첩 모양의 신분증)이 배부되기 시작했다.

11월 25일에는 북조선임시인민위원회 제3차 확대위원회에서 '건국사상총동원운동'이 제기되었다. '새 조국 건설과 새 사회 건설을 위한 일대 사상개조 운동인 동시에 경제문화 건설과 밀접히 결부된 전 군중적 애국운동'이 선포된 것이다. 운동의 첫 번째 목표는 낡은 사상의 잔재와 악습을 버리는 것이고, 두 번째 목표는 애국사상과 새로운 인민도덕을 키우기 위한 대중적 절약 운동을 실시하는 것이었다. 버려야 할 낡은 사상의 잔재로는 공동생활을 무시하며 국가 재산을 애호 절약할 줄 모르는 이기주의, 고용살이 근성, 학습하기 싫어하는 나쁜 기풍, 그리고 관료주의와 형식주의의 사업 작풍 등이 지적되었다.

건국사상총동원운동에서는 당 단체들의 영도적 역할이 강조되었고, 사상

교양과 사상투쟁을 통한 사상개조사업이 진행되었다. 이에 따라 당 조직과 각종 사회단체를 적극 활용하고, 선전선동 수단을 총동원한 '건국사상'에 대한 학습이 전국적으로 진행되었다. 당 단체들은 간부학습회, 세포학습회, 당학교 등을 통해 당원들을 건국사상으로 무장시키는 전당적인 학습을 조직적으로 전개했다. 근로자들은 자습과 강의, 토론을 통하여 학습을 수행했다. 그리고 무엇보다 이 운동에서는 문학예술 활동이 강조되었다. 문학·연극·음악·영화·미술·사진·무용 등 가능한 모든 분야의 예술 형식이 동원되었다. 12월부터 '건국사상총동원 문학예술의 밤', '전국미술전람회', '전국사진전람회', '건국사상총동원 특별작품 발표회' 등의 행사가 진행되었고, 각종 연극이 끊이지 않고 공연되었다.

건국사상총동원운동은 각 직장에서 직장대회를 통해 전파되었고, 전 노동자에게 애국운동으로 번져갔다. 애국운동은 내용적으로 생산력 증진운동의 성격을 가지고 있었다. 개별 공장과 기업에서 애국운동은 부족한 원료와 연료, 그리고 자재를 자체적으로 해결하면서 주어진 과업을 달성하는 운동으로 구체화되어 나타났다. 농민들의 애국운동은 애국미헌납운동으로 전개되었다. 가장 대표적이고 유명한 사례는 황해도 재령군 농민 김제원의 경우였다. 일제 시기에 동양척식주식회사의 소작농이었던 그는 토지개혁으로 3390

건국사상총동원운동에 내건 구호들

각 시·군별로 선전원들을 선발하여 구성한 '건국사상총동원공작대'가 내건 구호들이다.

- "과거의 썩은 생활을 고치자"
- "근로! 부지런히 일하는 자만이 새 조국의 건설자다"
- "쌀 한 알, 실 한 오리도 절약하여 조국 건설에 바치자"
- "무식은 파멸이다"

평의 토지를 분배받았다. 수확 첫해에 66가마니나 수확한 그는 농업현물세를 이미 나라에 바치고도 1946년 12월 10일에 '재령군 농업현물세 완납경축대회'에서 30가마니의 쌀을 애국미로 헌납했다. 그의 행동을 따라 동료 농민들도 그날에만 830가마니의 애국미를 바쳤다. 이 일이 있자, 북조선농민동맹은 '김제원의 애국미헌납운동을 전 군중적 운동으로 벌릴 것에 대한 결정'을 채택하여 운동을 전국화했다. 그 결과 12월 말 현재 평안남도에서만 7523명의 농민들이 1060가마니의 쌀을 헌납했다. 전국적으로 이 운동에 참여한 농민은 1만 8777명이나 되었다.

글자를 읽고 자신의 이름을 쓰게 된 민중들, 봉건적 예속에서 벗어난 여성들, 다시 돌아가는 공장의 노동자들, 생전 처음 토지를 분배받은 농민들, 이들은 모두 문맹퇴치운동과 남녀평등법을 비롯한 각종 민주개혁법안, 그리고 토지개혁의 수혜자들이었다. 그들은 보통강 개수 공사를 통해 얻은 자신감을 생산증식운동과 애국미헌납운동으로 상징되는 건국운동에 쏟아부었다.

애국미헌납운동에 나선 농민들

북한의 건국 과정은 철저히 (자발적 혹은 비자발적인) 대중운동 방식에 의해 이루어졌다.

| 식민 잔재 청산의 빛과 그림자 |

북한은 어떻게 친일파를 청산했나

남이나 북이나 해방의 기쁨은 곧 억압자와 그 앞잡이들에 대한 분노로 표출되기 마련이었다. 일본인들의 신사가 불타고 일부 친일파들이 공격받았다. 아직 일본군이 주둔하고 있었고 소련군의 점령이 시작되었지만, 혈기 왕성한 청년들의 분노를 억누를 수는 없었다. 각지에서 생겨난 자치대, 보안대, 인민위원회 등의 자치조직들은 친일파들을 처벌하기 시작했다. 그들은 '민중재판'이라는 이름으로 일제시기 고등계 형사, 헌병, 그리고 공출·징용·징병 등에 앞장섰던 자들을 응징했다. 사형과 징역형을 선고하기도 하고, 때로는 집단구타도 이루어졌다. 행정10국이 만들어진 이후에는 보안국과 같은 주요 기관의 친일파 숙청이 대대적으로 진행되었다. 특히 일제시기 경찰 경력자 등 3600여명이 치안기관에서 쫓겨났다. 이는 전체의 41.5%에 해당하는 숫자였다. 한편, 이 시기에는 소련군 방첩기관도 친일파 청산에 개입했다. 소련은 친일파로 분류한 자들의 일부를 시베리아로 유형 보내기도 했다.

1946년 2월 북조선임시인민위원회가 수립되면서 민중재판은 '인민재판'으로 전환되었다. 판사와 참심원들에 의한 정식 재판이 시작되면서 친일파 청산은 도처에서 좀 더 체계적으로 진행되었다. 사법인력이 부족해 인민위원들이 그 역할을 대신하기도 했다. 북한 지역에서 친일파들이 가장 큰 타격을 받은 계기는 토지개혁이었다. 토지개혁과정에서 토지몰수의 첫 번째 대상은 일본국과 일본인이었고, 바로 그 다음이 친일민족반역자의 토지였다. 또한 민중재판을 피해 월남을 택한 자들의 토지 또한 몰수의 대상이었다. 5정보 이상을 소유한 지주들은 땅과 전 재산을 몰수당했는데, 일제시기에 친일행위를 기반으로 그만한 재산을 형성한 자들도 포함될 수밖에 없었고, 그들은 대부분 경제적 기반을 상실하게 되었다.

이렇듯 민중재판, 인민재판, 토지개혁을 거치면서 친일파의 상당수가 처벌을 받거나 재산을 빼앗겼고, 당연히 선거권과 피선거권도 박탈당했다. 1946년 7월이 되자 친일파 처벌에서 한 걸음 더 나아가 간판, 문패, 그림, 문서, 사상 등 일상생활의 친일잔재 청산 운동이 적극적으로 전개되었다. 당과 인민위원회 간부 중에서도 친일 경력 때문에 쫓겨나는 이들이 있었다.

그렇다고 북한의 친일파가 완전히 제거된 것은 아니었다. 김일성은 처음부터 "힘 있는 자 힘으로! 돈 있는 자 돈으로! 지식 있는 자 지식으로!"를 건국의 구호로 내걸었다. 이 구호는 친일 경력이 있더라도 재산을 기부하고 자신의 과오를 반성하면 용서의 길을 열어주는 열쇠가 되었다. 고위급 관리 중에도 친일파들이 포함되었다. 특히 북한은 경제기구와 기업소에서 일제시기 각 기업의 기술자와 간부들을 적극적으로 중용했다. 그런가 하면 정당한 진상 규명이 아닌 개인적 원한에 의해 친일파로 몰려 숙청당하는 경우도 보고되었다. 이처럼 남한보다 철저했다고 하는 북한의 친일 청산에도 역시 한계는 있었다.

군사분계선
軍事分界線

2

참혹한 전쟁, 민족의 비극

〈한국에서의 학살〉, 피카소, 1951

1949-1953

전쟁을 일으킨 북한 지도부의 결정은 이 땅에 살고 있는 모든 이의 삶을 바꾸어놓았다.
전쟁은 휴전이라는 이름으로 분단을 고착시켰고,
남은 것은 폐허가 되어버린 국토와 아물기 어려운 상처뿐이었다.

1949–1950 2개년계획		
1949	6월	조국통일민주주의전선 결성, 평화통일 방안 제의
	4월	(남한) 국회프락치사건 발생
	9월	(남한) 빨치산, 이승만 정부 전복을 위한 총공세 전개
1950	6월 25일	6·25전쟁 발발
	10월	국군, 38선 돌파
	10월	중국군 참전
1951	7월 10일	정전회담 개시
	1월	(남한) 유엔군 후퇴(1·4후퇴)
1952	12월	과학원 창립(원장 홍명희)
	12월	행정구역 개편(읍·면 폐지, 노동자구 신설)
	12월	(국제) 6·25전쟁 정전을 공약으로 내건 아이젠하워, 미국 제34대 대통령으로 당선
1953	3월	박헌영 등 남로당 핵심 인물, 간첩 혐의로 체포
	7월 27일	정전협정 조인

빨치산

"나는 빨치산 부대에서 허드렛일을 하다가 얼마 후 취사부에 들어갔다. 거기서 꿈에 그리던 남편을 만났고 입산이 죄라 생각해 본 적이 없었다. 전쟁이 끝나면 모든 것이 해결될 줄 알았지만 시간이 가도 마찬가지였다."

— 마지막 빨치산 정순덕의 구술

한국에서의 학살

전쟁 중에 좌익과 우익의 대립 구도 아래 수많은 학살 사건이 벌어졌고, 이 학살이 남긴 상처는 남과 북에 깊은 불신과 증오의 감정을 남겨놓았다. 북한 측은 가장 피해가 극심했던 황해도 신천군 학살에서 3만 5000여 명이 사망했다고 주장한다.

박헌영의 몰락

"그는 일제강점기 조선 민중들의 숙원을 담은 공산주의운동, 즉 민족해방운동의 가장 양심적이고 급진적인 면의 상징이었습니다. 그러나 해방 후 분단된 조국은 그를 받아주지 않았습니다. 남한에서는 지하 생활을 전전하는 수배자가 되었고 북조선에서는 끝내 처형당하고 맙니다."

— 박노자, 『박헌영 평전』을 추천하며

서해 NLL

6·25전쟁의 정전협정 직후 그어진 해양경계선 서해 NLL에서는 이후 남북 간에 마찰이 잦았다. 북측은 서해 NLL의 통보 당시에는 별다른 이의를 제기하지 않았으나 1973년부터 NLL 주변 수역에 대한 영유권을 주장했다. 그 후 1999년과 2002년의 서해교전, 2010년 천안함 침몰 사건 등의 충돌이 이어졌다.

조선민주주의
인민공화국
조선민주주의인민공화국정부내각
수상 김일성 장군
DOC NO.
CAPTURED AT

201

평화와 전쟁의 갈림길

남북에 두 개의 정부가 들어섰지만, 어느 누구도 갈라진 민족의 현실을 쉽사리 받아들일 수 없었다. 마음에는 아직 38선이 그어지지 않았다. 모두가 통일을 당연한 일로 여기고 있었다. 남쪽의 이승만 정부는 북진통일을 외쳤다. "점심은 평양에서! 저녁은 신의주에서!"라는 구호가 공공연하게 사람들 입에 오르내렸다. 북쪽은 북쪽대로 자신들의 정통성을 주장하며 국토 완정이라는 이름 아래 적화통일의 꿈을 인민들에게 심고 있었다.

한편 남과 북에 두 개의 정부가 들어선 다음, 남한에서 사회주의 활동을 하는 것은 불법이 되었다. 많은 사회주의자들이 월북을 선택했다. 이미 상당수 사회주의자들이 북으로 올라간 이후였다. 사회주의자뿐만이 아니었다. 많은 중도파 지식인과 정치인들도 1948년의 남북협상을 전후해 북으로 올라가

조선민주주의인민공화국 정부 내각

6·25전쟁 즈음 발행된 북한 내각 조직도에 김일성을 비롯한 북한 정부의 중심인물들이 사진과 함께 상세히 소개되어 있다. 결국 통합정부는 출범되지 못했고, 각각의 정부 아래 전쟁의 기운이 피어오르기 시작했다.

조선의용대 창설 기념사진

1938년에 독립운동가 김원봉이 중국 한커우(漢口)에서 조직한 무장부대인 조선의용대 창설 기념사진. 앞줄 왼쪽에서 일곱 번째 사람이 최창익이고, 오른쪽에서 다섯 번째 사람이 김원봉이다.(동그라미 안) 조선의용대의 후신인 조선의용군은 인민군의 핵심이 되었다.

눌러앉은 상황이었다. 아직도 이남에 남아 있던 사회주의자들은 비밀스럽게 지하 활동을 했다. 1948년 10월의 여순사건을 계기로 많은 사람들이 지리산으로 올라가 반정부 무장부대 활동을 개시했다. 이남에서 사회주의 빨치산 활동이 본격화되기 시작한 것이다.

이렇게 남과 북의 대립은 좌우 대립을 넘어 남이냐 북이냐의 선택을 강요하는 상황으로 치달으며 하루가 다르게 충돌이 심화되고 있었다. 38선 부근에서도 크고 작은 충돌이 끊이지 않았다. 북쪽이 선택한 전략은 분명했다. 남쪽의 이승만 정부를 붕괴시키고 자신들이 통일을 완수하는 것이었다. 문제는 전술이었다. 평화적인 방식으로 할 것인가, 무력으로 할 것인가가 그들의 고민이었다. 평화적인 방식이라고 해도 이승만 정부의 붕괴를 전제로 한 것이었다. 그런데 말 그대로 평화적인 방법으로 이승만 정부를 붕괴시킬 수 있는 방법은 없었다. 이미 이승만 정부는 군대와 경찰을 가지고 있었고, 미국이라는 강력한 우방이 버텨주고 있었다. 결국 평화적 방식의 통일이란 이남에서 활동하고 있는 반이승만 세력이 연대하여 빨치산 활동과 같은 봉기를 일으켜 이승만 정부를 붕괴시키는 것을 의미했다.

빨치산의 출현에서 소멸까지

제주 4·3사건의 진압을 거부해 반란을 일으킨 여순사건의 참가자들이 국군의 대대적인 진압작전에 밀려 지리산으로 퇴각해 들어간 후, 남한에서 본격적인 빨치산 활동이 시작되었다. 이들은 6·25전쟁이 일어날 때까지 산속에서 북과 연락을 유지하면서 활동을 이어갔다. 조국통일민주주의전선 결성과 더불어 이들은 공세를 강화하기도 했다. 북에서는 지도자를 파견하기도 하고, 직접 빨치산부대를 내려보내기도 했다. 전쟁 시기에 이들은 인민군의 점령과 동시에 다시 지역으로 내려와 행정권을 장악했다. 그러나 인천상륙작전으로 인민군이 퇴각하면서 이들은 다시 산으로 올라가는 신세가 되었다. 이번에는 미처 퇴각하지 못한 인민군들이 합세하면서 그 세력은 더욱 커졌다. 이들은 휴전이 된 이후까지 산발적인 싸움을 계속하다가 1955년 초 거의 소멸되었다. 1963년, 산속에서 숨어 지내던 마지막 빨치산 정순덕이 체포되면서 지리산 빨치산은 완전히 막을 내리게 되었다.

한 빨치산이 50년 동안 땅속에 숨겨두었던 비밀문서와 숟가락
당시 빨치산들은 주머니에 넣기 좋게 잘라 만든 숟가락을 '당증'이라고 불렀다.

이남 지역 빨치산 활동 영역 (1949년 12월 15일)
총 수: 760명

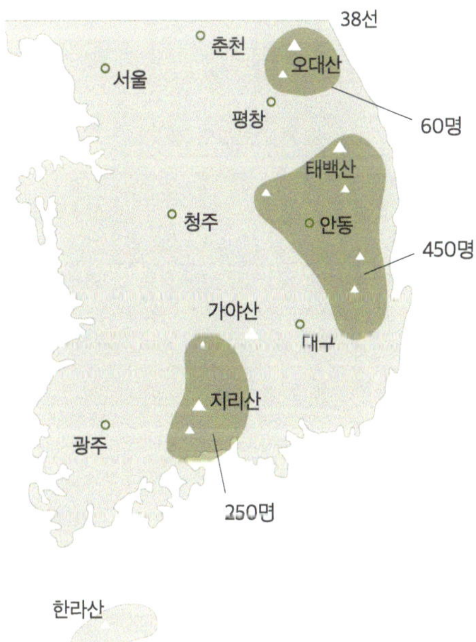

북쪽의 정치 지도자들은 우선 남한의 반정부 활동을 적극 지원하는 길을 택했다. 1949년 5월, 남에서 활동하고 있던 남로당과 민주독립당, 조선인민공화당, 근로인민당, 남조선청우당, 사회민주당, 남조선민주여성동맹, 조선노동조합전국평의회 등 여덟 개의 정당·사회단체는 '조국통일민주주의전선'을 결성할 것을 남북의 정당·사회단체들에게 제안했다. "미군 철퇴와 조국 통일을 위한 투쟁에 모든 역량을 집결시키기" 위해서였다. 이들은 분명 남한의 단체였고 남한에서 제안을 발표했지만, 실질적으로는 북한과 연계되어 있었다. 어쨌든 이에 호응한 남과 북 71개의 정당·사회단체들은 6월 25일부터 27일까지 평양에 모여 결성식을 개최했다.

조국통일민주주의전선에는 남한에서 1차 남북협상에 참여한 단체들 중

조국통일민주주의전선의 결성

북측은 '통일적인 중앙정부'임을 주장하는 조선민주주의인민공화국이 수립됨에 따라 전국적 차원의 통일전선 기구로 조국통일민주주의전선을 결성했다. 사진은 조국통일민주주의전선의 결성을 지지하는 평양시 군중대회의 모습.(1949년 6월 29일)

임시정부 계열의 몇몇 우익단체를 제외하고는 거의 대부분의 단체들이 참여했다. 물론 이들 단체들 중 이남의 것들은 이미 남북으로 갈라졌거나, 그 조직이 유명무실해진 경우가 많았다. 가장 강력한 통일운동가였던 김구도 끊임없이 참여를 권유받았지만, 끝내 참여하지 않았다. 뿐만 아니라 그는 조국통일민주주의전선 결성대회 도중이던 6월 26일에 암살당하고 말았다. 이러한 한계에도 불구하고 조국통일민주주의전선은 스스로 남북협상의 정신을 이어받은 좌우 세력의 통일전선 조직임을 내세워 적극적인 '평화통일운동'을 펼쳤다.

조국통일민주주의전선은 두 차례에 걸쳐 구체적인 통일 방안을 내놓기도 했다. 그 첫 번째 방안은 결성선언문을 통해서였다. 그들이 내세운 '평화통일안'은 외국, 특히 미국과 국제연합의 간섭이 없는 자주적인 통일이었다. 그들은 먼저 남북의 애국적 정당·사회단체 대표들의 협의회를 통하여 평화통일의 구체적 계획을 토의하고, 2단계로 총선거 실시를 지도하기 위한 전국적 선거지도위원회를 구성할 것을 제안했다. 그리고 이 위원회의 지도 아래 9월에 총선거를 실시하자는 것이었다. 남과 북에 두 개의 정부가 있는 상황에서 이

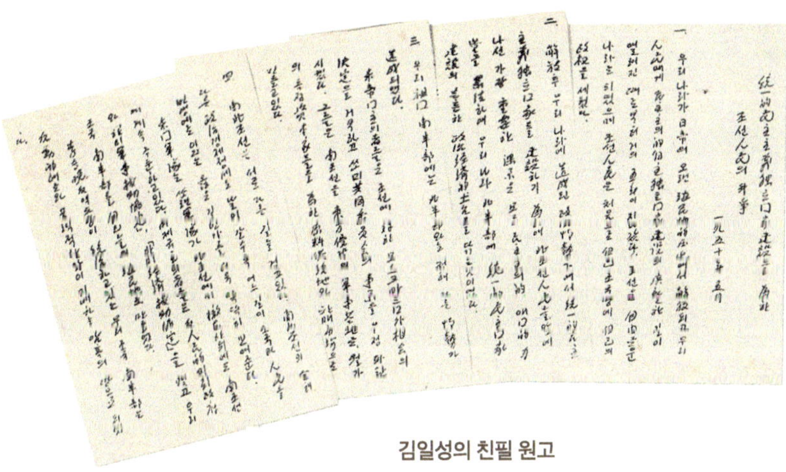

김일성의 친필 원고

「통일적 민주주의독립국가 건설을 위한 조선인민의 투쟁」이라는 제목의 김일성 친필 원고.(1950년 5월)

들의 방안은 두 개의 정부를 부정하고 새로운 정부 수립을 주장하고 있다는 점에서 파격적이었다. 그러나 남북은 이들의 통일 방안을 받아들일 수 있는 상황이 아니었다. 또한 그들 스스로 이승만 정부를 타도의 대상으로 규정하고, 나머지 통일운동 세력들 간의 협의와 선거를 통한 정부 수립을 주장하고 있었기 때문에 그 한계는 명확했다.

조국통일민주주의전선은 1년 후인 1950년 6월에 다시 한 번 평화통일 방안을 제시했다. '자주통일'과 남북제정당·사회단체대표자협의회를 통한 협의와 총선거에 의한 통일정부 수립을 주장하는 것은 지난번과 똑같았다. 그러나 이번에는 더욱 구체적이었다. 선거 일정과 협의 대상, 구체적인 방안 등을 더욱 상세하게 제안한 것이다. 물론 이 방안 또한 남한 정부와 지도자들을 배제한 것이기 때문에 실현 가능성은 거의 없었다. 그들의 통일 방안이 갖는 한계를 보여주기라도 하듯, 서한 전달을 위해 남으로 보낸 대표들은 체포되자마자 기다렸다는 듯 전향해버렸다.

이렇게 조국통일민주주의전선은 통일 노력이 끝내 무산되자, 조선최고인민회의 상임위원회에서 통일 방안을 논의해줄 것을 요청했다. 이에 따라 상임위원회는 북측의 최고인민회의와 남측의 국회를 단일한 입법기관으로 연합

조국통일민주주의전선의 2차 통일방안 (1950년 6월)

1. 8월 5~8일 총선거 실시. 통일적 최고 립법기관 창설.
2. 8월 15일 최고 립법기관 회의 서울에서 소집.
3. 6월 15~17일 남북민주주의제정당·사회단체대표자협의회, 해주 혹은 개성에서 소집.
4. 남북민주주의제정당·사회단체대표자협의회 참가 조건.
   (가) 리승만·리범석·김성수·신성모·조병옥·채병덕·백승욱·윤치영·신흥우 등 민족반역자들 남북대표자협의회 참가 불허.
   (나) 유엔 조선위원단의 간섭 불허. 자력으로 조국 통일.
5. 협의 기간과 총선거 실시 기간에 남북 정권 당국은 사회질서 보장에 대한 책임.

하는 방식으로 평화적 통일을 이룩하자는 파격적인 제안을 내놓았다. 6월 19일, 전쟁을 불과 엿새 남겨둔 시점이었다.

한편 조국통일민주주의전선이 이렇게 1년 동안 평화통일 공세를 취하고 있는 동안, 남한에서는 유격투쟁이 더욱 격화되고 있었다. 조국통일민주주의전선은 평화통일을 제안하면서도 한편으로는 이 유격투쟁을 적극 지원하고 나섰다. 유격투쟁에 참가하자는 호소문을 내는가 하면, 물자를 지원하는 일도 했다. 그것은 유격대에 의해 이승만 정부가 붕괴되거나, 위협을 느껴 평화통일안을 받아들이게 하자는 전술이었다. 조국통일민주주의전선의 통일 방안에 발맞추어 남한의 유격대는 대대적인 공격을 감행하는 이른바 '9월 공세'

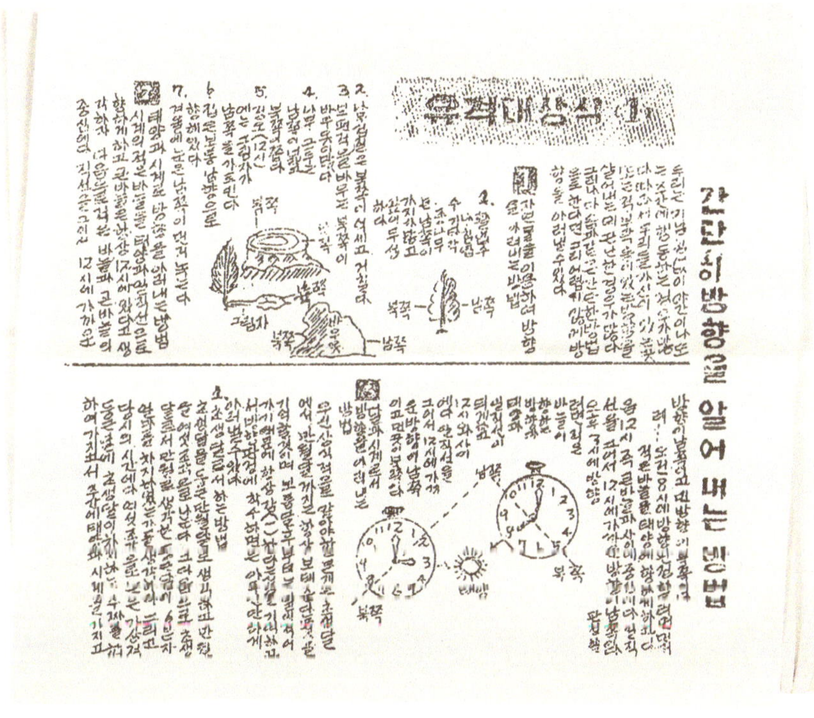
유격대상식 (1)

간단히 방향을 알어 내는 방법

유격대 신문《붉은별》에 실린 내용 일부

여순사건 이후 남한 내 좌익 세력은 산속으로 들어가 유격대(빨치산) 활동을 전개한다. 유격대 신문은 빨치산 대원들을 대상으로 정지와 사상, 게릴라 기술 등을 전파하는 종합 선전물이었다. 위 내용이 실린《붉은별》은 1951년에 경상남도 지역에서 활동한 유격대를 대상으로 보급되었다.

모스크바 방문

김일성과 박헌영은 중국, 소련에서 전쟁 계획을 협의했다. 1949년 3월에 북한 대표단을 이끌고 모스크바를 방문한 김일성(맨 오른쪽)과 박헌영(오른쪽에서 두 번째)이 소련 제5차 최고회의장을 둘러보고 있다.

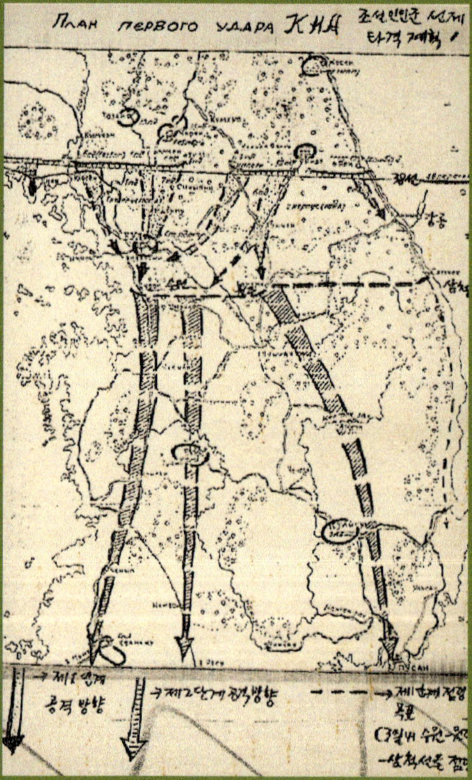

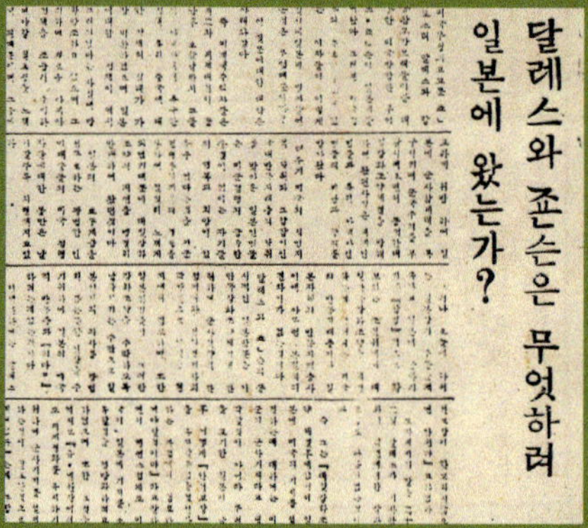

달레스와 존슨은 무엇하러 일본에 왔는가?

▲ **북침 의혹 제기**

전쟁이 발발한 직후 《로동신문》은 이른바 미군과 남한이 전쟁을 일으켰다는 '북침설'의 한 근거로 당시 미 국무장관 달레스의 일본과 남한 방문에 대해 의혹을 제기했다.(1950년 6월 26일자)

◀ **북한의 남침 선제공격 계획**

이 지도는 6·25전쟁을 위한 조선인민군의 선제공격 계획을 보여주고 있다. 38선 아래 가는 선의 화살표는 1단계, 부산 등지로 이어진 굵은 화살표는 2단계 공격 방향을 나타낸다. 2단계 화살표가 시작되는 지점에서 점선으로 표시된 부분은 1단계 점령 대상지다.

를 전개했다. 그러나 그들의 바람은 뜻대로 되지 않았다. 오히려 1949년 겨울에 이승만 정부의 대대적인 토벌작전에 유격대는 커다란 타격을 입어 그 세력이 약화되고 있었다.

조국통일민주주의전선과 남측 유격대의 활동이 전개되고 있는 동안 북측에서는 또 다른 움직임이 일어나고 있었다. 바로 무력통일 준비였다. 김일성과 박헌영으로 대표되는 조선로동당의 핵심 인사들이 추진한 통일 방안이었다. 1948년 2월에 이미 조선인민군이 창설되어 있었다. 뿐만 아니라 1949년에 중국혁명이 성공함에 따라, 중국공산당과 함께 중국혁명에 참전하고 있던 조선의용군의 경험 많은 전사들이 속속 입국하여 조선인민군의 핵심이 되고 있었다. 박헌영은 전쟁 개시와 더불어 남측의 지지자들이 곳곳에서 봉기하여 전쟁이 순식간에 종결될 것이라고 장담했다. 김일성과 박헌영은 소련과 중국을 방문하여 그들의 은밀한 계획을 사전에 협의했다.

마침내 그들은 소련과 중국의 동의를 얻어냈다. 미국의 지원을 받는 이승만 정부와의 전쟁에서 그것은 필수적인 일이기도 했다. 이미 소련으로부터 무기도 충분히 들어와 있었다. 조국통일민주주의전선의 평화통일 방안은 실현될 가능성이 없음이 확인되었다. 북측의 지도자들은 무력통일 방안을 새로운 대안으로 적극 검토하기 시작했다. 비극의 순간이 다가오고 있었다.

| 혁명가인가 범죄자인가 |

최초의 빨치산 남도부와 최후의 빨치산 정순덕

'정규 부대에 속하지 않은 무장 전사'를 뜻하는 러시아어 파르티잔(партизан, partisan)을 한국어로 음차해 빨치산이라고 부른다. 6·25전쟁을 전후해서는 남한 영역에서 유격전을 수행한 북한의 조선인민유격대를 가리키는 이름이자, 공비 혹은 빨갱이라고 불리기도 했던 이들의 일대기는 남북 현대사의 극적인 장면들 중 하나다.

여순 사건을 계기로 빨치산 투쟁이 본격화되었지만, 일제 시기에도 빨치산이라는 말이 있었다. 주로 만주의 항일유격대를 일컫는 말이었지만, 일제 말기가 되면 한반도 내에도 자발적인 빨치산들이 생겨났다. 이들은 주로 일제의 강제징집에 저항하던 청년들이었다. 남한에서 최초의 자생적 빨치산 투쟁은 일제 말기, 1943년에서 1944년 사이 경남 함양군 지리산 부근의 괘관산에서 시작되었다. 당시 함양을 중심으로 징집을 거부하던 장정 10여명이 주재소를 습격해 무기를 탈취했다. 괘관산으로 숨어 들어간 이들은 해방될 때까지 저항했는데, 이 투쟁을 이끈 인물이 남한 빨치산의 전설적인 인물인 남도부다.

남도부(南倒釜)는 '남쪽으로 부산까지 이르겠다'라는 의지를 담은 가명으로, 그의 본명은 하준수다. 1921년 경상남도 함양군의 부호의 아들로 태어난 그는 진주중학교를 다니다가 일본인 교사를 폭행해 퇴학당했다. 이후 일본으로 유학을 떠나 주오대학 법학부에서 공부하다가 태평양 전쟁의 학병으로 징집당하자, 이를 거부하고 고향으로 돌아와 빨치산의 길을 걷기 시작했다.

1945년 3월 남도부가 괘관산에서 동지 70여명과 조직한 단체 보광당은 이후 여운형의 건국동맹 산하조직이 되어 무장투쟁 결사로 활동했다. 이후 남도부는 대한민국정부 수립 후 조선민주주의인민공화국을 지지하는 게릴라 활동을 벌였으며 직접 조선인민유격대에 가담하여 제3병단 부사령관을 맡기도 했고, 6·25전쟁 중에는 태백산과 일월산 일대에서 유격전을 벌였다. 휴전 후 1954년에 부하의 밀고로 대구 팔공산에서 체포되어 1955년에 총

남한에서 활동한 빨치산 중 독보적인 인물이었던 남도부.

살되었는데, 처형되는 순간에도 "인민공화국 만세!"를 외쳤다고 한다.

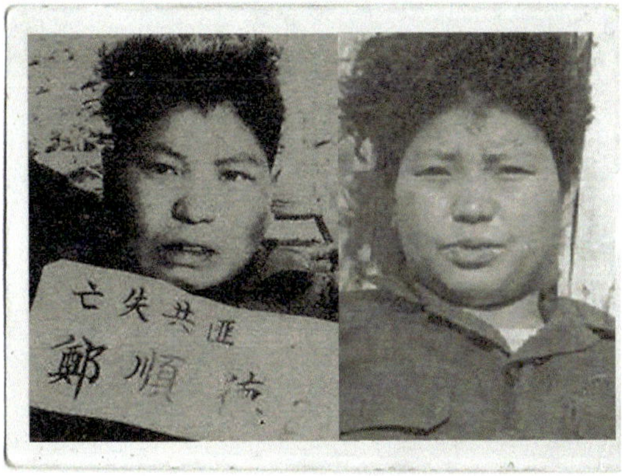

체포될 당시의 '망실공비' 정순덕의 모습.

1980년 출간된 이병주의 소설 『지리산』의 주인공인 하준규의 모델이 바로 남도부이며, 1993년에는 노가원의 전기소설 『남도부』도 출간되었다. 2001년 남도부의 마지막 은신처였던 경상남도 창녕에서 그가 1953년 작성한 유격대 활동 보고서인 '비장 문건'이 발견되어 화제가 되기도 했다. 연필로 작성해 유리병에 넣어 48년간 땅 속에 잠재운 이 문서 끝에는 '제4지구당부 부위원장 대리, 제3지대장 남도부'라는 서명이 있었다. 이처럼 여러모로 극적인 족적을 남긴 남도부를 '최초의 빨치산'이라 부르기는 어렵지 않을 것이다.

한편 '마지막 빨치산'이라고 불리는 정순덕의 생애도 주목할 만하다. '엘리트'라 할 수 있는 남도부와는 대조적으로, 1933년 경상남도 산청군의 가난한 농가의 딸로 태어난 정순덕은 당시 여느 여성들과 마찬가지로 어린 나이에 결혼한 평범한 주부였다. 그러나 결혼 직후 터진 6·25전쟁 중 인민군에게 부역을 했던 남편이 처벌을 피하기 위해 빨치산이 되어 떠나자 1951년 지리산으로 남편을 찾아 나섰다.

만남의 기쁨도 잠시, 얼마 후 남편이 사망하자 정순덕은 스스로 빨치산이 되었고 빨치산이 괴멸된 후에도 혼자 지리산에 숨어 지냈다. 1963년 체포되면서 그녀는 12년간 지리산에서 활동한 '최후의 빨치산'이 되었다. 정순덕은 이때 입은 총상으로 오른쪽 다리를 절단하게 되었고, 무기징역을 선고받았지만 23년간 복역한 뒤 1985년 광복절 특사로 출소했다. 이후 재봉공장 등을 전전하다가 비전향 장기수 공동체인 서울 봉천동 낙성대 '만남의 집'에 정착했고 이후 뇌출혈로 쓰러져 투병을 시작했다. 2000년 비전향 장기수 송환 때 정순덕은 정부에 북송을 요청했다. 그러나 고향이 남한이고 전향서를 썼다는 이유로 결국 송환되지 못했고, 투병 끝에 2004년 71세로 세상을 떠났다.

남도부처럼 스스로 확고한 의지를 가지고 빨치산 활동을 한 사람도 있었고, 정순덕처럼 기구한 사연이 원인이 되어 빨치산이 된 사람도 있었다. 그들을 신념을 지킨 혁명가로 볼 것인가, 국가의 질서를 어지럽힌 범죄자로 볼 것인가? 그들을 보는 시선은 상황에 따라 시시각각 달라지곤 했지만, 그들이 일제강점과 분단이 빚어낸 비극의 산 증인이라는 것은 한결같았다.

202

1950년 6월 25일

사흘이었다. 불과 사흘 만에 서울을 점령했다. 인민군은 강력했다. 조선의용군의 경험이 유감없이 발휘되었다. 탱크를 비롯해 소련에서 들여온 무기들의 위력도 대단했다. 제대로 훈련도 받지 못하고 변변한 장비도 갖추지 못한 국군의 무기력만이 문제가 아니었다. 대통령이 먼저 피난길에 올랐으면서도 "국군이 용감하게 북진하고 있다"는 허위 방송을 하며 국민을 우롱한 이승만 정부의 무책임도 인민군의 진격을 도와주는 역할을 했다.

그렇게 물밀듯이 서울을 점령한 인민군은 곧바로 새로운 정책을 실시했다. 서울시 인민위원회를 복구시키고, 형무소의 문을 열어 정치범들을 석방시켰다. 그리고 미처 피난하지 못했거나 서울에 남아 있던 정치 지도자들을 찾아 나섰다. 이른바 '모시기 공작'이었다. 대상은 주로 임시정부에서 활동한 정치

학살의 비극

학살은 6·25전쟁의 가장 큰 비극이었다. 1950년 10월의 함흥 학살 사건에서 살해당한 시신을 유가족이 확인하고 있다. 함흥에서는 약 1만 2000여 명이 목숨을 잃었는데, 미군의 진격으로 인민군이 후퇴하면서 '위해 가능성 분자'들을 처리한다는 명목이었으나 실상 평범한 사람들이 무차별 학살당했다.

가들이었다. 혼란에 빠진 이남의 대중들을 설득하고, 나아가 새로운 정부를 수립할 때 유리한 고지를 차지하기 위한 방편이었다. '모시기 공작'의 대상에는 김규식과 조소앙 등 임시정부 지도자들, 김약수와 노일환, 이문원 등 '국회 프락치사건'으로 서대문 형무소에 갇혀 있던 '소장파' 국회의원들, 그리고 이광수와 방응모, 정인보, 안재홍 등 유명한 학자나 정당·사회단체의 저명인사들이 포함되었다. 이들은 스스로 북측의 부름에 응한 경우도 있었지만, 대부분은 연행되었다. 북측은 이들을 심사하여 몇 가지 등급으로 나누고 재교육시켜 자신들의 협조자로 만드는 공작을 진행했다. 이를 위해 북측은 연행한

파괴된 한강철교

북한의 전격적인 남침으로 서울은 불과 사흘 만에 함락되었다. 당시 이승만 정부는 피난민들을 고려하지 않은 채 인민군의 남하를 막기 위해 1950년 6월 28일 새벽 2시 30분경에 한강철교를 폭파시켰다. 철교를 건너던 수많은 피난민들이 죽거나 다쳤다. 그리고 많은 사람들이 한강 이북에 고립되었다.

사람들을 평양으로 이송했다.

한편으로 점령군은 미처 피난을 가지 못한 사람들을 대상으로 대대적인 정치선전을 벌였다. 그들은 조선민주주의인민공화국의 정통성을 선전하고, '조국통일전쟁'의 정당성을 주장했다. 또한 젊은이들을 대상으로 대대적인 의용군 모집에 돌입했다. 중학교에서 대학교에 이르기까지 학교를 방문한 인민군은 즉석에서 연설을 통하여 의용군을 모집했다. 많은 학생들이 그들의 선동에 넘어가 의용군에 가입했다. 그 숫자는 40만 명에 육박했다. 그러나 그들 중 일부는 이동 중이거나 훈련 중에 도망쳐 피난민 대열에 합류했다. 전쟁은 그렇게 동족을 갈라놓고 있었다.

인민군은 서울에서 사흘을 머문 후 다시 남으로 진격했다. 그들의 진격 속도는 매우 빨랐다. 전쟁이 시작된 지 불과 보름 만에 그들은 낙동강까지 내려갔다. 국제연합의 동의를 거쳐 초고속으로 전쟁에 참전한 미군도 초기에는 전세를 역전시키지 못했다. 인민군이 미군과 본격적인 전투를 처음 치른 곳은 대전이었다. 미군은 절대적으로 불리한 조건을 안고 있었다. 낯선 나라, 낯선 곳에서의 전투, 그리고 적군인 인민군과 아군인 국군을 잘 구분하기도 힘들었다. 적과 아군의 생김새가 똑같았던 것이다. 그들은 피난민 속에 적의 스파이가 숨어 있을지도 모른다는 공포감에 휩싸였다. 그래서 미군은 피난민들을 향해 총을 쏘아댈 정도로 극도의 두려움에 갇혀 있었다. 반면에 인민군은 승리감에 도취되어 사기가 하늘을 찌르고 있는 상황이었다.

남한에 걸린 인공기

6·25전쟁 당시 강원도 원주의 한 건물에서 인공기를 게양하고 있다.

대전에서 인민군과 마주한 미군부대는 제24사단이었다. 당시 대전은 임시수도로 선포되어 있었고, 미24사단이 방어의 주 책임을 맡고 있었다. 인민군은 김일성이 직접 대전 공격의 작전을 짤 정도로 중요한 싸움으로 여기고 있었다. 인민군 연합부대들은 대전을 완전 포위하고 미군 지원군이 도착하기 전에 공격을 개시했다. 미군은 변변한 전투도 치러보지 못하고 대패했다. 인민군은 미24사단의 사단장 딘을 포로로 잡는 대승을 거두었다. 7월 20일이었다. 인민군은 더욱 기세를 높여 낙동강까지 밀어붙였다. 그러나 거기까지였다. 미군과 국군은 더 이상 인민군의 진격을 허용하지 않았다. 김일성은 직접 전사들을 독려했다. 그는 서울과 수원을 거쳐 대전의 수완보까지 내려왔다. 인민군은 필사적으로 낙동강을 뚫기 위한 공세를 취했다.

낙동강의 공세가 이어지고 있는 사이, 인민군 점령지에서는 인민위원회 선거가 대대적으로 진행되었다. 선거는 1950년 7월 25일부터 9월 13일까지 9개 도, 108개 군, 1186개 면, 1만 3654개 리(동)에서 진행되었다. 그리고 직업동맹

전쟁 중에 실시된 인민위원회 선거

북한은 전쟁 중에 북측에서 실시한 토지개혁 등 이른바 '민주개혁'을 이남 지역에서도 실시해 농민과 노동자들의 지지를 얻으려 했다. "농민들이여, 토지를 영원한 자기 소유로 만들기 원한다면 다같이 인민위원회선거에 참가하자!"라고 선전하는 《조선인민보》 7월 26일자 기사.

農民들이여! 土地를 永遠한 自己所有로 만들기원한다면 다같이 人民委員會選擧에 參加하자!

京畿道里(洞)人民委員會選擧勝利的으로

全體人民의 歡呼와 感激속에 眞正한 人民의 代表를 選擧!

有權者全員이 參加

龍頭里의 選擧光景現地報道

人民에 忠實히

과 농민동맹, 민주청년동맹, 여성동맹 등 대중단체들도 조직되었다. 이들 인민위원회와 조직들에 가담한 사람들은 일시적으로 점령지의 권력자가 되었지만, 인민군이 후퇴한 후에는 비극의 주인공들이 되기도 했다.

이남 인민위원회 선거를 알리는 포스터

인민군은 주권기관과 대중단체들을 복구하거나 신설하고, 대대적인 토지개혁을 비롯해 이북에서 시행된 '민주개혁'을 이남의 점령지에서도 시행했다. 점령지 전체 경지면적의 약 43.3퍼센트에 해당하는 59만 6202정보의 토지가 무상으로 몰수되고, 이 가운데 57만 3443정보가 빈농들과 토지 없는 농가, 고용농들에게 분배되었다. 몰수한 토지의 약 3.8퍼센트에 해당하는 2만 2859정보는 국유화되었다. 또한 이승만 정부의 '농지개혁'에 의해 농민들이 지주들에게 토지를 사들이면서 연차적으로 갚기로 되어 있던 토지 대금과 각종 빚이 면제되었다. 이남의 토지 관련 행정 조치가 취소되고 이북의 조치가

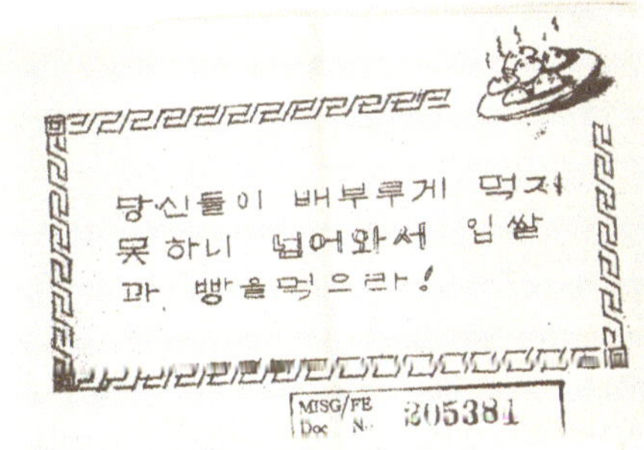

각양각색 삐라

전쟁 중에 북한이 발행한 삐라가 유포되었다. "넘어와서 입쌀과 빵을 먹으라"는 귀순 권유 삐라부터 "미국놈의 종질은 하지 않겠다"는 반미 삐라까지 그 내용과 형태는 다양했다.

미 공군 B-29기의 평양 공습

6·25전쟁 당시 미 공군의 제공권 장악은 인민군의 주간 이동을 불가능하게 할 정도였다. 평양 등 북한 주요 도시의 건물과 도로, 저수지 등은 미 공군의 폭격에 의해 철저하게 파괴되었다.

인천상륙작전

6·25전쟁의 전세를 일거에 뒤바꾼 인천상륙작전은 북한에 의한 한반도의 무력통일 가능성을 결정적으로 좌절시켰다.

북한 무기공장

북한은 미군의 공습을 피해 동굴 속에 공장을 세우고 군수품을 생산했다.

전면적으로 시행된 것이다.

한편 인민군 점령지에서는 법령이 정하는 바에 따른 '인민재판'이 진행되었다. 인민재판은 정치보위국 산하 치안조직이 핵심 역할을 했다. 인민재판의 대상은 주로 악덕 지주와 경찰, 공무원, 그리고 전향한 후 보도연맹에 가입하고 간부로 활동하며 좌익 탄압에 앞장선 자들이었다. 이른바 '반동 숙청'이었다. 그러나 숙청이 모두 인민재판이라는 나름대로의 절차를 거치며 진행된 것은 아니었다. 특히 보도연맹원의 가족처럼 후퇴하는 우익들의 학살로 가족을 잃었거나 겨우 목숨을 건진 자들의 보복이 그러했다. 주로 지역 좌익들인 이들은 좌익에 대한 학살의 책임을 물어 경찰과 그 가족, 반상, 이상, 구상까지 공개 처형했다. 공개 처형의 상당수는 즉결처분이었다.

인민군에 의한 반동 숙청과 더불어 좌익에 의한 우익 학살은 '보복'의 성격을 띤 경우가 많았지만, 그것은 또 다른 피의 보복을 부르는 씨앗이 되었다. 우익에 의한 보복은 연합군의 인천상륙작전이 성공하면서 그 막이 올랐다. 9월 28일, 서울이 연합군에 의해 점령당하자 인민군은 당황했다. 연합군이 서울을 점령했다는 것은 보급로가 차단되었음을 의미했다. 곧이어 인민군들은 목숨을 건 후퇴를 시작했다. 그러나 수많은 군인들이 38선을 다시 넘지 못했다. 그들은 지역의 좌익 세력들과 함께 산으로 올라갔다. 지리산이 그들의 본거지가 되었다. 빨치산 활동이 시작된 것이다. 인민군과 좌익들이 산으로 올라간 마을에는 공포가 찾아왔다. 돌아온 군인과 경찰, 청년단 등 무력을 가진 우익들은 좌익 세력들을 찾아내 살해했다. 그러면 그들의 살해에 대한 또 다른 보복이 빨치산에 의해 이루어졌다. 한반도의 산하가 동족의 피로 물들고 있었다.

9월 28일 이후 인민군은 낙동강으로 밀고 내려갈 때의 속도만큼 빠른 속도로 후퇴를 거듭했다. 10월 1일, 국군은 38선을 돌파했다. 인민군은 속수무책이었다. 무작정 후퇴해서 살아남는 것만이 목표가 되었다. 연합군과 국군에 의해 점령된 지역에서는 '제2전선'을 형성하라는 지시가 내려졌고 그에 따라

인민군 병사의 일기 1950년 12월 13일

출발하여 밤길을 걸어가는데, 구성시를 들어가지 않고 산고지(山高地)에 집결하여 식사 등을 하는데 찬 돌 위에서 달게 먹으면서도 항상 집 생각에 눈물이 날듯 날듯하여 참을 수 없다. 저녁을 먹지도 못하고 출발하는 바, 떠날 당시 찬바람이 죽죽 부는데 눈물이 자연히 나도다. 내 아무리 하여도 고향을 찾아갈 날이 있겠지 하고 굳게 각오하고 목적지를 향했다. 태천시(太川市), 자성시(慈城市)는 여전하더니 전부 불태워지고 말았다. (『북한군 병사수첩』, 군사편찬연구소, 88쪽)

한 인민군의 수첩에서 발견된 전우들과의 기념 사진

전선의 변동

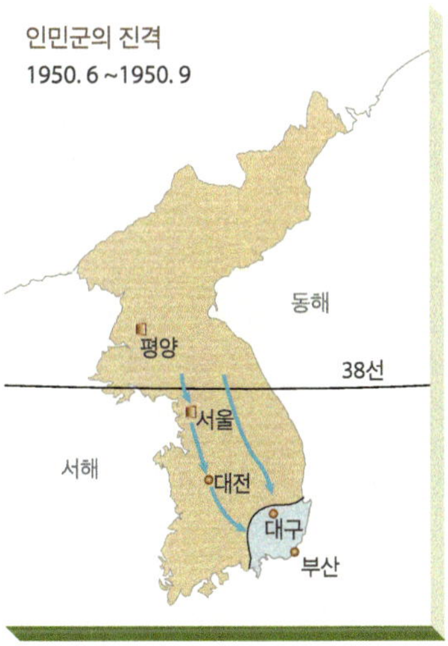

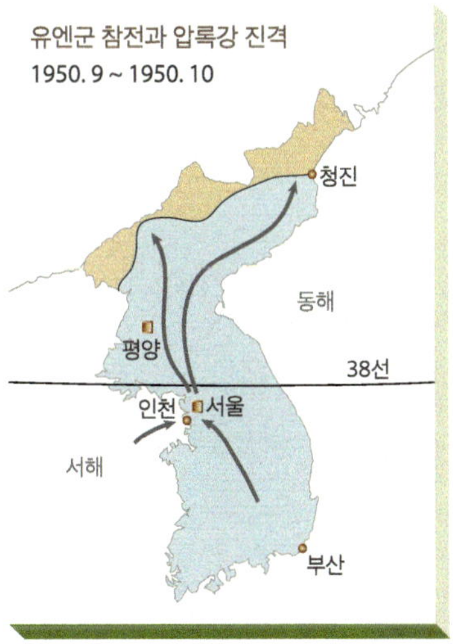

전선의 교착과 휴전

전쟁 초기, 단숨에 낙동강까지 밀고 내려간 인민군은 승리를 눈앞에 두는 듯했지만 유엔군의 참전과 미국 맥아더 장군의 인천상륙작전이 성공하면서 전세는 역전되었다. 김일성은 인민군이 압록강까지 후퇴하게 되자 중국에 지원을 요청하기에 이른다. 이후 양군은 38선을 사이에 둔 채 후퇴와 전진을 주고받으며 1953년까지 끝나지 않는 전투를 계속한다.

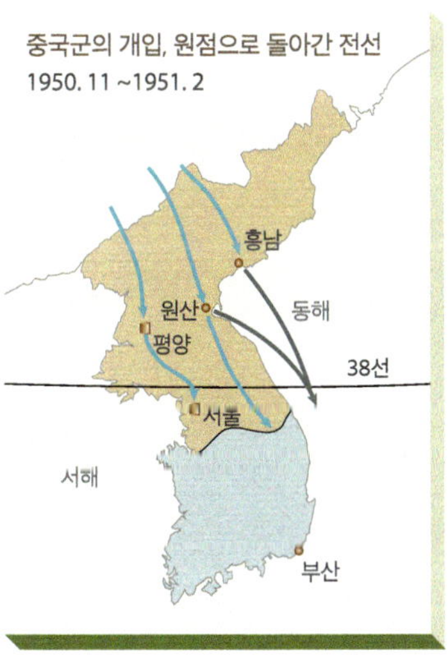

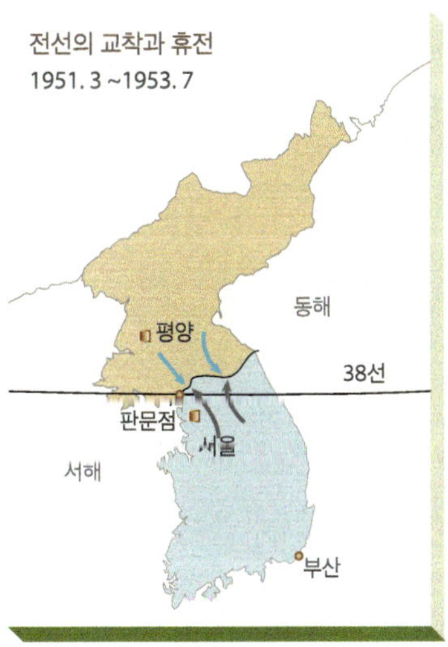

인민군, 중국군 진로 | 인민군 점령지

유엔군 진로 | 유엔군 점령지

숨 가쁜 전투 현장

인민군과 연합군은 진격과 후퇴를 반복하며 전투를 거듭했으나 전선은 결국 원점으로 돌아갔다. 1951년 미군 해병대가 중국군을 향해 포격을 하고 있다.

조사 받는 소년들

전세가 끝없이 바뀌는 가운데 각양각색의 사람들이 북측이나 남측의 포로가 되었다. 1950년 9월 18일, 인민군들 틈에서 잔심부름을 했음직한 어린 소년 둘이 포로로 잡혀 적군에 부역했다는 혐의로 조사를 받고 있다.

빨치산 활동이 전개되었지만, 그들은 연합군과 국군의 진격을 막아낼 능력을 가진 부대가 아니었다. 인민군은 급기야 중국 국경을 넘기 시작했다. 10월 29일, 국군의 선발대는 압록강 물을 마실 수 있었다. 김일성은 이미 중국군에 긴급 지원을 요청하고 만주에 임시 사령부를 설치한 상황이었다.

10월 중순, 전쟁은 전혀 다른 국면을 맞이하고 있었다. 중국군이 개입한 것이다. 중국군은 '미국에 저항하는 조선을 도와 가족을 지키고 나라를 위하자'는 뜻의 '항미원조 보가위국(抗美援朝 保家爲國)'이라는 구호를 내걸었다. 전쟁은 국제전의 성격이 더욱 강해졌다. 인민군과 중국군은 '조·중연합사령부'를 구성했다. 이제 전쟁의 주체는 연합군과 조·중연합사령부가 되었다. 중국군의 개입으로 전황은 다시 원점으로 돌아갔다. 미군은 중국군에 대패했다. 11월 27일, 장진호반에서 미10군단은 조·중연합군에 포위되어 헤아릴 수 없는 타격을 받았다. 미 제2사단은 병력의 80퍼센트를 조통계곡전투에서 잃었다. 5000명의 터키군은 불과 200~300명이 겨우 살아남는 패전을 경험했다. 이번에는 다시 연합군과 국군의 후퇴가 시작되었다. 인민군은 반격의 기세를 몰아 일시적으로 다시 서울을 점령했다. 흔히 말하는 1·4후퇴였다.

곧이어 연합군은 총반격을 시도하여 전선을 38선으로 밀어 올리는 데 성공했다. 이후 전선은 교착상태에 빠졌다. 수많은 사람들이 죽어 갔지만, 전선은 원점으로 돌아갔다. 전쟁이 일어난 지 꼭 1년 만인 1951년 6월이었다.

열세 살 난 중국군 포로

포로가 된 중국군 소년병. 전쟁의 흔적은 수많은 참전국에게도 비극으로 남았다.

굳세어라 금순아

눈보라가 휘날리는 바람 찬 흥남부두에 / 목을 놓아 불러봤다. 찾아를 봤다.
금순아 어데로 가고 길을 잃고 헤매였드냐 / 피눈물을 흘리면서 1·4 이후 나 홀로 왔다.
— 노래 현인

1·4후퇴 시기의 혼란상과 피난민의 아픈 마음을 잘 보여주는 노래다. 원폭 투하 소문에 끝없이 몰려드는 피난민들. 서로의 손을 놓치는 것은 곧 이별을 의미했다. 더구나 미군의 수송선을 얻어 타는 것은 하늘의 별 따기였다. 그나마 건장한 남자들은 배에 오르는 것이 수월했지만, 여자들이나 노인들에게는 너무나 버거운 일이었다. 미군들에게도 여자와 노인들보다는 젊은 청년이 필요했다. 몇십 년 동안 생사만이라도 알 수 있기를 간절히 바라며 고통 속에 살아갈 이산가족은 그렇게 생겨나고 있었다.

1·4후퇴

중국군의 참전으로 전황이 급변한 후, 연합군은 후퇴를 거듭해 1951년 1월 4일에 서울을 다시 빼앗겼다. 이북 지역에 원폭이 투하될 것이라는 흉흉한 소문이 돌았고, 사람들은 다시 짐을 챙겨 피난길을 나섰다.(1951년 1월 5일 사진)

| 중국은 왜 전쟁에 참전했을까 |

참전과 혈맹의 정치학

6·25전쟁에는 도대체 몇 개의 나라가 참전했을까? 우선 전쟁의 직접 당사자인 남과 북이 있다. 전쟁 사흘 만에 참전한 미국과 유엔의 깃발 아래 직접 전투군을 파견한 15개국(영국, 오스트레일리아, 뉴질랜드, 프랑스, 캐나다, 남아프리카공화국, 터키, 타이, 그리스, 네덜란드, 콜롬비아, 에티오피아, 필리핀, 벨기에, 룩셈부르크), 의료지원단을 파견한 5개국(덴마크, 인도, 이탈리아, 노르웨이, 스웨덴), 그리고 인민군을 지원한 중국, 여기까지가 공식 참전국이다. 벌써 24개국이다. 그리고 비밀리에 참전한 일본과 소련을 합치면 26개국이다. 그야말로 국제전이었다. 제2차 세계대전에 참전한 나라가 모두 57개국이었던 점을 감안하면 반쯤은 세계대전이었던 셈이다.

연합국은 당시 미국의 영향력이 절대적이던 유엔의 결의 하에 참전을 결정했다. 그런데 중국은 왜 참전했을까? 우선은 사회주의권을 지켜야 한다는 국제주의적 의무감이 작용했다. 애초에 북한이 소련과 중국의 동의 하에 전쟁을 개시한 것과 같은 맥락이다. 이미 사회주의권과 자본주의권의 냉전이 현실화되어 있었던 것이다.

두 번째로 북한과 중국은 항일전쟁 시기 이래 혈맹관계를 유지해왔다는 점을 들 수 있다. 실제로 김일성 부대를 비롯한 수많은 조선인들이 중국혁명에 참가해 목숨을 걸고 싸웠다. 그리고 1949년까지 조선의용군이 중국인민해방군에 소속되어 중국혁명에 참전했다. 이들은 1949년 7월부터 귀국하여 조선인민군의 핵심 전력이 되었다. 최대 3만 5000여 명으로 추정된다. 전쟁 직전 인민군이 대략 15만 명 정도였음을 감안하면 인민군 전력의 약 4분의 1 가까이가 전투 경험이 풍부하고 노련한 조선의용군 출신들이었던 셈이다.

세 번째로는 순수한 중국의 국익을 들 수 있다. 북한이 미국과 남한의 수중에 들어가게 된다면 중국으로서는 입술을 잃게 되어 이가 시린 꼴이 된다. 이외에도 더 많은 이유들이 있겠지만, 중국의 이런 입장은 전쟁 시기뿐 아니라 지금까지 북한에 대한 태도의 기본 뼈대가 되고 있다.

유엔군에 투항한 중국군들.

203

죽음의 땅, 상처뿐인 휴전

전쟁의 상처는 생각보다 훨씬 깊었다. 그 상처와 아픔은 군인뿐만 아니라 민간인들의 몫이기도 했다. 남북의 민간인들은 전쟁 기간 내내 피난 생활의 고통을 겪었고, 전쟁 물자를 생산하는 데 동원되었으며, 생존을 위해 처절하게 몸부림쳐야 했다. 그러나 무고하게 죽어간 목숨들에 비하면 그것은 차라리 행복한 고통이었다. 미국의 학자 브루스 커밍스와 존 할리데이는 북한의 민간인 사망자만 해도 200만 명에 이를 것이라고 주장한 바 있다. 물론 이것은 과장된 숫자라고 여겨지지만, 그 희생의 규모가 얼마나 컸는지 가늠하게 한다. 북측은 공식 기록으로 연합군과 국군이 38선 이북 지역을 점령했던 기간인 1950년 10월과 11월의 50여 일 동안 17만 2000명을 학살했다고 주장한다. 옛 소련의 문서에 따르면, 전쟁 기간에 폭격이나 학살로 인한 민간인 희

전쟁고아의 눈물

전쟁통에 가족과 헤어진 한 소녀가 아기를 업고 전쟁터를 헤매고 있다. 폭격과 학살 끝에 전쟁은 정전으로 마무리되었으나, 6·25전쟁은 남쪽과 북쪽을 막론하고 평범하게 살아가던 사람들에게 너무도 큰 상처를 남겼다.

생자 수는 28만 2000여 명이다. 이들 자료와 기타 실종자들의 수 등을 고려하면 북한에서 발생한 민간인 희생자는 약 40~48만 명 정도로 추산된다.

전쟁 기간 중에 좌우익 간에는 보복이 보복을 낳는 악순환이 되풀이되었다. 북한 지역에서 전쟁 기간에 일어난 학살은 대부분 우익 청년들로 구성된 '치안대'나 '멸공단' 등과 관련이 있었다. 가장 극심한 피해가 발생한 곳은 황해도 신천군이었다. 현재 북한 정부는 미군이 '신천군 학살사건'을 일으켰다고 주장하고 있다. 그러나 실제로는 미군과 국군의 입성 소식을 미리 듣고 봉기한 우익 청년단들에 의해 일어난 사건으로 판단된다. 이 지역은 평야지대로 해방 직후부터 지주와 소작인 간의 갈등과 좌우익 간의 갈등이 적지 않았던 곳이다. 그런 갈등은 토지개혁을 둘러싸고 첨예하게 나타나기도 했다. 토지개혁 과정에서 상당수 우익 청년들은 38선 이남으로 내려가거나 지하로 숨어들었다. 그런데 그들이 미군과 국군의 진격을 앞두고 선발대로 돌아왔다. 그

포탄 탄피 더미

전쟁 기간에 이북 지역에 투하된 폭탄은 총 47만 6000톤이었다. 이는 2차 세계대전 동안 독일에 투하된 폭탄 수를 훨씬 초과하는 양이었다.

미군·국군 점령 시기 북한 지역의
민간인 학살 상황 (북측 주장)

*민간인 학살자 합계 : 172,001명
*휴전 성립 전 강원도의 양양과 철원 지역은 북한에 속했음.

미 공군의 평안남·북도
저수지 폭격일지

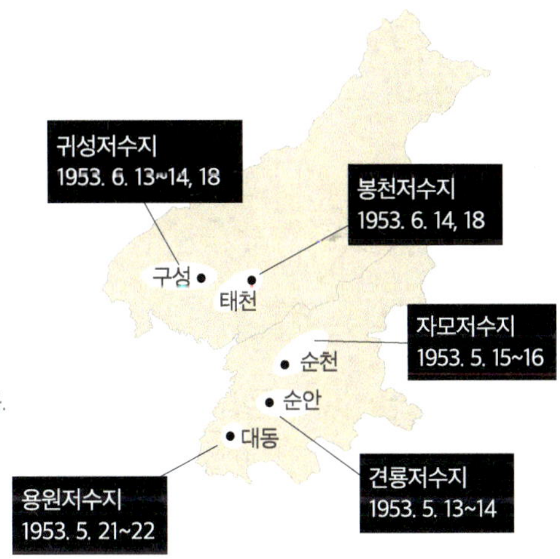

학살된 시체 더미에서 가족을 찾는 아낙네(왼쪽, 1950년 9월 29일, 전주)
학살된 북한 주민들(오른쪽, 1950년 10월 22일, 평양)

6·25전쟁 기간에 남북한에서 일어난 민간인 학살은 전쟁의 참혹함을 극명하게 드러낸다. 보복은 보복을 낳았고, 비극과 증오, 상처만을 이 땅에 남겨두었다.

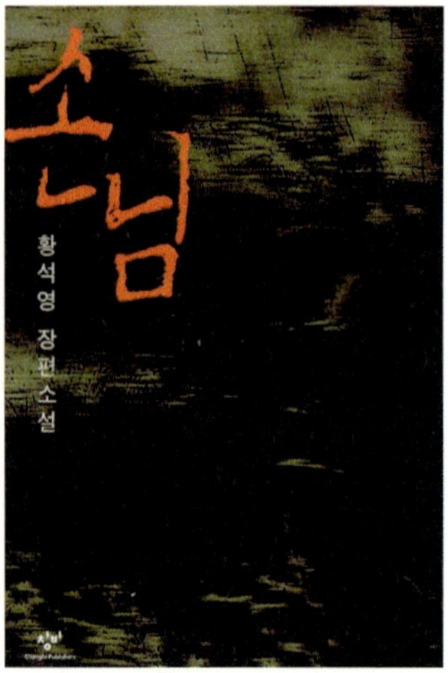

황석영 소설 『손님』

2001년 출간된 이 소설은 신천군 학살 사건을 이데올로기적 비극으로 해석하는 작품이다.

들은 신천에 남아 있던 좌익 활동가들에게 보복을 가했는데, 특별한 잘못 없이 남아 있던 민간인들과 후퇴해 북으로 오는 피난민들도 부역 혐의를 받아 처벌 대상이 되었다. 민간인의 희생은 우익들의 후퇴 과정에서 미군의 폭격과 함께 다시 한 번 재개되었다. 북한 측은 이 비극의 결과 3만 5000여 명이 사망했다고 주장한다. 화가 피카소는 이같은 학살사건을 소재로 하여 〈한국에서의 학살(The Massacre in Korea)〉이라는 제목의 그림을 그리기도 했다. 좌익과 우익 사이에 벌어진 학살의 상처는 남과 북에 깊은 불신과 증오의 감정을 남겨놓았다.

전쟁 기간에 북한 지역에서 민간인 사망자 수가 증가하게 된 또 다른 요인은 미군의 대대적인 공습이었다. 전쟁 초기부터 제공권을 장악한 미군은 1950년 6월 29일부터 휴전 발효 1분 전까지 끊임없이 공습을 했다. 전쟁 기간에 이북 지역에 투하된 폭탄은 총 47만 6000톤이었다. 이것은 태평양전쟁 기간인 3년 8개월 동안 각 나라에 투하한 폭탄량과 맞먹으며, 2차 세계대전 기간에 독일에 투하한 폭탄 수를 훨씬 초과하는 양이었다.

또한 미군은 폭격으로 북한의 도시 지역과 대부분의 산업시설을 파괴했다. 북한 지역의 전력 공급을 담당하고 있던 수풍발전소도 공격의 대상이었다. 1952년 6월 23일에 감행된 이 공습에서 미군은 효과적인 공격을 위해 중국 영토를 침범하기도 했다. 공습은 항공모함 네 척과 500대 이상의 비행기를 동원해 전쟁 중 최대 규모로 이루어졌다. 이날의 공습에서 미 공군 폭격기들은 불과 몇 분 사이에 900여 톤에 달하는 폭탄을 수풍댐 위로 쏟아부었다. 미군은 산업시설과 더불어 농업시설에도 공습을 감행했다. 미군은 휴전을 불과 1~2개월 앞둔 시점인 1953년 5월과 6월에 이북의 주요 저수지를 대

원산 폭격

이북의 대표적인 항구이면서 교통 요지, 전략적 요충지였던 함경남도 원산은 미국 해군과 공군의 집중 포격으로 폐허가 되었다.

대적으로 폭격했다.

민간인 사망자 수가 늘어나면서 북한의 인구는 크게 감소했다. 앞에서 언급했듯이, 전쟁 기간 중 사망한 북한 인민은 최소 40만 명에 이른다. 여기에 전사한 인민군 52만 명을 합하면, 전쟁 중 사망한 이북 사람들은 최소 약 100만 명에 달한다. 이것은 1949년 이북 전체 인구의 약 10.4퍼센트에 해당하는 수다. 이외에도 월남이나 다른 요인들에 의해 인구는 급격히 감소되었다. 전쟁 기간에 전체 인구의 직접적인 감소는 민간인 120만 명과 인민군 손실 55만 명(실종 또는 남쪽에 생존한 경우 포함)을 합쳐 약 175만 명, 전체 인구의 약 17.7퍼센트로 추산된다.

전쟁은 교착상태에 빠져 있었어도, 이북의 산업기반은 붕괴되었고 전후 복구와 경제발전의 기본이 되는 인구마저 급격히 줄어들었다. 그나마 다행인 것은 1951년 7월 10일부터 정전회담이 시작되었다는 것이다. 그러나 정전회담은 결코 순조롭지 못했고, 2년이 넘도록 합의되지 않았다. 연합군 측과 조·중연합군 측은 한 치의 양보도 없었다. 주요 쟁점은 군사분계선(휴전선)과 포로 교환 문제였다. 북측이 군사분계선을 38도선으로 할 것을 주장한 데 반해, 연합군 측은 당시 군사접촉선을 중심으로 하되 연합군이 해군과 공군력에서 우세한 전황을 반영하여 지상대치선보다 북쪽으로 할 것을 요구했다. 북측으로서는 받아들이기 힘든 조건이었다. 결국 양측은 회담에서 우여곡절 끝에 정전 발효시의 군사대치선을 분계선으로 한다고 결정했다. 이 결정은 최후의 순간에 한 뼘의 땅이

미군 포로들의 반전시위

미군 포로들이 인민군들의 감시 하에 반미와 반전을 뜻하는 플래카드를 들고 평양 시내를 행진하고 있다.(1950년 8월)

라도 더 차지하기 위해 양쪽이 치열한 공방을 벌이게 만들었다. 마지막 순간까지 전선의 주검은 쌓여만 갔다.

정전협정의 또 다른 공방은 포로 교환 방법을 둘러싸고 진행되었다. 북측은 제네바 협정에 따라 전원 송환을 주장했다. 그런데 미국 측은 포로 스스로의 의사에 따라 송환을 결정하는 '자원 송환'을 주장하고 나섰다. 미국 측은 인민군 포로들 중 상당수가 '반공 포로'인 점을 감안한 것이었다. 전선이 교착된 상황에서 자원 송환을 원하지 않는 포로들의 존재는 정치적 승리를 주장할 수 있는 기반이 되었다. 그런데 북측은 이미 포로들에 대해서 재교육을 실시하고, 이른바 '해방전사'라는 명칭으로 인민군에 재입대시키고 있었다. 이에 따라 적지 않은 국군 포로들이 인민군이 된 상황이었다. 미국 측은 이러한 상황도 '자원 송환'이 시행되어야 하는 근거라고 주장했다.

포로문제는 2년간의 지루한 공방 끝에 결국 북한이 미국 측의 자원 송환을 받아들이는 것으로 마무리되었다. 그러나 정전회담을 반대하고 있던 이승만은 남측의 반공 포로들이 북측의 설득에 회유될 것을 우려한 나머지, 거제도 포로수용소에 격리 수용되어 있던 반공 포로 2만 7000여 명을 탈출시키

인민군이 된 국군 포로

포로들의 생활은 남이나 북이나 모두 비참했다. 그런데 북쪽의 사정이 더욱 나빴다. 한 국군 포로는 식사로 옥수수가 지급되었는데 아침과 저녁에 일흔다섯 알 정도씩 두 번이었다고 증언했다. 이들은 배고픔과 함께 찾아온 갖가지 질병과 싸워야 했다. 그러면서도 몸이 성한 포로들은 노동력을 제공해야 했다. 이런 상황에서 인민군 측의 설득공작이 진행되었다. 인민군 입대자가 되면 '해방전사'라는 칭호와 함께 배불리 먹을 수 있다는 유혹이 더해졌다. 물론 김일성의 항일무장투쟁이나 북한 사회의 우월성 따위가 함께 선전되었다. 결국 적지 않은 국군 포로들이 인민군 입대를 선택했다. 이들은 전쟁이 끝나도 돌아올 수 없는 몸이 되고 말았다. 이들 말고도 자신의 의사와 무관하게 인민군이 된 경우도 적지 않았다. 북에서는 부족한 노동력을 확보하기 위해 국군을 강제로 복구 작업에 동원시키기도 했다. 전쟁이 끝나고 이들 모두는 조선민주주의인민공화국 공민이 되었다. 이 모두가 동족 간의 전쟁이기에 벌어질 수 있었던 일이다.

정전회담장을 나서고 있는 북측 대표

오른쪽 두 번째 인물이 북측 수석대표인 남일 상장.

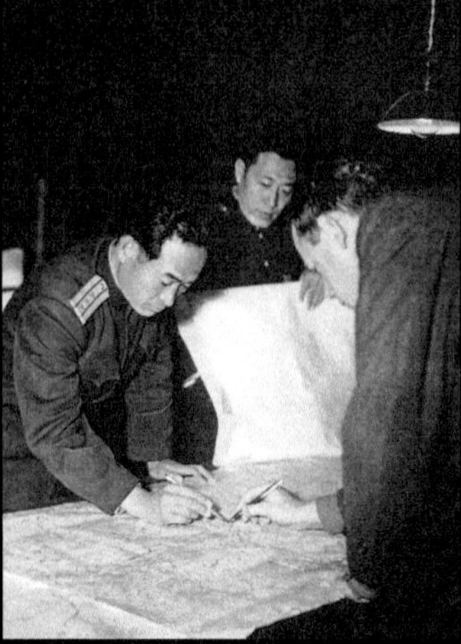

휴전선의 구획

회담장에서 북한 측 장춘산 대표(왼쪽)와 유엔군 측 머레이 대표(오른쪽)가 지도를 펴놓고 휴전선을 구획하고 있다.

귀환을 거부하는 반공 포로

정전협정이 조인된 후에도 여전히 '포로 송환' 문제는 완전히 해결되지 않았다. 판문점에서 북한으로의 귀환을 거부하는 포로가 북측 대표와 설전을 벌이고 있다.(1954년 1월)

는 사건을 일으켰다. 미군의 반대에도 불구하고 이승만에 의해 기습적으로 진행된 이 사건은 인민군 측의 반발을 불러왔지만, 정전협정의 조인에는 별다른 영향을 미치지 못했다. 결국 이 문제는 북측이 국군 포로들을 인민군으로 편입시킨 사실과 견주어 서로의 행위를 암묵적으로 인정하는 역할을 하게 되었다.

이렇듯 정전회담이 소모적인 공방전과 정치적 흥정거리가 되어 있는 상황에서 양측은 서로에게 유리한 정세를 조성하기 위해 대규모 무력공세와 더불어 갖가지 정치공세를 퍼부었다. 북측은 이와 더불어 미국 측의 중대한 전쟁범죄 의혹을 제기했다. 바로 세균전 논란이었다. 북측은 전선이 교착된 상황에서 미군이 북측의 전투력을 마비시키기 위해 후방 지역에 세균탄을 투하했다고 주장했다. 북측은 포로로 잡힌 미군 병사들의 '자백'을 연일 《로동신문》을 통해 보도하면서 공세를 취했다. 그들의 주장에 따르면, 미군 측이 일본군 731부대의 대장이었던 이시이 시로 등 세균범죄자들을 이용하여 세균탄을 제조했고, 이를 이용해 1951년 10월부터 세균전을 개시했으며, 1952년 5월부터 더욱 확대했다는 것이다. 이 문제는 즉각 국제 사회의 논란거리가 되었다. 미국 측은 유엔 산하의 국제보건기구에서 조사단을 파견해 조사할 것을 주장했다. 북측은 이에 대해 유엔은 미국의 영향력 하에 있기 때문에 조사단을 신뢰할 수 없다며 거부했다. 그리고 국제과학조사단을 특별히 구성하여 조사하게 하고, 국제민주법률가협회에도 조사를 의뢰했다. 결국 이들 조사단은 세균전의 시행 사실을 담은 조사보고서를 제출했지만, 미국은 결과를 받아들이지 않았다. 결국 이 의혹은 아직도 해결되지 않은 채 남아 있다.

이처럼 동족 간의 살육이라는, 인류 역사상 가장 비인간적인 전쟁이었던 6·25전쟁은 남북을 무고한 인민들의 피로 물들이며 서로의 가슴에 씻을 수 없는 상처를 남겼다. 또한 '미귀환 포로 문제', '세균전 문제' 등을 비롯한 숱한 의문과 비극을 남긴 채 1953년 7월 27일에 그 막을 내렸다. 하지만 아직도 그 마침표를 찍지 못하고 휴전 중인 전쟁으로 남아 있다.

| 서해 NLL의 어제와 오늘 |

바다 위의 복잡한 뇌관

6·25전쟁의 정전협정이 체결되기까지는 무려 2년이라는 시간이 필요했다. 그럼에도 불구하고 협정은 완전하지 못했다. 그 대표적인 사례가 해양경계선을 합의하지 않은 것이다. 당시 공군과 해군력에서 절대적 우위를 점하고 있던 유엔군 측은 이를 감안한 군사분계선의 설치를 요구했으나 받아들여지지 않았다. 정전협정 직후 유엔군 사령관 클라크는 일방적으로 해양경계선을 북측에 통보했다. 그 선은 서해의 백령도와 대청도, 소청도, 연평도, 우도 등 다섯 개 섬의 북단과 황해도 옹진반도 사이에 그어졌다. 이 선이 바로 서해의 NLL(northern limit line, 북방한계선)이다.

북측은 서해 NLL 통보로부터 약 20년간 별다른 이의를 제기하지 않고 있다가, 1973년부터 이들 서해 5개 섬 주변 수역에 대한 영유권을 주장하기 시작했다. 이러한 북측의 주장은 국제법상으로는 일면 타당성을 가지는 것이지만, 남측은 현실적인 지배력과 1992년의 남북기본합의서를 근거로 북측의 주장을 일축하고 있다. 북측이 서해 NLL 확정 통보 당시에 문제 제기를 하지 않았을 뿐 아니라, 남북기본합의서에서도 상대편의 군사 관할 지역을 인정한다는 점에 합의했다는 것이다.

1973년 이후 북측의 어선과 군함들은 자주 북방한계선을 넘어와 남측 군 당국과 마찰을 빚어왔다. 이러한 충돌은 1999년과 2002년의 서해교전으로 나타났다. 그리고 2010년 천안함사건과 연평도 포격사건처럼 남북 대립 관계를 즉각적으로 반영하는 사건이 끊이지 않는 비공식적 전장이 되었다. 그런데 서해 NLL 부근은 영유권 문제뿐 아니라, 서해 최대 최고의 꽃게어장이라는 점에서 남북이 서로 양보하기 힘든 지역이기도 하다. 이러한 점 때문에 2004년 6월, 최초로 개최된 남북 장성급 군사회담에서도 군사분계선 상의 선전 활동 중지와 함께 이 문제가 주요 의제로 올랐다.

인양되는 천안함

2010년 3월 26일에 한국 정부가 백령도 근처 해상에서 북한의 공격으로 침몰되었다고 발표한 천안함이 인양되고 있다.

연평도 포격사건
2010년 11월 23일 오후 2시 30분경, 인천광역시 옹진군 연평면의 대연평도가 북한의 포격을 당했다.

S ARMY
AR

204

권력 구조가 바뀌다

'조국 해방과 조국 통일'의 기치 아래 북측이 일으킨 전쟁은 목표를 달성하지 못하고 남과 북 모두에게 지울 수 없는 상처만 남긴 채 결국 제자리에서 끝이 났다. 전쟁이 진행되는 동안 북에는 정치·경제·사회 등 모든 분야에서 많은 변화가 있었다. 그중 정치 지도자를 둘러싼 권력 구조의 재편은 이후 북한 정권의 성격을 만들어가는 결정적 요인이 되었다. 그것은 전쟁 전에 형성되었던 정파 간 연합이 파괴되었음을 의미했고, 갈등 요소를 폭력적으로 소멸시켰음을 의미하기도 했다.

가장 먼저 찾아온 변화는 연안계(독립동맹 계열) 지도자 무정의 숙청이었다. 그는 평양 방어 책임을 완수하지 못한 대가로 군복을 벗어야 했다. 미군의 인천상륙작전 성공으로 국군과 연합군은 그야말로 대나무가 갈라지듯이 순식간에 38선 이북으로 밀고 들어왔다. 인민군의 후퇴는 지리멸렬했다. 허리가

북으로 돌아가는 인민군들

정전협정이 이루어지면서 남북 양측의 포로들이 송환되었다. 송환 열차에서도 깃발을 흔들며 만세를 외치는 북한 여군들의 모습.

잘린 인민군은 보급로를 차단당했고, 많은 숫자가 고립되었다. 눈 깜짝할 사이에 평양이 함락의 위험에 빠지자, 김일성은 무정에게 평양을 사수하라는 명령을 내렸다. 그러나 이미 기울어진 전세는 무정이 되돌릴 수 있는 정도가 아니었다. 무정은 제대로 싸워보지도 못하고 평양을 포기했다.

누군가 후퇴의 책임을 져야 했다. 인민군의 남하와 더불어 20만 남로당원이 봉기한다고 호언장담한 박헌영에게도 책임이 추궁되었다. 그러나 현실적으로 평양을 지켜내지 못한 무정에게 일차적인 책임이 지워졌다. 중국군의 대규모 참전으로 전선이 다시 남쪽으로 이동하면서 인민군이 한숨을 돌리기 시작하던 1950년 12월에, 조선로동당 중앙위원회 제3차 회의가 개최되었다. 이 자리에서 김일성은 "군대 내에서 명령을 집행하지 않고 전투를 옳게 조직하지 않았으므로 우리에게 많은 손실을 가져오게 한 것이 무정의 철직 사유"라고 보고했다. 또한 그는 무정이 철직을 당한 후에도 퇴각기의 혼란을 틈타 아무런 법적 절차도 없이 사람을 마음대로 총살하는 봉건시대의 제왕과도 같은 군벌주의적 만행을 저질렀다고 비판했다. 무정이 이른바 연안계의

무정의 죽음

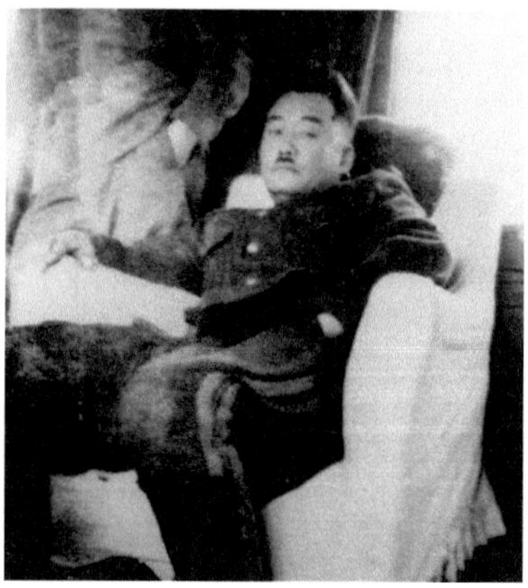

연안계의 지도자인 무정

숙청 이후 무정의 행적은 오랫동안 베일에 가려져왔다. 가장 많이 알려졌던 설은 그가 1951년에 중국으로 들어가 그곳에서 사망했다는 것이다. 그러나 남북의 왕래가 활발해지면서, 그가 평양 애국열사릉에 묻혀 있음이 확인되었고, 병을 치료하는 도중에 평양에서 사망한 것으로 밝혀졌다. 그의 사망일도 1951년 8월 9일로 명확히 알려졌다. 애국열사릉 안내인의 설명에 따르면, 1986년에 애국열사릉을 조성할 당시, 현지지도에 나섰던 김일성이 무정의 무덤이 없음을 발견하고 그의 이장을 명령했다고 한다. 이 사실로 미루어 무정이 이 무렵에 복권된 것으로 보인다.

금강산에서 김일성과 허가이

1951년, 조선로동당은 소련계의 리더 격인 허가이에게 당 조직상의 오류를 물어 중앙위원회 비서직에서 해임했다. 1953년, 허가이는 다시 한 번 비판에 직면했고 결국 자살의 길을 선택했다. 1949년 3월에 금강산에서 김일성(가운데), 허가이(오른쪽에서 두 번째), 김책(맨 오른쪽) 등이 함께한 사진.

중심인물이었다는 점을 감안한다면 그의 철직을 둘러싼 당내 반발이 거셀 만도 한데 이상할 만큼 조용했다. 그것은 그의 행위와 처벌에 대한 어느 정도의 공감대가 형성되어 있었음을 의미했다. 또한 파벌정치가 약화되었음을 의미했다.

조선로동당의 지도자들은 후퇴 국면이 어느 정도 수습되고 전선이 교착상태에 빠지자 당내로 눈을 돌렸다. 후방에 대한 정비사업과 당원에 대한 점검이 시작된 것이다. 이 과정에서 후퇴 시기에 수많은 당원들이 과하게 책벌을 받았다는 사실과, 당원 확충의 필요성에도 불구하고 입당 절차가 너무 제한되어 있다는 문제가 제기되었다. 실제로 후퇴 기간 중 전체 65만 명의 당원 중에 약 45만 명에 이르는 당원들이 후보 당원으로 강등되는 등 징계 조치를 받았다. 후퇴 도중 당원임이 밝혀져 국군이나 미군 또는 우익 인사들에게 위해를 당할 것을 두려워해 당증을 땅에 묻거나 없애버린 사실이 밝혀진 경우

허가이 가족사진

가족들과 함께한 허가이의 모습. 허가이의 자살과 출당 조치는 소련계 공산주의자들의 구심점이 사라졌음을 의미했으며, 북한 정치권력 변동의 시작을 알리는 사건이었다.

가 대부분이었다. 또한 중앙당에서는 노동자 당원의 비율을 일정하게 유지하고 지나치게 높은 정치의식 수준을 요구하여 당원이 되기를 희망하는 자들의 입당을 제한하고 있었다. 1951년 9월, 당 중앙조직위원회는 이러한 정책이 전시라는 상황을 고려하지 않은 지나친 책벌주의와 관문주의라고 비판하고 시정을 결정했다. 당시 당 조직을 책임지고 있던 사람은 당 중앙위원회 비서 허가이였다. 그는 소련계의 대표적 인물이었다.

그런데 허가이는 이 결정의 수행에 미온적인 태도를 보였고, 1951년 11월 급기야 당 중앙위원회 제4차 전원회의에서 집중적인 비판을 받기에 이르렀다. 결국 그는 당 중앙위원회 비서직에서 해임되고, 농업 담당 부수상으로 전직되었다. 허가이에 대한 처벌은 거기서 그치지 않았다. 전직이라는 처분에 동의하지 않았던 허가이는 당시 미군의 폭격에 의해 파괴된 저수지 복구사업을 명령받고도 이를 제대로 시행하지 않았다. 당에서는 태업에 대한 책임을 묻기 위해 허가이에게 1953년 7월 2일 당 정치위원회에 출석할 것을 요구했다. 북의 발표에 따르면, 이러한 과정에서 허가이는 갈등을 이기지 못하고 출석 당일 결국 자살을 선택했다.

이에 조선로동당은 허가이의 자살을 비판하고 출당 조치를 취했다. 이 사건은 허가이의 행위에 대한 잘잘못을 떠나 소련에서 입국한 조선인 공산주의

자들의 구심점이 사라졌음을 의미했다. 또한 소련의 영향력을 무시할 수 없는 상황에서 조선로동당의 자주성과 지도력을 확인받는 사건이기도 했다.

전쟁 기간 중에 무정과 허가이의 철직과 자살보다 더 큰 권력 구조의 변동은 '박헌영 간첩사건'으로 인해 발생했다. 1953년 3월 초, 이승엽과 이강국을 비롯한 남로당 출신 핵심 간부 12명이 반국가·반혁명 간첩 혐의로 긴급체포되었다. 온 사회가 발칵 뒤집어졌다. 곧이어 박헌영마저 같은 혐의로 체포되었다. 박헌영을 제외한 이들에 대한 재판은 8월 3일부터 6일까지 신속하게 진행되었다. 그 결과 12명 중 10명이 사형선고를 받았다. 나머지 두 명에게는 각각 15년과 12년형이 선고되었다. 곧이어 열린 당 중앙위원회 제6차 전원회의에서는 박헌영에 대하여 출당 조치가 취해졌다. 또한 이 회의에서는 주영하와 장시우, 권오직 등 남로당 계열의 중요 인사들을 당 중앙위원에서 제명하거나 출당 처분했다.

박헌영에 대한 재판은 신중하게 진행되었다. 재판 결정을 내린 지 2년 4개월이 지난 1955년 12월에야 그에 대한 재판이 진행되었다. 박헌영에게는 간첩 행위, 남한 내 민주 세력 파괴 행위, 정권 전복 음모 등의 죄목이 적용되었다. 그는 재판 과정에서 이 모든 행위에 대하여 죄를 인정했고, 재판부는 그에게 사형을 언도했다. 그의 사형이 언제 집행되었는지는 명확하게 알려지지 않았다. 현재까지는 1956년 8월 전원회의사건 때 비밀리에 총살되었다는 설이 가장 유력하다.

박헌영 가족사진

1953년 3월 초에 발생한 박헌영 간첩사건은 북한의 정치권력 구조를 근본적으로 바꾸어놓았다. 사진은 1949년 8월에 박헌영이 당시 모스크바에 있던 딸(빅비비안나, 왼쪽)을 평양에 초청해 새 부인 윤레나(소련 이름, 오른쪽)와 함께 찍은 것이다.

그의 죽음이 베일에 가려져 있듯이, 그의 죄목이 사실인지에 대해서도 논란이 끊이지 않는다. 다만, 최근의 미국 측 자료나 북한을 탈

연설하는 이승엽

'위대한 로시아 10월 사회주의혁명 32주년 기념대회'에서의 기념보고 장면(《로동신문》 1949년 11월 7일자). 이승엽(1905~1953)은 1925년에 조선공산당에 입당했으며, 조선로동당 중앙위원회 비서, 6·25전쟁 때 서울시 임시인민위원장을 맡는 등 박헌영의 최측근으로 활약했다.

출한 북측 고위급 인사의 증언 등 미루어볼 때, 이승엽과 이강국 등 남로당 계열 주요 간부들의 직접적인 간첩 행위나 간첩들에 대한 지원 행위와 관련된 자료들이 일부 공개되고 있는 상황이다. 물론 이들 자료들이 그들의 혐의를 증명하기에는 부족하다. 또한 정권 전복 음모의 실제 여부와 그 실체 등에 대해서는 아직 어떤 사실도 명확히 밝혀진 게 없다. 마찬가지로 박헌영의 개입 여부나 그 정도에 관해서도 일부 증언에 의해서만 뒷받침되고 있을 뿐이다.

전쟁 기간에 진행된 연안계 지도자 무정의 철직, 소련계의 중심 허가이의 자살, 박헌영을 비롯한 남로당 계열 수뇌부의 숙청 등은 결과적으로 조선로동당 내부 분파의 몰락을 의미했다. 물론 그 과정에서 내세워진 명분들은 전투 명령 불이행과 봉건적 폭거, 당 조직노선에 대한 오류와 태공(일을 게을리하는 것), 간첩 혐의와 내란 음모 등 범죄 사실과 과오에 대한 평가였고, 상당한 근거를 가지는 것들이었다. 그렇지만 한편으로는 당 조직노선을 둘러싼 노선투쟁과 전쟁의 책임을 둘러싼 투쟁이 동시에 진행되었음을 짐작할 수 있다.

전쟁 과정에서 발생한 이러한 사건들은 김일성 중심의 권력 구조를 훨씬 강화시키는 역할을 했다. 또한 당내에서 분파투쟁의 여지를 상당 부분 축소시켰고, 종전 후 전쟁의 책임에 대한 문제 제기를 원천봉쇄하고 일치단결된 전후 복구사업을 진행할 수 있는 기반을 마련해주기도 했다.

| 이제는 다시 바라보아야 할 월북의 진실 |

북으로 간 사람들

38선이나 군사분계선을 넘어 북으로 간 사람들은 저마다 다양한 이유가 있지만, 시기에 따라 몇 가지 특징이 있다. 전쟁 전까지는 자발적으로 월북하는 사람들이 대부분이었다. 대표적으로 박헌영, 이강국처럼 사회주의 활동을 위해 38선을 넘은 사람들이다. 이들은 대부분 조선공산당과 그 후신인 남조선로동당의 활동과 관계가 있었다. 9월총파업, 대구 10·1사건, 4·3사건 등의 여파로 월북한 사람도 많았고, 특히 1948년 9월 정부 수립을 전후해 많은 사회주의자들이 월북했다.

1948년 4월 남북협상을 전후해서는 중도파와 민족주의자 일부가 월북을 선택했다. 남북협상에 참여해 남한의 선거를 부정했던 이들 중 상당수가 북에 남아 북한 정부 수립에 참여했다. 소설『임꺽정』의 저자 홍명희는 내각 부수상의 자리에까지 올랐다. 적지 않은 예술가와 학자들도 평양행을 택했다. 남로당 출신의 문인들 이태준, 임화, 김남천처럼 사회주의 활동을 했던 사람들이 많았지만, 김석형, 박시형처럼 김일성종합대학 교수로 초청받아 월북한 경우도 있었다. 한편, 국군 강태무·표무원 소령은 각각 훈련을 빙자해 수백 명의 부하를 이끌고 월북했다. 이들은 전쟁 발발 후 인민군으로 참전하기도 했다. 개별적으로 입북한 국군도 있고, 해안경비대 함정을 빼앗거나 미국이 지원한 화물선 스미스호를 탈취해 월북한 사건도 있었다.

전쟁은 더 많은 월북자를 만들어냈다. 인민군 점령지에서 적극적으로 활동했던 사람들은 국군이 그 지역을 수복한 후 대개 월북의 길을 택할 수밖에 없었다. 또 북한 당국은 소위 '모시기 공작'을 통해 서울에 남아있던 국회의원과 정당·사회단체의 주요인물, 그리고 저명인사들을 북으로 '모셔갔다'. 이들 중에는 김규식, 조소앙처럼 임시정부 요직을 담당했던 이들이 많았다. 미군정 민정장관을 지냈던 안재홍, 대한민국 정부의 내무장관을 역임했던 김효석, 이광수와 같은 저명인사도 포함되었다.

서울을 점령한 인민군은 부족한 군인을 보충하고 유리한 전쟁 분위기를 조성하기 위해 대대적으로 의용군을 모집했다. 후퇴시기에는 물자운반 등을 이유로 수많은 사람들을 동원해갔다. 결국 수십 만 명의 사람들이 다양한 경로로 북으로 갔고, 국군포로나 유격대 활동 중 체포된 사람들 중 상당수는 고향으로 돌아오지 못했다.

전쟁 중에는 수십 수백만 명의 사람들이 남북을 오르내렸다. 그들은 정치적 자유를 찾아 고향을 떠나기도 했고, 생존을 위해 피난하기도 했다. 또 강제로 끌려가거나 억류당하기도 했다. 그렇게 수백만 명의 사람들이 이산가족이 되었고, 돌아갈 고향을 잃어버렸다. 식민의 설움으로 잃어버렸던 고향을 전쟁이 또 한 번 앗아간 것이다. 그 누구도 다른 이의 고향을 빼앗을 권리는 없지만, 전쟁이 앗아간 고향을 다시 찾아줄 의무는 있지 않을까?

光成醫院

205

전쟁과 사회주의 생활양식

전선에서는 생사를 건 싸움이 진행되고, 하늘에서는 끊임없이 폭탄이 쏟아지는 나날이 지나가고 있었지만, 사람들은 일상을 살아야 했다. 정부는 행정구역과 체제를 개편하고 전재민 구호사업과 전쟁고아에 대한 대책을 실행하면서, 분위기를 쇄신하고 민심을 잡으려고 노력했다. 한편으로는 전후 복구사업에 기본이 되는 간부를 양성했다. 또 전쟁수행기금 마련을 위한 조국보위복권을 발행하기도 했다. 인민들의 생활은 전쟁 시기에 맞추어 재편되었고, 인민들은 빠른 속도로 적응해갔다.

해방 당시 이북은 평안남·북도, 황해도, 함경남·북도, 강원도의 6개 도와 102개 시·군, 809개의 읍·면으로 구성되어 있었다. 1946년에 평양이 특별시로 승격되면서 행정구역 개편이 조금씩 진행되었다. 1949년에는 평안북도와

폐허가 된 거리

전쟁 시기 건물과 도로는 파괴되었으나 바쁘게 움직이는 사람들과 말끔하게 차려입은 인민군의 모습이 인상적이다. 휴전 이후 복구에 열중인 분위기를 느낄 수 있게 한다.

함경남도의 일부를 묶어 자강도를 신설했다. 그리고 전쟁 중인 1952년 12월에 대대적인 변화가 이루어졌다. 기존의 '도-시·군-읍·면-리'의 4단계 행정체제에서 면을 폐지하고, 읍을 군 소재지가 있는 지역을 뜻하는 상징적인 행정 명칭으로 만들어, '도-시·군-리'로 이어지는 3단계 행정체제로 개편했다. 그리고 노동자가 65퍼센트 이상을 차지하는 지역을 '로동자구'라는 명칭으로 지정했다. 이것은 전쟁으로 인한 파괴와 인구 변동 등의 요인을 고려하여 행정체제를 효율적으로 재편하는 동시에 노동자에 대한 배려까지도 반영한 행정 개편이었다.

행정구역 지도

해방 당시 북한 지역은 6도 13시 89군으로 나뉘어 있었다. 지금은 1특별시 1특급시 2직할시 9도 24시 148군으로 바뀌어 있다. 특별시는 수도인 평양이고, 2004년 1월 남포가 특급시로 승격되었으며, 개성과 라선이 직할시다. 9개 도는 평안남도, 평안북도, 황해남도, 황해북도, 함경남도, 함경북도, 강원도, 량강도, 자강도를 가리킨다. 시·군 이하의 행정체제로는 읍·면 밑에 리·동을 두는 2단계를 폐지하고 읍·리·동·로동자구 등으로 단순화했다.

과거—1945년 해방 당시

현재—1954년 재편 후

이후 북한의 행정구역은 1954년에 함경북도 혜산시를 중심으로 량강도가 신설되고, 황해도가 남과 북으로 나뉨으로써 현재와 같은 9개 도로 재편되었다. 한편 행정구역이나 행정체제의 개편과 동시에 한자 지명을 우리말로 바꾸고, 봉건적 잔재나 종교적 명칭도 모두 바꾸었다. 또 국가의 영웅을 기리고 사회주의혁명 건설을 독려하기 위한 명칭들도 등장하기 시작했다.

북한 정부는 이러한 행정적인 개편을 통하여 효율성을 제고하는 한편 전쟁의 피해를 복구하고 사회주의를 건설하기 위한 많은 방침들을 실현시켜 나갔다. 가장 눈에 띄는 것이 민족간부의 양성과 과학기술 분야에 대한 지원이었다. 전쟁이 소강상태로 접어들자 복구사업을 시작했다. 기술 인력이나 전문 인력이 절대적으로 부족했기 때문에, 적극적으로 전문가를 양성했다. 전쟁이 마무리된 후에는 전체 기술자와 전문가가 약 2만 2000여 명으로 늘어났다. 그들 중 약 3000명은 여성 인력이었다. 또 전체의 약 40퍼센트가 전쟁 도중에 양성된 사람들이었다.

간부를 양성하기 위해 김일성종합대학을 비롯한 각 대학과 각종 양성기관이 복구되고, 후방으로 재배치되었다. 또한 전선이 비교적 안정화된 1952년 초부터는 전선의 대학생 전사들과 교원들을 다시 학교로 불러들여 학업을 계속하도록 조치하기도 했다. 또한 1952년 4월에는 평양에서 과학자대회를 개최하고, 12월에는 과학원을 창립했다. 원장은 남쪽에

북한의 『리조실록』 편찬

김일성은 6·25전쟁 때 평양에 있던 사학자 김석형을 비롯한 몇몇 교육 관계자들을 서울로 급히 파견했다. 그들의 임무는 이왕직 장서관에 소장되어 있던 『조선왕조실록』을 가져오는 것이었다. 김석형과 그 일행은 『조선왕조실록』을 평양으로 가져오는 데 성공했고, 그것은 전선사령부에 보관되다가 전선이 안정되자 김일성종합대학으로 옮겨졌다. 북한은 1975년 번역본 1권을 발행한 뒤 1991년 말 400권을 완역해 『리조실록』이란 이름으로 내놓았다.

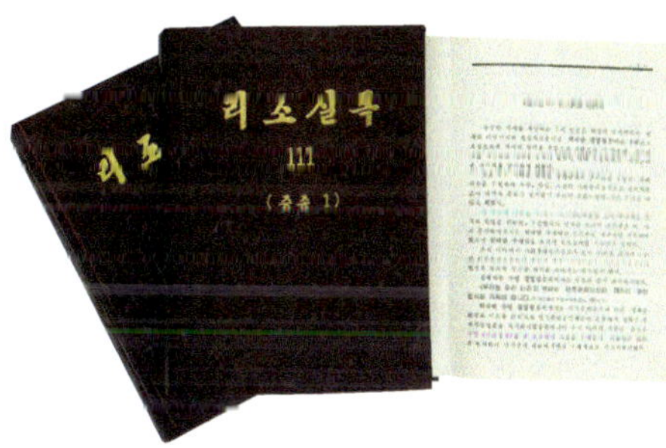

북한에서 출간된 『조선왕조실록』 완역본인 『리조실록』

서 올라간 부수상 홍명희가 직접 맡았다.

한편 이러한 간부 양성사업과 더불어 또 한 가지 주목할 점은 정부가 전쟁 피해자들을 적극 배려했다는 것이다. 이는 인민을 통합하기 위해서도 매우 중요한 정책이었다. 1951년 1월, 내각 전원회의에서는 「조국해방전쟁에서 희생된 인민군 장병 및 빨치산들과 애국열사들의 유자녀학원 설치에 관한 결정서」를 채택했다. 이에 따라 전국 주요 도시에는 '유자녀 보육원', '유자녀 학원', '전쟁고아들을 위한 초등학원' 등이 설치되었다.

북한 정권은 인민을 동원할 때 '배려'와 함께 적절한 '통제'를 활용했다. 즉, 전쟁 피해자들과 전문가들에 대한 배려를 기반으로 각급 조직을 강화하고, 그에 따른 규율의 강조를 통해 효과적인 통제를 실현시키려 한 것이다. 그것은 막대한 전쟁 피해와 계속되는 미군의 공습을 폭로하는 선전선동이 주요한 매개체가 되었다. 1951년 3월, 농촌 인민 속에서 대중정치사업을 강화하기 위해 내각결정 제224호가 채택되었다. 이에 따라 '유급 민주선전실장' 제도가 신설되고, 같은 해 12월에는 각 도당위원회에 선전선동사업과 군중문화사업을 전담하는 선전부위원장 제도가 신설되었다. 민주선전실은 1950년 하반기에 3794개에 불과하던 것이 1951년 2/4분기에 1만 2833개로 증가했다. 그리

북한의 소설책들

북한의 소설들은 사회주의 리얼리즘에 입각하여 주로 역사적 사실이나 남북문제, 그리고 현재의 사회문제를 다룬다. 남한에서 독일로 간 노동자(『해외에서 온 편지』), 북의 탄광노동자(『탄부』), 해방 직후 문맹퇴치운동(『봄하늘』), 항일무장투쟁 시기(『피로 닦는 거울』) 등의 주제를 다루고 있다.

고 1952년 12월부터 리당 부위원장이 유급 민주실장을 겸함으로써, 민주선전실을 당이 직접 통제하기 시작했다.

북한 당국은 이렇게 선전선동사업의 강화를 통해 리 단위의 일반 인민에까지 당의 통제력을 강화시켜 나갔다. 그리고 이를 기반으로 농촌에서 후방 지원사업을 독려했다. 미군의 공습으로 각종 생산수단과 저수지가 파괴된 상황을 계기로 소겨리(큰 쟁기에 두 마리의 소를 짝을 지어 묶는 일)와 품앗이 등 공동 노동 형태를 정착시켜나갔다. 또한 징병으로 인하여 부족한 노동력은 여성을 적극 동원하고 사무원 등을 재배치함으로써 극복했다. 당국은 국가의 재정 지출을 줄이기 위해 국가기구의 간소화 작업을 진행하면서 축소된 인원들을 생산기관과 부업경리 또는 토지가 여유 있는 지역의 농업에 종사시키는 정책을 시행했다. 일종의 구조 조정이었다.

농촌에서 이루어진 성공적인 인민 동원 못지않게 노동 분야에서도 엄격한 동원이 진행되었다. 하루 노동시간이 두 시간에서 네 시간까지 연장되었다. 직업총동맹을 통하여 노동력에 대한 원천 조사가 진행되었고, 그에 따른 효

공공노역에 참가한 여학생들

여학생 예닐곱 명이 각목 하나씩을 어깨 위에 얹거나 머리에 이고 공사장으로 가고 있다. 전후 복구 시기에 북한 정권은 이렇듯 통제와 배려를 적절히 조절한 대중 동원으로 상당한 성과를 거두게 된다.

율적인 노동 동원이 진행되었다. 노동자들에게는 엄격한 규율 생활이 적용되었다. 가장 강력한 규율을 적용받은 곳은 전쟁 상황이 가장 많이 반영되는 철도 부문이었다. 만약 철도 노동자들이 규율을 어기면 군인과 마찬가지로 영창으로 보내질 정도로 강력한 규율이 적용되었다.

배려와 통제를 통한 인민 동원은 상당한 성과를 거두었다. 전쟁 기간에 민간인은 약 180만 명이나 감소했지만, 1953년 휴전 후 노동자와 사무원 등 경제활동인구 수는 거의 감소하지 않았다. 1949년에 56만 5000명이던 경제활동인구는 1953년에는 54만 2000명으로 약 2만 3000명만이 감소했을 뿐이다. 이에 따라 전체 민간인 인구에서 경제활동인구가 차지하는 비중은 오히려 5.9퍼센트에서 6.8퍼센트로 높아졌다. 이러한 수치는 전쟁 기간에 60만 명에 이르는 청년들이 징집되었다는 사실을 감안한다면 민중 동원의 규모가 어느 정도였는지를 잘 알 수 있게 한다. 그리고 이러한 동원의 성공은 후방 지원

에서도 나타났다. 당국의 발표에 따르면, 후방의 인민들은 1951년 6월 10일 현재 15억 3945만여 원의 현금과 16만 8420여 가마니의 양곡 등을 국가 기금으로 헌납했다. 또한 인민들은 1951년 10월 5일에 발행된 제1차 조국보위 복권을 불과 10일 만에 목표액 1억 원을 훨씬 초과한 6억 원어치나 매입했다.

이 모든 것은 전쟁의 피해로 인한 좌절과 분노, 그리고 미군에 대한 적개심이 고조되었기에 가능했다. 이북의 공산주의 지도자들은 이러한 분노를 사회주의를 향한 통합과 동원의 방편으로 활용했던 것이다. 이 점은 해방 직후 항일무장투쟁 세력의 집권과 친일파 축출을 통한 정당성 확보, 토지개혁을 비롯한 민주개혁을 통한 민중성 획득과 더불어 이후 북한 사회를 만들어가는 원동력이 되었고, 북한식 사회주의 체제의 성격을 말해주는 핵심적 요소가 되었다.

봄갈이 작업을 하는 농업협동조합원들

전쟁이 소강상태로 접어들자, 북한 정권은 황폐화된 토지와 저수지 등을 복구하기 위해 소겨리와 품앗이 등 공동 노동 형태를 정착시키며 당의 통제력을 확보하기 위해 힘썼다.

| 북한의 낯선 지명들 |

사람 이름과 순우리말 이름이 붙은 지역

남한에서는 지방이나 학교 등에 사람의 이름을 붙이는 경우가 거의 없다. 다만, 길거리에는 충무로, 을지로, 율곡로 등 역사적 인물들의 이름을 붙인다. 그런데 북한에서는 사람의 이름이 붙은 지역이나 공공기관이 많다. 예를 들면, 김책군, 김책시, 김책공과대학, 김책제철소 같은 것이다.

김책은 함경북도 학성군에서 태어났다. 그는 김일성과 함께 동북항일연군에서 항일투쟁을 벌였다. 해방 후 내각 부수상에 올랐고, 전쟁 때는 전선사령관으로 활동했다. 그가 1951년 1월 31일 심장마비로 사망하자, 정부는 그의 고향인 학성군을 김책군으로, 성진시를 김책시로 바꾸고, 대학과 제철소에도 그의 이름을 붙여 업적을 기념했다. 이처럼 북에서는 항일운동가나 국가에 큰 공헌을 한 영웅들의 이름을 연고지 등의 명칭으로 붙여 그들의 공로를 기린다. 황해남도 재령군 김제원리, 함경북도 은덕군 안길리, 강원도 평강군 리수덕리 등이 그러한 경우다. 김제원은 토지개혁 직후 스스로 쌀을 국가에 바쳐 전국적으로 애국미헌납운동을 일으킨 농민이다. 안길은 김일성과 함께 항일투쟁을 전개했던 인물이다. 리수덕은 여성 포수 출신으로 전쟁 때 유격대를 조직하여 전공을 세웠던 인물이다.

물론 이런 명칭들 중 가장 많이 등장하는 이름은 역시 김일성이다. 김일성종합대학, 김일성광장, 김일성경기장 등이다. 김정일을 비롯한 가족들의 이름을 딴 경우도 많다. 김정일정치군사대학, 정일봉고등중학교, 량강도의 김형직(김일성의 아버지)군과 김정숙(김일성의 처)군, 강반석(김일성의 어머니)유자녀대학 등이다. 사람 이름은 아니지만 혁명정신을 강조한 경우도 있다. 평양 모란봉 구역의 항미동, 전승동, 강원도 원산시 승리동이 그 같은 경우다.

한편 북한의 지명들에는 아름다운 순우리말 지명도 많다. 황해남도 과일군, 황해북도 송림시 꽃핀동, 황남 장연군 샘물리 같은 경우다.

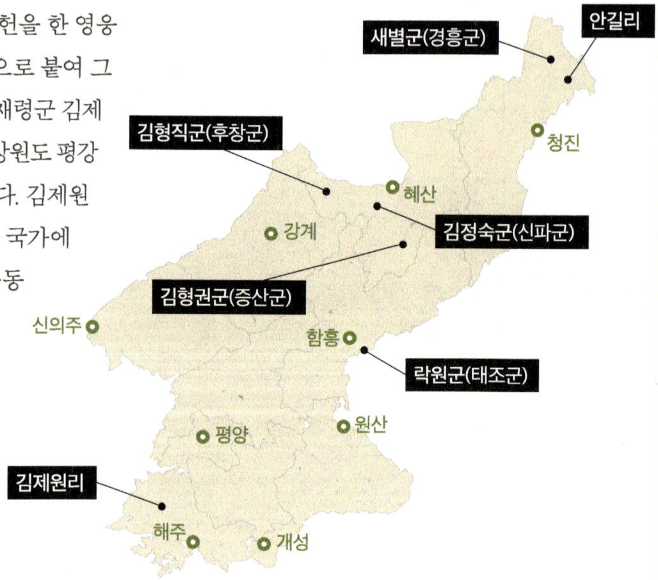

달라지는 남북의 말과 글

분단 반세기를 지나면서 남북은 서로 이질감을 느낄 정도로 말과 글에 많은 차이점이 생겼다. 남측은 서울말을 중심으로 표준어를 정했고, 북측은 평양말을 중심으로 노동자 계층이 쓰는 말을 문화어로 정하여 가르쳐왔다. 표준어와 문화어가 서로 다르게 된 이유는 무엇일까? 첫째는 북한에서는 인민들이 쉽게 이해하도록 하기 위해 한자어를 우리말로 풀어쓰는 노력을 많이 기울였다. 둘째는 외래어의 영향 때문인데, 남측에는 영어가 많이 들어오고, 북측에는 러시아어가 들어와 서로 모르는 용어들이 많이 생겼다. 셋째는 본래 평양말과 서울말이 달라서 용어가 생소하게 느껴지는 경우다. 그다음으로는 문법의 차이가 있다. 북한에서는 두음법칙을 인정하지 않아, 양심을 '량심'으로 여자를 '녀자'로 표기한다. 남과 북의 용어를 비교해보자.

한자를 우리말로 바꾼 예

표준어(남)	문화어(북)
배영	누운헤엄
도화선	불심지
명암	검밝기
마애불	벼랑부처
돌풍	갑작바람
미소	볼웃음

러시아어의 영향

표준어(남)	문화어(북)
캠페인	깜빠니아
트랙터	뜨락또르
모임, 그룹	그루빠
헝가리	웽그리아
폴란드	뽈스까
탱크	탕크

영어를 우리말로 바꾼 예

표준어(남)	문화어(북)
레코드	소리판
노크	손기척
핸드폰	손전화
투피스	동강옷
코너킥	구석차기
헬리콥터	직승기

본래 서로 다른 표현

표준어(남)	문화어(북)
채소	남새
화장실	위생실
괜찮다	일없다
깨끗하다	끌끌하다
씩씩하다	우람차다
도시락밥	곽밥

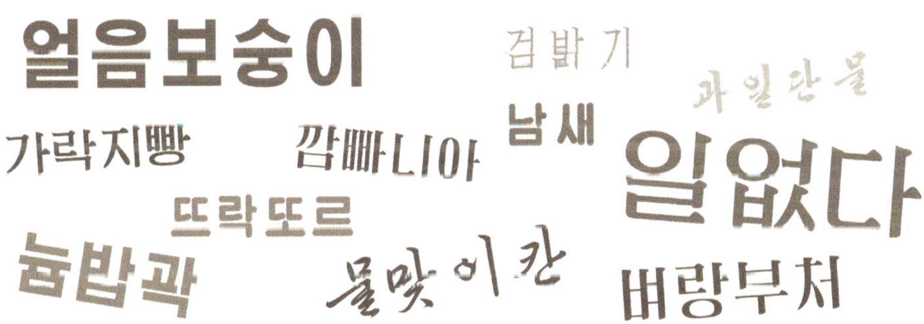

3

폐허 위에 세운 사회주의

〈남강마을의 녀성들〉, 김의관, 1966

1953–1960

전쟁이 남긴 폐허 위에서 북한 지도부가 믿을 것은 인민대중뿐이었다.
인민대중의 힘과 노력을 바탕으로 북한은 마치 천리마를 탄 것처럼 빠르게 경제를 발전시켰고,
사회주의 제도를 정착시켜나가기 시작했다.

1953	8월	조선로동당 제6차 전원회의: 전쟁 결산과 전후 복구계획 수립. 이승엽 등 남로당계 숙청
	10월 1일	(남측) 한미상호방위조약 체결
	11월 29일	(남측) 사사오입 개헌
	1954-1956 인민경제 복구발전 3개년계획	
1956	4월	조선로동당 제3차 대회: 개인숭배 비판, 당 규약 개정
	6~7월	김일성, 동유럽 순방
	8월	8월 전원회의사건 발생
	12월	천리마운동 시작
	5월	(남측) 제3대 정·부통령 선거
	11월	(남측) 조봉암, 진보당 결성
	1957-1960 제1차 5개년계획 (4년 만에 계획 완료)	
1958	3월	조선로동당 제1차 대표자회: 종파 청산 선언
	12월	농업과 상공업의 사회주의 개조 완료
1959	12월	재일교포 북송 시작
1960	2월	청산리정신과 청산리방법 시작
	4월 19일	(남측) 4·19혁명

협동조합의 시대

전쟁은 많은 것을 앗아갔지만, 도리어 사회주의 체제 건설이 용이하게 해주기도 했다. 지주와 반공주의자는 남쪽으로 내려갔고, 파괴된 땅에서 가족 단위로 농사를 짓기 어려웠던 농민들은 자연스럽게 협동조합의 필요성을 느꼈다.

8월 전원회의사건

1956년 8월 전원회의에서 상업상 윤공흠이 당이 독재적으로 운영된다고 비판하는 사건이 벌어졌고, 그와 관계된 연안 독립계열 인사들이 '반당종파'로 몰려 축출되었다. 이 사건을 끝으로 김일성의 정치적 라이벌들이 모두 몰락함으로써 김일성과 항일유격대 계열이 권력을 독점하게 되었다.

"천리마를 탄 기세로 달리자!"

"하나는 전체를 위하여, 전체는 하나를 위하여" 1956년 말부터 시작된 천리마운동은 인민대중이 일치단결하여 경제 성장을 이룩할 것을 호소했다. 이때의 경이적인 경제 건설 속도를 '천리마속도'라고 부른다.

최승희

한국 최초의 현대 무용가이자 1920년대 중국의 매란방, 인도의 우디샹카와 더불어 아시아가 낳은 세계적인 무용가로 꼽혔던 최승희는 해방 후 혼란 속에 남편 안막의 권유로 월북해 1946년 8월 대동강변에 자신의 이름을 건 '최승희 무용연구소'를 열었다.

1954
조선민주주의
인민공화국
새해를 더욱 빛나는 승리로

301

폐허의 땅에 사회주의를 건설하다

3년간의 전쟁으로 북한은 폐허 상태로 변했다. 1제곱킬로미터당 평균 18개의 폭탄이 투하되어 거리와 마을은 잿더미가 되었다. 전쟁 피해가 가장 심한 쪽은 공업 부문이었다. 8700개의 공장과 기업소들이 파괴되었는데, 정전협정이 체결된 1953년도의 공업 생산량은 1949년의 64퍼센트에 불과했다. 농업 생산의 피해도 컸다. 폭격으로 관개시설과 제방, 그리고 저수지들이 파괴되었다. 37만 정보의 논밭이 피해를 입었으며, 경지면적은 9만 정보가 줄었다. 1953년의 농업 생산은 1949년의 76퍼센트 수준이었다. 주택과 학교, 병원, 극장, 도서관 등도 폭격의 피해로부터 벗어날 수 없었다. 오죽하면 미국이 "조선은 앞으로 100년이 걸려도 다시 일어서지 못한다"고 호언할 정도였을까? 전쟁을 일으킨 대가라고도 할 수 있지만, 그 속에서 북한 인민이 겪은 고통은 처참했다. 전쟁이 끝나면서 북한 정권은 우선 경제 복구에 나서지 않을 수 없었다.

1954년 새해맞이 포스터

1954년 북한은 인민경제 복구발전 3개년계획을 시작해 목표 이상의 성과를 거두었다. 백두산 천지, 인공기, 공장과 기중기 등 다양한 이미지로 인민들을 독려하는 기념 포스터.

1953년 8월에 조선로동당 중앙위원회 제6차 전원회의가 열렸다. 이 회의는 당 대회에 버금갈 정도로 중요했다. 전쟁을 총결산하고 당을 개편하며 전후 경제 복구의 기본 방향을 세우는 회의였다. 이 회의에서 김일성의 권력은 명실상부하게 강화되었다. 그를 중심으로 김두봉, 박정애, 박창옥, 김일 등 다섯 명이 당의 중심을 이루는 정치위원회를 구성했다. 이들 중 박정애와 김일은 김일성을 적극 지지하는 인물이었고, 김두봉은 독립동맹 계열의 대표로, 박창옥은 소련 출신 조선인의 대표로 참여한 것이었다. 김일성을 위협하던 최대의 경쟁자 박헌영은 그의 남로당 동료들과 함께 당에서 쫓겨났다.

또한 제6차 전원회의에서는 인민경제의 복구와 건설을 위한 3단계 방안을 결정했다. 6개월에서 1년에 걸친 1단계에 경제 복구를 위한 준비를 하고, 2단계에 전쟁 이전의 경제 수준을 회복하기 위한 3개년계획을 시행하며, 3단계

전쟁의 폐허에서 복구 건설되는 평양

미국이 "조선은 앞으로 100년이 걸려도 다시 일어서지 못한다"고 호언할 정도로 파괴되었지만, 인민들의 살고자 하는 강렬한 의지가 있었기에 전후 복구는 빠르게 진행되었다.

에는 공업화의 토대를 마련하기 위한 5개년계획을 세우기로 했다. 경제 건설에서는 중공업 부문이 제일 중시되었다.

1930년대에 소련에서 스탈린은 농업과 경공업을 희생시키면서 중공업을 우선시해 자립경제의 기초를 세운 바 있다. 전쟁이 끝난 뒤 김일성 역시 북한 지역에 강력한 사회주의 체제를 건설하기 위해 중공업 우선 정책을 펼치고 싶었다. 그러나 전쟁의 폐허 속에서 인민들에게 당장 먹을 것과 입을 것을 제공하기 위해서는 농업과 경공업을 무시할 수 없었다. 연안계나 소련계는 우선 인민 생활을 향상시키기 위해 경공업을 발전시켜야 한다고 주장했다. 결국 조선로동당은 중공업을 우선 발전시키는 방침을 고수하되 농업과 경공업에도 어느 정도 투자하는 절충안을 취했다. 바로 '중공업 우선과 경공업·농업의 동시 발전' 방침이었다.

북한의 경제성장 (1946년부터 1957년까지)

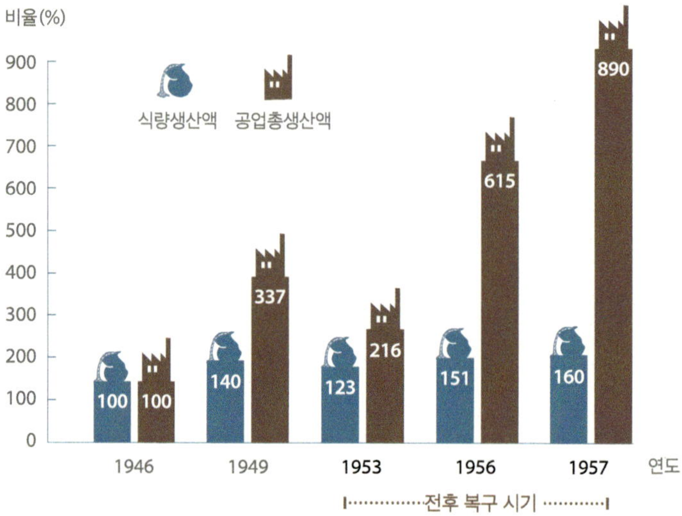

* 1949년부터 1957년까지의 수치는 '1946년에 대한 비율'을 뜻함.
* 자료 출처 : 『조선민주주의인민공화국 인민경제 및 문화발전 통계집』, 국립출판사, 1958, 36~37쪽

전후 복구사업은 빠른 속도로 진전되었다. 1953년 8월부터 시작된 전후 복구 준비단계사업은 6개월 만에 끝났다. 뒤이어 1954년부터 실시된 인민경제 복구발전 3개년계획(1954~1956)은 목표 이상의 성과를 거두었다. 공업 생산은 1953년도에 비해 2.8배(생산수단은 4배, 소비재는 2.1배) 증가해 전쟁 전인 1949년 수준보다 1.8배나 넘어섰다. 계획 기간 중 연평균 공업성장률은 무려 42퍼센트였다. 농업 생산도 1.23배 증가해 전쟁 이전의 수준을 회복했다.

경제성장의 속도만큼 북한 인민의 생활수준도 함께 나아지지는 못했다. 공산품과 식료품을 충분히 배급 받지 못하는 상황에서 물가는 높아져 도시 근로자들의 생활고는 가중되었다. 농민들도 어려움이 많았다. 1954년은 보기 드문 흉년이었는데, 농업현물세 징수 목표는 처음 계획보다 줄지 않아 농민들의 불만이 커졌다. 내각은 식량을 확보하기 위해 쌀의 자유거래를 금지하고, 농민들이 가진 양곡들을 더욱 철저히 거두어들이고자 하여 마찰을 빚기도 했다.

당장 생활이 눈부시게 나아지지는 않았지만 인민들은 공장이 들어서고 철도가 놓이고 건물이 들어서는 모습을 보면서 조금만 참으면 잘살 수 있다는 기대로 더욱더 땀을 흘리며 일했다. 흘린 땀은 열매를 맺어 1956년에는 전쟁 이전의 경제 수준을 회복할 수 있었다.

전후 복구에 나선 북한 주민들

휴전 후 당장 시급한 문제는 폐허의 땅을 수습하고 경제를 복구시키는 일이었다. 전선에서 물러난 군인들이 플래카드를 들고 복구현장으로 향했고, 주민들도 복구 작업에 투입되었다.

▲ 수리 중인 댐

북한은 수력자원이 풍부한 지역이다. 6·25전쟁 전 북한은 1930~1940년대에 지어진 수풍댐과 장진댐 등 대규모 수력발전소에서 생산되는 전기를 남한에 공급하기도 했다. 전쟁으로 북한의 댐은 대부분 파괴되었는데, 이 사진은 동독 등 사회주의권 국가들의 기술지원으로 진행되던 복구작업을 촬영한 것이다.

▲ 재건현장 앞을 지나는 소달구지

붉은 벽돌로 된 신식 공공건물 앞으로 소달구지가 지나고 있다. 건물 뒤로 높이 솟은 기계는 '골리앗'이라고 불리는 신식 크레인이다.

◀ 유럽식 아파트

전후에 새롭게 도입된 주거 시설인 아파트는 주로 평양이나 함흥 등지에 유럽식으로 건설되었다.

이처럼 전후 경제복구사업이 성공할 수 있었던 원인은 전쟁의 참혹함에서 벗어나고자 하는 인민들의 열망과 그 열망을 복구사업으로 적절히 동원한 당 및 정부의 효율성에서 찾을 수 있다. 폐허 상태에서 안으로부터 동원할 수 있는 자원이란 인민들의 살고자 하는 의지뿐이었다. 그런 인민들의 자발성을 높이는 데 중점을 두면서 인간 중심의 북한식 주체사회주의의 싹은 이미 이 시기에 형성되고 있었다.

또 다른 성공 요인은 북한의 바깥에 있었다. 6·25전쟁이 끝난 뒤 미국을 축으로 하는 자본주의 세계와 소련을 축으로 하는 사회주의 세계 사이에는 본격적인 체제 경쟁이 시작되었다. 6·25전쟁을 통해 무기로는 상대 체제를 누를 수 없다고 인식한 미국과 소련은 이제 경제적으로 상대방을 누르기 위한 또 다른 전쟁을 시작했다. 한반도는 그 경쟁의 한복판에 놓여졌다. 미국은 남한에, 소련은 북한에 막대한 경제 지원을 하면서 서로 경쟁했다. 미국으로서는 남한에서 자본주의 경제가 발전해야 동북아시아에서 힘을 유지할 수 있

사회주의 국가들의 북한 원조 규모 (1945~1976년, 단위: 만 달러)

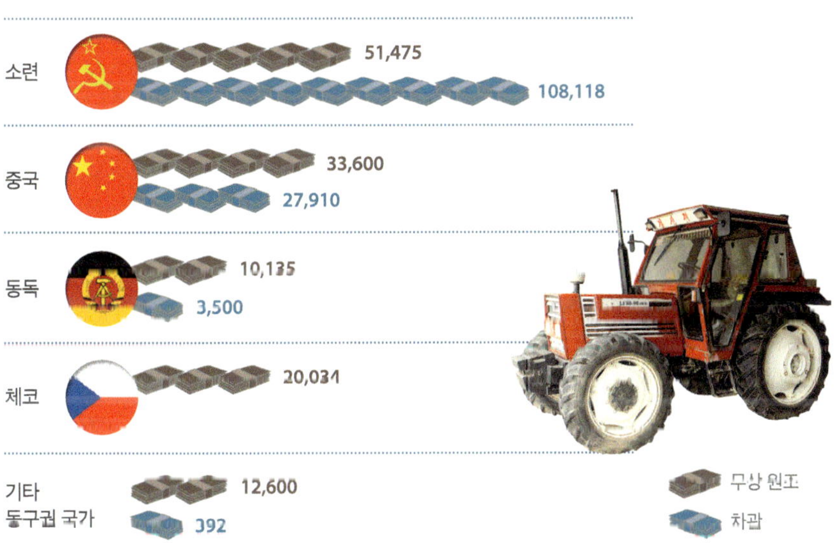

자료 출처: 『북한경제통계집』, 국토통일원, 1986년, 811쪽

고, 반대로 소련으로서는 북한에서 사회주의 경제가 발전해야 이 지역에서 힘을 유지할 수 있었기 때문이다. 소련은 1953년에 10억 루블, 1956년에는 3억 루블의 경제원조를 했다. 소련의 원조는 수풍발전소, 청진금속공장, 김책제철소 등 주로 대규모 산업단지와 산업시설의 복구 건설에 쓰였다. 동유럽의 사회주의 국가들도 1953~1954년 사이에 약 1억 2000만 달러 상당의 원자재와 설비들을 원조해주었다. 중국은 8조 원(元)어치의 원조를 해주었다. 1954년부터 1956년 사이에 사회주의 국가들이 북한에 제공한 원조액은 당시 북한 전체 예산의 23퍼센트에 이르렀다.

1954년부터 1956년까지 경제 복구 건설을 마친 북한은 이후 본격적인 사회주의 건설에 나서게 된다.

함흥과 흥남의 외국인 기술자들

비료공장이나 화학공장, 제련소 등 중요 공장들이 있는 함흥과 흥남에는 동유럽 기술자들이 전후 복구사업을 위해 많이 모여들었다. 함흥시와 흥남시의 복구건설위원회에는 동독 기술자들 200명, 체코 기술자들 100명이 상주했다고 한다. 동독 기술자들은 건설사업을 하면서 콘크리트가 아닌 모래로 기초를 쌓는 새 기술을 보여주기도 했다. 그러나 이들은 북한 기술자들과 의견이 맞지 않아 서로 폭력을 휘두르는 일도 있었다. 사진은 함흥 복구사업을 위해 조선민용항공 편으로 함흥 비행장에 도착한 헝가리 기술자들의 모습이다.

| 프롤레타리아 국제주의와 북한의 전후 복구 |

여러 얼굴의 프롤레타리아 국제주의

1950년 7월 13일, 폴란드 바르샤바의 마리엔슈타트 광장에 수천 명의 시민이 모여 집회를 열었다. 그들은 "평화! 평화! 스탈린! 스탈린! 김일성! 김일성!"을 소리 높이 외쳤다. 그들에게 '평화'는 전쟁을 거부하고 미국 제국주의를 반대함을, '스탈린'은 노동자의 조국인 소련을 지지함을, '김일성'은 침략당한 형제국가 북한을 열렬히 후원함을 뜻했다.

프롤레타리아 국제주의는 냉전이 시작되면서 이미 소련을 종주국으로 하는 공산 진영 단결의 논리로 변질되었지만, 그 논리가 생생한 이미지를 가지게 된 것은 6·25전쟁을 통해서다. 소련과 동유럽의 인민은 북한이 먼저 전쟁을 일으켰음을 알지 못했다. 이들은 미국이 더 이상 제2차 세계대전을 승리로 이끈 동맹국이 아니라 분명한 적임을, 스탈린은 미국의 침략에 맞서 인민의 생명을 지켜줄 노동자의 조국 소련의 절대적인 지도자임을, 그리고 그저 이름밖에 들어본 적이 없는 머나먼 동방국가 북한의 인민은 프롤레타리아 국제주의의 기치 아래 따뜻하게 품어야 할 형제라는 생생한 이미지를 가지게 되었다.

소련과 동유럽에서 무수한 전쟁 반대 집회가 열리고, 북한을 원조하기 위해 인민들이 각종 구호품을 보내기 시작했다. 어떤 집회는 사람들이 너무 많이 몰려들어 또다시 모여야 하기도 했고, 의료 구호품은 예상외로 많이 모여 난처한 경우도 있었다. 그처럼 인민들의 북한 원조 열기에는 진정 평화를 원하고 어려운 이웃을 도우려는 형제애가 깃들어 있었다. 소련과 동유럽의 정부와 당은 이러한 분위기를 활용해 반미의식을 고취했고, 북한을 원조하기 위해서는 더욱더 열심히 일해야 한다며 노동규율을 강화시켜갔다. 그 효과가 오

산업 발전을 독려하는 소련의 포스터.

래가지는 못했다. 위로부터 동원되는 각종 집회와 노동규율 강화는 오히려 순수한 열기를 식게 만들었다.

북한의 전후 복구를 위해 가장 많은 원조를 한 나라는 소련이었다. 당시에 소련이라고 해서 경제 사정이 좋은 편은 아니었다. 그러나 공산 진영의 종주국을 자처하면서도 막상 전쟁에는 직접 개입하지 않아 잔뜩 동유럽 국가들에게 의구심을 산 소련으로서는 전후 복구를 주도하는 모습을 보여야 했다. 소련은 더 나아가 프롤레타리아 국제주의를 명분으로 해 북한을 원조하는 데 동유럽을 끌어들임으로써 종주국으로서의 면모를 과시하고 공산 진영이 더욱 단결하는 계기를 만들고자 했다. 이에 호응하여 동유럽 국가들 중에서 가장 많은 원조를 한 나라는 어디일까? 바로 동독이다. 동독은 다른 동유럽 국가들에 비해 상대적으로 경제력이 우월하며 북한에 대해 같은 분단 국가로서의 동질감도 지니고 있었다. 여기에 서독과의 경쟁심이 작용하고, 형제국을 돕는 선한 모습을 보이며 제2차 세계대전의 전쟁 책임이라는 어두운 과거에서 벗어나려는 독일인의 심리도 작동했을 터이다.

소련의 원조는 중공업과 경공업을 망라한 대규모 산업단지 및 산업시설의 복구 건설에 주안점이 맞춰졌다. 동유럽 인민민주주의국가들의 원조 역시 주로 북한의 공업 기반을 강화하는 데 사용되었다. 소련과 동유럽 국가들은 물자원조 외에 전문가들을 직접 파견해 북한의 전후 복구를 지원하기도 했다. 동유럽 인민민주주의국가들은 1700명 이상의 전문가들을 파견해서 1200명의 북한 전문가를 양성

김책제철련합기업소

흔히 김책제철소라고 부르는 김책제철련합기업소는 함경북도 청진시에 있다. 일제 강점기 건설된 청진제철소가 전신이며, 6.25전쟁의 영향으로 10년 정도 1950년대 후반 조업을 재개했고 1970년대 소련의 경제 기술 지원에 힘입어 대규모 확장 공사로 북한 최대의 제철소로 자리 잡았다.

아파트 건설 평양 광복거리에 아파트를 건설하는 인부들의 모습.

했다. 이 국가들의 150개 기관이 북한의 기간산업을 복구하고 확장, 신축하는 데 동원되었다. 이들은 북한의 함흥 등 전후 도시건설사업에도 참여했다. 이를 통해 사회주의 건축양식이 북한에 직접 도입되었고, 그 영향은 오랫동안 지속되었다.

전후 복구는 소련이 일방적으로 주도하는 식으로만 진행되지는 않았다. 중국은 소련만큼이나 많은 부담을 지면서 북한의 전후 복구에 참여했다. 중국은 직접 참전하는 바람에 본국의 경제 건설에 큰 차질이 생겼음에도 불구하고 무상 원조에도 적극 나섬으로써 북한에 대한 발언권을 강화해나갔다. 이 또한 프롤레타리아 국제주의의 이름 아래 이루어졌으나, 그 내면에는 아시아를 이끌어갈 나라는 어디까지나 중국이며, 북한은 중국의 안보를 위해 꼭 지켜내야 하는 주변 국가라는 인식이 깔려 있었다.

북한은 소련과 동유럽, 중국의 원조를 최대한 얻어내면서 이를 자립경제의 기초를 건설하는 데 활용했다. 또한 원조의 대가로 내정간섭을 하려고 하면 강하게 반발했다. 원조를 받는 명분이 프롤레타리아 국제주의인 것처럼, 내정간섭을 반대하는 명분도 프롤레타리아 국제주의였다. 모든 인민의 국가는 평등하며 상호 존중을 하는 것이야말로 프롤레타리아 국제주의라는 명분이었다.

이처럼 북한의 전후 복구를 둘러싸고 프롤레타리아 국제주의는 다양한 양상을 보였다. 한편으로는 아래로부터의 순수한 형제애의 발로였으나, 다른 한편으로는 정부와 당에 의한 인민 통제의 논리였다. 한편으로는 공산 진영의 단결과 종주국으로서의 소련의 지위를 강화하기 위한 명분이었지만, 다른 한편으로는 소련에 맞서 아시아의 맏형이 되려는 중국의 의욕이 표현된 것이었다. 그리고 북한에게 프롤레타리아 국제주의는 최대한 원조를 얻어내어 경제 자립에 활용하려는 민족주의적 욕구를 형제애의 이름으로 포장해주는 그럴듯한 명분이었다.

302

땅도 공장도 집단 소유로

3년간의 전쟁은 북한에 엄청난 손실을 끼쳤으나 역설적으로 사회주의 체제를 빨리 건설할 수 있는 계기를 제공해주었다. 북한 정권에 반대하는 사람들은 전쟁 기간에 대부분 남쪽으로 내려갔다. 경제활동에서 개인보다는 국가의 역할이 더 커지고 서로 돕지 않으면 살기 어려운 상황이 되었다. 이로써 사회주의 건설의 추진력은 커지고 저항력은 약화되었다.

북한의 농촌은 전쟁으로 많은 피해를 입었다. 저수지가 파괴되고 농토가 훼손되었으며, 가축이 몰살당하고 과일나무들도 훼손되었다. 젊은 남자들이 군대로 갔기 때문에 노인과 어린이, 그리고 여성들이 농촌을 지켜야 했다. 당시 생활이 곤란한 빈농이 40퍼센트, 겨우 먹고 지낼 만한 농민이 50퍼센트, 좀 여유 있는 농민이 10퍼센트에 불과했다. 이런 상황에서 농민들은 더 이상

로력영웅 류현규

북한에서 국가적으로 수여하는 최고의 영예는 '공화국영웅'이고 그다음이 '로력영웅'이다. 노동으로 특별한 공로를 세운 노동자 개인 혹은 직업인에게 '영웅'이라는 칭호를 주는 관례가 사회주의국가답다. 최고인민회의 대의원이자 로력영웅인 류현규(사진 오른쪽)는 천리마제강련합기업소 소장이다.

가족 단위로 농사를 짓기 어려웠다. 부족한 노동력과 농기구, 가축을 서로 함께 이용해야 했다. 농민들은 생존을 위해서 농업을 조금씩 협동화해갔다.

북한 정부는 이 같은 농촌의 현실을 농업의 사회주의 개조의 기회로 삼았다. 전쟁 직후인 1953년부터 북한 정부는 농업협동화의 경험을 쌓기 위해 빈농과 핵심 당원들을 중심으로 15~20호 정도의 규모로 협동조합을 각 군에 몇 개씩 만들어보도록 했다. 당과 정부의 지원 아래 이 협동조합들은 어느 정도 좋은 성과를 거둘 수 있었다.

1954년 11월에 소집된 조선로동당 중앙위원회 전원회의에서는 농업협동화 운동을 본격적으로 추진할 것을 결정했다. 급진적인 농업협동화에는 반대 의견도 있었다. 사회주의적 공업화가 달성되고 현대적인 농기계가 도입되기 전까지는 농업협동화를 미루어야 한다는 신중론이었다. 그러나 김일성을 중심으로 한 권력의 핵심부는 농민의 혁명적인 열의를 끌어올리면 충분히 협동화가 성공할 수 있다면서 반대를 물리치고 농업협동화를 본격화했다.

1950년대에 농업을 협동화할 때 오늘날과 같은 철저한 사회주의 방식의 협동조합이 바로 만들어진 것은 아니다. 당시 농민들은 세 가지 형태 중에서 하나를 선택할 수 있었다. 제1형태는 토지를 합치지 않고 단지 작업만 함께하는 '고정노력협조반'이었다. 우리나라에서는 일을 함께하는 품앗이나 소를 같이 부리는 소겨리 등 상부상조의 전통이 있어왔다. 이를 좀 더 확대한 형태가 제1형태였다. 북한 정부는 이보다는 좀 더 높은 수준의 제2, 제3의 형태를 농민들이 받아들이도록 권장했다. 제2형태는 농민 각자가 토지소유권을 가지고 있되 이 토지들을 출자하는 형식으로 합치고 함께 작업하는 형태였다. 수확물은 노동에 의한 분배를 기본으로 하면서 토지의 출자분에 따른 분배도 병행하는 반(半)사회주의 형태였다. 제3형태는 토지를 비롯한 생산수단들을 모두 통합하고 오직 노동에 의해서만 분배를 하는 완전한 사회주의 형태였다. 농업협동화가 본격화되기 이전인 1954년 6월의 조합 형태는 제2형태와 제3형태가 엇비슷했다. 그러나 협동화가 본격화되면서 제3형태가 점차 많아져 농업협동화가 완성되는 1958년 말에는 모든 조합이 제3형태로 통일되었다.

농업협동화가 진행되는 과정에서 정부와 농민 간에는 마찰이 없었을까? 소련의 경우, '쿨락'이라고 불리는 부농들이 스탈린의 농업 집단화 정책에 반발하여 격렬하게 저항했고, 이를 진압하는 과정에서 수많은 인명 피해가 발생했다. 그에 비하면 북한에서는 비교적 농업협동화가 큰 충돌사건 없이 순탄하게 진행되었다. 그 이유는 무엇일까? 첫째, 북한의 농촌에는 부농이 0.6퍼센트에 불과했다. 전쟁으로 처지가 대부분 비슷하게 된 상황에서 자신만 잘살기 위해 협동화에 반대할 만한 계층이 거의 없었다. 둘째, 북한 정부에 비판적이던 사람들은 전쟁 과정에서 대부분 사라져버렸기 때문에 조직적으로 저항할 만한 세력이 없었다. 셋째, 북한 정부는 가급적 농민 스스로 조합에 가입하게 했고 소 같은 중요한 생산수단은 조합에 들여놓을 때 보상 조치를 해주는 등 농민의 반발을 최소화하기 위해 노력했다. 또한 처음부터 엄격한 사회주의 방식의 협동조합만을 고집하기보다는 사정에 따라 다양한 형태의 조합을 만들 수 있게 한 것도 마찰을 완화했다.

북한의 농업협동화 과정이 비교적 순탄하기는 했지만, 모든 농민이 농업협

사회주의 경제 구축 과정

시기	개혁 내용
1946. 3. 5	토지개혁에 관한 법령 공포.
1946. 8. 10	주요 산업의 국유화 법령 공포.
1946. 12. 22	지하자원·산림·수역 국유화 법령 공포.
1954. 4	농업협동화 시작.
1958. 8	농업·수공업·중소상공업의 협동화 완료.
1958. 10~12	협동조합을 리 단위로 확대·개편.(협동농장으로 개칭)

자료 출처: 『북한개요』, 통일부, 2004, 223쪽

농업협동조합 창립

협동화에 반대할 만한 지주와 부농층 대부분이 전쟁 동안 사라졌기 때문에 북한의 농업협동화는 비교적 순조롭게 진행되었다.

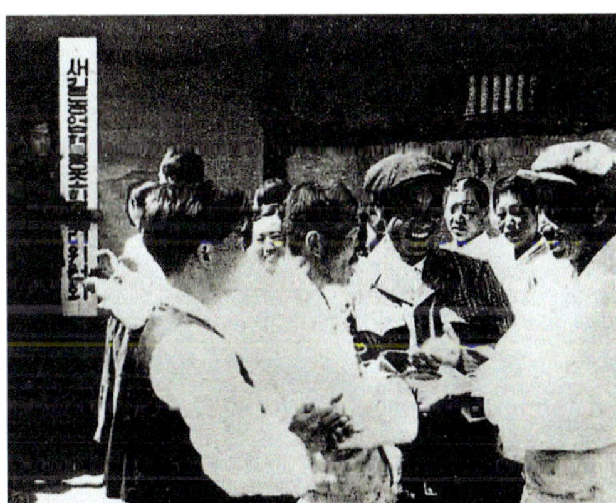

협동농장의 벼 탈곡

함께 농사를 지어온 열 명가량의 조합원들이 각자 역할을 맡아 수확된 벼를 탈곡하고 있다.

동화를 적극 찬성하고 지지하지는 않았다. 어느 나라, 어느 시대나 농민은 자기 토지와 생산도구에 대한 애착이 집요하게 마련이다. 토지는 농민에게 삶 그 자체라고 할 수 있다. 그런 농민들이 자신의 토지와 농기구, 가축을 협동조합에 내놓는 일은 쉬울 리 없었다. 협동조합에 가입하기 전에 가축을 시장에 내다팔거나, 토지의 일부를 텃밭으로 떼어놓아 따로 경작하는 일이 빈번하게 일어났다. 텃밭 일 때문에 조합에 결석하는 사례도 수두룩했다. 황해도 배천에서는 많은 조합원들이 수확물의 분배 이후 조합을 탈퇴해버리는 사건(배천바람)이 발생하기도 했다.

농민들 가운데 저항감이 큰 쪽은 빈농보다는 중농, 중농보다는 부농이었다. 빈농은 농업협동화에 적극적이었다. 중농은 두 가지 경우로 나뉘었다. 본래 토지가 없거나 적었으나 토지개혁의 혜택으로 중농이 된 신(新)중농은 비교적 협동화에 순응했다. 그러나 본래부터 자기 토지를 가지고 있던 구(舊)중농은 소극적이었다. 부농은 협동화를 외면하거나 반대했다. 그러나 반대자들도 결국 협동화의 대세를 거스를 수는 없었다. 모든 지원이 협동조합에 집중되고 농민들 대다수가 조합에 가입한 상황에서 끝까지 홀로 개인 경영을 할 수는 없었기 때문이다.

농업협동화는 빠르게 진전되어, 인민경제 복구발전 3개년계획이 끝난 1956년 말까지 농가의 80.9퍼센트가 협동조합에 가입했고, 1958년 8월에는 모든 농가가 협동조합원이 되었다. 10월부터 12월 사이에는 모든 농업협동조합을 행정단위인 리 단위로 통합했다. 그 결과 조합 수는 1958년에 1만 3309개에서 3843개로 줄었고, 하나의 협동조합에는 평균 300호의 농가와 500정보(150만 평)의 토지가 포함되었다. 협동조합이 리 단위로 통합되자 경제활동과 행정활동이 긴밀하게 결합되었다. 농촌 소비조합이나 신용조합이 협동조합 관할로 옮겨졌고, 교육·문화·보건 사업 등도 협동조합이 담당하게 되었다. 협동조합의 관리위원장은 리 인민위원장이 겸임했다. 협동조합 밑에는 작업반들이 설치되었고, 작업반 밑에는 다시 20명 내외의 분조를 편성해 함께 일을 하도록 했다.

농업협동화는 농촌의 전통적인 가족관계를 완전히 뒤바꾸었다. 협동조합에서는 집안 어른 대신 작업반장이 일일이 작업을 지시하게 되는데, 1950년대

개성시장의 상인협동조합

개성시장에 여러 상인협동조합의 가게가 자리하고 있다. '송도 생산 및 판매 협동조합 포직부', '뽀뿌림(포플린)부' 등의 간판을 걸고 다양한 물건을 팔고 있다.

농업협동화의 추세

연도	협동 조합 총수 (개소)	협동조합에 가입한 농가 호수		협동조합에 편입된 경지면적	
		호수	총 농가 호수에 대한 비율(%)	경지면적 (단위: 1,000정보)	총면적에 대한 비율(%)
1953	806	11,879	1.2	11	0.6
1954	10,098	332,662	31.8	576	30.9
1955	12,132	511,323	49.0	885	48.6
1956	15,825	864,837	80.9	1,397	77.9
1957	16,032	1,025,106	95.6	1,684	93.7
1958	3,843	1,055,015	100.0	1,791	100.0
1963	3,732	1,066,896	100.0	1,837	100.0

자료 출처: 『북한개요』, 통일부, 2004, 223쪽

에 평안남도의 작업반장 중 40퍼센트 이상이 여성이었다. 여성이 남성에게 지시를 내리는 일이 자연스럽게 되었다. 조합회의에서는 여성들이 남성들과 대등하게 자기주장을 하게 되었으며, 분배를 받을 때 남녀 차별은 없었다.

농업협동화와 함께 개인 상공업의 사회주의 개조도 동시에 진행되었다. 개인 상공업자들을 협동조합에 참여토록 하는 정책은 이미 전쟁 이전부터 시작되었다. 주로 영세한 수공업자들로 하여금 생산협동조합을 결성해 좀 더 건실한 경영을 하도록 권장했다. 그 결과 1949년 말에는 전체 개인 상공업에서 협동조합의 비율이 22.5퍼센트로 늘어났다. 전쟁 이후 북한 정부는 좀 더 적극적으로 개인 상공업자들을 사회주의적으로 개조하기 위해 노력했다. 농업협동화처럼 개인 상공업을 사회주의적으로 개조하는 데에도 세 가지 형태가 있었다. 작업만 공동으로 하는 제1형태와 노동과 출자 몫에 의한 분배를 동시에 하는 제2형태, 그리고 생산수단과 자금을 완전히 공동 소유로 하고 오직 노동에 의한 분배만을 하는 제3형태였다.

개인 상공업자들 가운데 먼저 사회주의 개조의 대상이 된 쪽은 수공업자

들이었다. 이들은 본래 영세한데다가 전쟁으로 더욱 처지가 어려워진 상태였다. 정부는 이들이 협동조합에 가입하도록 적극 유도했다. 1956년부터는 자본주의적 기업 경영을 하는 상공업자들을 본격적으로 사회주의적으로 개조하기 시작했다. 이들은 1946년에는 사회총생산액의 20퍼센트를 차지할 정도로 비중이 컸으나, 1949년에는 8.2퍼센트로 줄고, 전쟁을 겪은 후인 1953년에는 2.9퍼센트로 감소한 상태였다. 또한 인구상으로도 1953년에 개인 기업가는 0.1퍼센트, 개인 상인은 1.1퍼센트에 불과했다. 자본가 계급의 비중이 이처럼 적었으므로 소련처럼 큰 저항이 있지 않았다. 농업과 수공업이 협동화되면서 자본주의적 상공업자들은 원료와 자재를 시장에서 사들이기 어렵게 되었다. 결국 이들은 사회주의 개조에 동참했다. 개인 상공업의 사회주의 개조는 1958년에 마무리되었다.

북한에서 농업과 상공업의 사회주의 개조는 다른 나라에 비해 비교적 순탄하고 빠르게 진행되었다. 그 이유로는 첫째, 사회주의 개조에 반대할 만한 세력이 대부분 전쟁을 거치면서 크게 약화되었다. 지주와 반공주의자들은 대부분 남쪽으로 피난을 갔고, 자본가 계급은 본래 미약했다. 둘째, 전쟁으로 인민 대다수의 삶이 어려워지면서 국가의 지원과 상호 협동의 필요성이 커졌다. 그러나 충분한 경제적·기술적 발전이 전제되지 않은 상태에서, 오직 인민의 의지만을 토대로 하여 세운 사회주의 제도는 그 기반이 허약할 수밖에 없었다.

협동농장과 문화주택

함경남도 북청군에 자리한 협동농장과 문화주택 전경. 협동농장원에게 배당되는 '농촌문화주택'은 방 두 개, 부엌과 창고가 각각 하나씩 딸린 단층 연립주택이 일반적이다.

| 로력영웅 |

노동자 영웅 만들기

어느 시대, 어느 나라에나 영웅은 있게 마련이다. 사람들은 영웅을 만들어 그에게 열광하고, 꿈과 로망을 얻으며, 자기 계발의 모범으로 삼는다. 북한 사람들은 특히 영웅을 좋아한다. 최고의 영웅은 물론 항일무장투쟁의 화려한 건국신화를 자랑하는 김일성과 그 아들 김정일, 손자 김정은이겠지만, 그 외에도 수많은 영웅들이 있다.

북에서는 국가의 심사를 거쳐 영웅 칭호가 주어지는데, 최고의 영예는 '공화국영웅'이고 그다음이 '로력영웅'이다. '로력영웅' 칭호는 1951년 7월 17일에 제정되었고, 수상 대상자는 '경제·문화·건설 부문에 있어서 특별한 공로를 세운 일군(일꾼)'으로 규정되어 있다. 노동자 개인이나 작업반에 영웅 칭호가 주어진다. 사회주의 국가에서 노동은 신성한 권리이자 의무이고 노동자가 곧 그 나라의 주력이니, 열심히 일하여 특별한 공로를 세운 사람을 영웅 대우함은 사회주의국가답다 하겠다. 그런데 어느 정도 열심히 일해 어느 정도 특별한 공로를 세워야 남들이 부러워하는 로력영웅 칭호를 받을 수 있을까?

여기 로력영웅이 된 한 노동자의 이야기가 있다. 그는 댐을 건설하는 공사장에서 70킬로그램짜리 모래주머니 580개를 만들기 위해 강에 들어가서는 29시간 동안 나오지 않고 계속 일을 했다. 결국 그는 40일로 예정된 공사 기간을 단 5일로 단축시켜 칭송을 받아 로력영웅이 되었다. 차가운 강물에 들어가 몇 시간 그냥 서 있는 것도 보통 일이 아닐 텐데 하루 이상을 버티며 모래를 퍼냈으니, 북에서는 이 정도는 되어야 로력영웅으로 대접 받을 만하다고 여기는 것일까?

조선로동당출판사에서 펴낸 『천리마 시대 사람들』에는 입이 딱 벌어질 만큼 초인간적인 모범을 보인 '로력영웅'들의 일화들이 소개되어 있다. 로력영웅 서병식은 강계청년발전소의 작업반장 중 한 명이었다. 장진강을 가로막는 이 발전소의 건설사업은 한겨울에 시작되었다. 먼저 할 일은 골재 운반용 삭도를 설치하

〈천리마 작업반장〉
송영백, 조각, 1959

로력영웅 훈장

는 일이었다. 삭도를 설치하려면 철강이 필요한데 자재를 구할 길이 없자, 일제 하에 만들어놓은 75미터 높이의 고압선 철탑을 헐어다가 가공 조립하기로 했다. 작업반장 서병식과 반원들은 영하 40도를 오르내리는 추위를 무릅쓰고 꽁꽁 얼어붙은 철탑 위에 기어올라 너트를 풀어서 이를 해체한 다음 다시 산 위로 끌고 가 삭도 철탑을 세우는 데 성공했다.

제1차 5개년계획을 앞당겨 완수하기 위해 증산투쟁을 전개하고 있는 로력영웅 구지성의 모습.

강원도 회양군의 조산원 최정심은 산모의 목숨이 위태롭다는 전화를 저녁 7시에 받았다. 밖에는 눈보라가 아우성치고 있었으나, 그는 조산 방조(도움) 100퍼센트 달성 목표를 위해 50리 길을 나섰다. 10리를 지나서는 달구지도 못 다니는 지름길로 접어들었고 태백 준령을 넘어 간신히 산모의 집에 도착해 아이를 무사히 받아냈다.

위의 사례들만 보면 결국 로력영웅 칭호란 노동자들을 그저 무지막지하게 일하도록 몰아세우기 위한 선전수단으로만 생각하기 쉽다. 전후 복구와 사회주의 경제 건설 과정에서 이런 초인적 노동자상이 로력영웅의 전형이 된 것은 사실이다. 그러나 뛰어난 업적은 단지 밀어붙이기식 노동만으로 가능하지는 않다. 열심히 일하는 것 말고도 뛰어난 기술과 창의력이 있을 때 뛰어난 업적이 나올 수 있음은 어느 사회나 마찬가지다. 특히 스포츠나 문화 부분에서는 이 점이 중요하다.

북에는 씨름 하나로 유명한 학교가 있다. 학교 이름 자체에 영웅이라는 호칭이 들어가 있는 평안북도 룡천군의 영웅신암중학교다. 이 학교는 1971년 전국청소년민족씨름경기에서 금메달을 따기 시작해 지금까지 거의 매번 전국씨름경기에서 금메달을 휩쓸고 있으며, 많은 졸업생들이 공화국영웅과 로력영웅이 되었다. 이 학교는 씨름이 뚝심만으로 되는 것이 아니고 기술과 속도가 중요함을 강조하며, 아울러 씨름이라는 민족경기를 익히면서 민족에 대한 사랑을 배우게 한다고 교육 방침을 밝히고 있다.

303

수령의 권력에 도전하다

북한의 역사에서 1950년대는 특별히 중요한 위치를 차지한다. 이 시기에 사회·경제적으로는 사회주의 개조 작업이 실현되었고, 정치적으로는 김일성 중심으로 권력이 단일화되었으며, 자력갱생의 사업 자세가 만들어졌다. 오늘날 북한의 기본 틀은 대부분 이 시기에 마련된 셈이다. 이 같은 거대한 변화에는 노선의 대립과 권력투쟁이라는 진통이 수반되었다.

1950년대는 북한의 역사에서 가장 논쟁이 치열했던 시기로 기록된다. 전쟁으로 잿더미가 된 상황에서 북한 정권은 경제를 복구하고 사회주의 체제를 세우는 데 가장 좋은 길이 무엇인지 지혜를 모아야 했다. 단지 마르크스와 레닌의 교리를 날날 외워서는 북한에 적합한 방법을 찾을 수 없는 상황이었다. 경제를 복구하고 자립경제를 달성하려면 중공업과 경공업 중 어느 쪽에 더

도전자들의 몰락

1948년 여름 묘향산에서 북한 권력의 실세들이 기념 촬영을 했다. 김일성(앞줄 왼쪽에서 두 번째), 박헌영(앞줄 가운데), 허가이(앞줄 맨 오른쪽). 소련계의 중심이었던 허가이는 당의 비판과 해임을 거쳐 1953년 자살을 택했고, 당시 권력을 장악해나가던 김일성에게 가장 부담스러운 존재였던 박헌영은 1956년에 형장의 이슬로 사라졌다.

큰 비중을 두어야 하는가? 역사의 발전 단계에 비추어볼 때 북한은 이제 사회주의 건설의 단계에 접어들었는가, 아니면 아직 사회주의로 나아가기에는 조건이 성숙하지 않았는가? 남북이 분단된 상황에서 북한만이라도 사회주의 체제를 건설하는 것이 바람직한가, 아니면 이것이 오히려 분단을 더욱 굳히게 하는 것인가? 이 모든 새로운 질문에 답해야 했다. 이를 위해 북한 정권은 비교적 자유롭게 토론할 수 있는 분위기를 조성했다.

논쟁은 정치부터 경제·사회·문화 전반에 걸쳐 광범하게 전개되었다. 중공업을 중시하되 경공업과 농업을 동시에 발전시키는 정책, 경제력은 낙후되었어도 인민의 의지를 믿고 사회주의 체제를 건설하는 방식, 북한 지역에서 우선 사회주의 체제를 강화하고 이를 발판으로 남북 전체의 통일을 추진하는 방안 등이 마련되어갔다.

당시 북한에는 소련과 중국의 영향력이 강했다. 그래서 이 두 나라의 경험을 무조건 따르려는 사대주의적인 경향이 심해 북한식 사회주의 건설의 길을 독자적으로 모색하는 데 방해가 되었다. 1955년 12월에 김일성은 '사상사업에서 교조주의와 형식주의를 퇴치하고 주체를 확립할 데 대하여'라는 제목으로 연설을 하면서 이런 경향을 비판했다. 이 연설에서 김일성은 북한 사회가 얼마나 틀에 박혀 있고 사대주의적인지 몇 가지 사례를 들어 지적했다. "군대 휴양소에 우리나라의 아름다운 금수강산 그림 대신에 시베리아 초원 그림이

북한의 정기간행물

연안계, 소련계, 국내계 등 다양한 공산주의 정치 세력이 공존하던 시기에 북한에도 정책과 노선에 대한 다양한 논쟁이 있었다. 《근로자》, 《인민》, 《경제연구》 등의 잡지들은 다양한 논쟁의 통로이자 무대였다.

초대 내각의 주요 인물

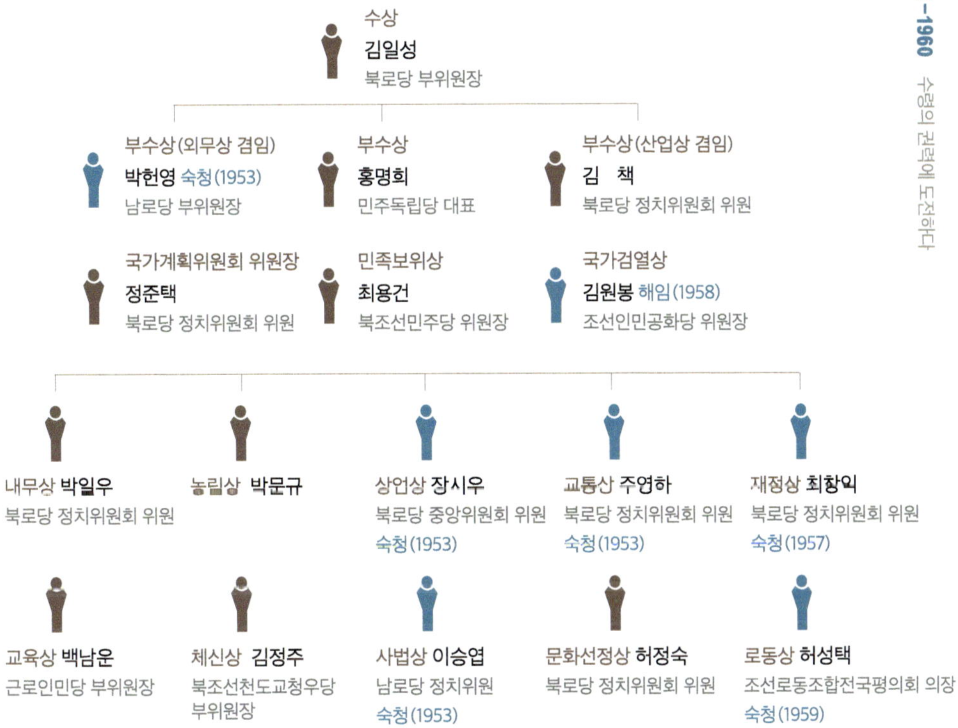

자료 출처: 『북한 정치사 연구 I』, 선인, 671쪽 표를 재구성

걸려 있다거나, 인민학교에 우리나라 위인 사진은 하나도 없고 마야코프스키나 푸슈킨 같은 외국 사람들의 사진만 걸려 있다"는 등등의 지적이었다. 김일성은 "우리나라의 투쟁 역사와 문화유산을 존중하고 소련식이나 중국식이 아닌 우리식으로 사회주의를 건설해야 한다"고 강조했다. 주체노선의 시작이었다.

모든 논쟁이 모두의 동의 아래 잘 정리되어간 것만은 아니었다. 의견이 제대로 반영되지 않은 쪽은 불만을 품을 수밖에 없었다. 정책이 그럴듯하게 잘 결정되었다 하더라도 실제 집행 과정에서 문제가 생기게 되고, 그 책임 소재를 놓고 갈등을 빚기도 했다. 불만이 깊이 쌓이고 갈등이 심각해지면 그것은

박헌영 체포령

박헌영과 이강국이 월북하기 전인 1946년 9월, 조선공산당 간부였던 이들에게 내려진 체포령을 보도한 신문기사.

노선의 대립에 그치지 않고 권력투쟁으로 확대되기도 했다.

1950년대에 북한에서는 두 번의 중요한 권력투쟁이 있었다. 남로당 계열의 몰락을 낳은 1953년의 권력투쟁, 연안 독립동맹 계열과 소련 계열 등의 몰락을 낳은 1956년의 권력투쟁이 그것이다. 그중 1953년의 권력투쟁은 노선의 대립과는 직접적인 상관이 없이 전쟁의 책임문제와 권력의 주도권을 놓고 벌어진 대립이었다. 반면 1956년의 권력투쟁은 노선의 대립 속에 쌓인 불만이 주요한 배경이 되어 그것이 권력투쟁으로까지 확대된 사건이었다.

김일성은 북조선임시인민위원회가 수립된 1946년부터 그가 사망하는 1994년까지 반세기 내내 북한에서 최고지도자의 지위를 누렸다. 그렇지만 그의 권력이 처음부터 도전을 용납하지 않을 정도로 강력하지는 않았다. 북한에서 권력을 잡은 사회주의자들은 1950년대까지 몇 개의

김일성에게 도전했던 최창익은 누구?

'8월 전원회의사건'의 진원지라고 할 수 있는 최창익(1896~1957)은 함경북도 온성 출신이다. 중앙고등보통학교 재학 중 3·1운동에 참여했다가 퇴학당했다. 일본으로 건너간 그는 와세다 대학을 다니며 사회운동에 참여하기 시작했다. 1923년에 귀국해 조선노동공제회에 가입했으며, 고려공산청년동맹 결성에 참여해 위원이 되었다. 1927년에 제3차 조선공산당(ML) 간부가 되었고, 그다음 해에 체포되어 옥살이를 했다.

1936년에 중국으로 망명한 최창익은 조선민족혁명당에 참여했고, 그다음 해에 허정숙과 결혼했다. 그는 조선의용대 활동을 하다가 중국공산당의 근거지인 연안으로 가서 팔로군 활동을 했고, 1945년에 화북조선독립동맹 부주석이 되었다. 해방 후에는 조선신민당 부위원장이 되었고, 1952년에 부수상, 국가검열상에 오르는 등 연안계의 실질적인 최고 실력자였다. 그러나 1956년 '8월 전원회의사건'으로 실각했다. 최창익은 급속한 사회주의 건설에 비판적이었고, 민주주의를 중시한 인물이었다.

계열로 나뉘어 서로 경쟁하고 있었다. 김일성을 포함한 항일유격대 계열 외에도 남로당 계열, 연안 독립동맹 계열, 그리고 소련 계열(소련 출신 조선인들) 등이 활동하고 있었다. 1949년 6월에 남북의 로동당이 합당해 조선로동당이 창립될 당시만 해도 여러 계열은 권력을 나누어 가지고 있었다. 그러나 1950년대 권력투쟁을 거치면서 권력은 오직 김일성을 정점으로 한 항일유격대 계열에 집중된다.

1950년대 첫 번째 권력투쟁은 전쟁 기간에 일어났다. 뜻대로 무력통일이 되지 않자 그 책임을 누군가 져야 했다. 먼저 독립동맹 계열의 무정과 소련 출신 허가이가 숙청당했으며, 나아가 김일성의 권력을 위협하는 남로당 계열의 주요 인물 대부분이 숙청당하기에 이르렀다. 박헌영과 이승엽 등 남로당 계열의 몰락으로 김일성의 권력을 실제로 위협할 수 있는 거대 세력은 없어졌다.

두 번째의 중요한 권력투쟁은 1956년에 일어났다. 바로 '8월 전원회의사건'이다. 북한에서는 이를 '8월 종파사건'이라고 부른다. 북한에서 종파란 '정치적 야심을 가지고 당에 도전하며 당의 노선과 정책을 무턱대고 반대하는 무리'를 가리킨다.

1956년 8월 30일에 조선로동당 중앙위원회 전원회의가 열렸다. 이 회의는 본래 사회주의 국가들을 방문하고 돌아온 정부 대표단의 보고를 듣고 인민보건사업의 개선 방안을 토론하는 자리였다. 그런데 상업상 윤공흠이 토론자로 나서 갑자기 김일성 지도부를 공격했다. 당이 독재적으로 운영된다는 비판이었다.

그러나 그의 도전은 실패했다. 대부분의 중앙위원들이 김일성을 옹호했기 때문이다. 오히려 8월 전원회의에서 반대파

'ㅌ·ㄷ'을 조직한 김일성

북측의 주장에 따르면 'ㅌ·ㄷ(타도제국주의동맹)'은 김일성이 육문중학 재학 시절에 결성한 항일운동 조직이라고 한다. 조선로동당은 자신들의 당 조직의 뿌리를 이 조직에서 찾는다.

는 '반당종파'로 몰렸다. 윤공흠과 서휘 등은 당에서 쫓겨났으며, 연안 독립동맹 계열의 지도자 최창익과 소련 계열인 내각 부수상 박창옥 등은 당직을 박탈당했다. 이렇게 되자 윤공흠 등은 회의장을 빠져나와 중국으로 망명해 도움을 요청했다. 중국 국방부장 펑더화이(彭德懷)는 평양으로 들어와 반대파 편을 들어주었다. 반대파를 뒤에서 부추겼던 소련 측에서도 부수상 미코얀을 보내 이들을 도와주었다. 김일성은 일단 한 발 물러서서 이들의 지위를 회복시켜줄 수밖에 없었다. 그러나 그는 두 사람이 본국으로 돌아간 이후 본격적으로 반대파들을 숙청했다. 숙청 작업은 1958년 3월까지 진행되었다.

소련과 중국은 더 이상 깊이 개입할 상황이 아니었다. 1956년 10월의 헝가리 민주화운동에 놀란 소련은 민주주의가 소련 반대로 이어질 수 있음을 우려하게 되었다. 또한 중국과 소련 사이에 갈등이 심해지면서, 두 나라는 서로

펑더화이와 김일성

6·25전쟁 시기 중국인민지원군 총사령관으로 전쟁에 참가한 펑더화이(맨 왼쪽)는 8월 전원회의사건 때 연안계의 구명을 위해 적극적으로 영향력을 행사했다.

북한을 자기편으로 끌어들이고자 노력하게 되었다. 따라서 북한의 권력자 김일성과 충돌하지 않으려 했다. 이처럼 사건은 참으로 허술하게 시작해 간단하게 끝나버렸다. 이 시기에 이미 김일성의 권력이 탄탄했기 때문이기도 하지만, 충분한 사전 준비 없이 그저 외세의 도움을 빌려 권력에 도전하려 한 무모함이 컸다. 이 사건은 북한의 역사에서 유일무이하게 김일성의 권력에 공개적인 도전장을 내밀었던 사건으로 기록된다.

'8월 전원회의사건'은 이처럼 간단히 끝나버렸지만, 그 배경은 결코 간단하지 않았다. 전쟁 이후 국내적으로는 김일성 지도부의 급진적인 경제정책과 권력의 독점에 반대하는 움직임이 확산되고 있었다. 연안 독립동맹 계열 등은 중공업 중심의 경제 건설과 급진적인 사회주의 개조정책에 비판적이었다. 우선 인민들의 생활을 향상시키기 위해 경공업을 중시하고, 사회주의 개조는 천천히 하자는 주장이었다. 그렇지만 이들의 주장은 부분적으로만 반영되었을 뿐이다. 또한 이들은 권력 구조와 정책 결정 과정이 민주적이어야 하며, 정책을 실행할 때 인민들의 의사를 존중해야 한다고 주장했다. 이들을 포함해 점차 실권을 잃어가고 있던 사람들은 김일성 지도부에 대해 반기를 들기 시작했다. 한편 국제적으로는 1953년의 스탈린 사망 이후 소련에서 개인숭배를 비판하기 시작했고, 동유럽에서는 민주주의에 대한 요구가 확산되고 있었다. 반대파들은 이 같은 국제적인 변화를 이용해 김일성의 권력을 약화시키고자 했던 것이다. 그러나 권력에 대한 섣부른 도전은 오히려 반대파의 몰락을 재촉했다.

남로당 계열, 연안 독립동맹 계열, 소련 계열이 모두 몰락함으로써 김일성과 항일유격대 계열은 권력을 독점하게 되었다. 다만 이들의 숫자는 많지 않아 권력을 함께할 인물들이 필요했다. 국내에서 활동했으나 남로당 계열과는 직접 연관되지 않았던 인물들이 주로 권력의 동반자가 되었다. 이렇게 김일성을 중심으로 한 단일 지도체제가 만들어졌다.

| 8월 전원회의사건의 시작과 끝 |

김일성 1인 독재와 자주노선의 시작

1956년 2월에 모스크바에서 소련공산당 20차 대회가 열렸다. 이 대회에서는 평화공존론이 제창되었으며, 흐루쇼프는 스탈린 개인숭배를 비판했다. 전 세계 공산주의운동의 지도자로 추앙 받던 스탈린이 사후에 공개 비판을 받는 충격적인 사건이었다. 이 대회의 소식은 전 세계 사회주의 국가에 알려졌다. 북한에서는 3월에 열린 조선로동당 중앙위원회 전원회의에서 스탈린을 비판한 흐루쇼프의 비밀연설을 번역 청취했다.

소련이 개인숭배를 비판하자 북한에서도 평소에 김일성의 권력 독점에 불만을 품은 인물들이 그에게 도전하기 시작했다. 주북한 소련대사관은 뒤에서 김일성 비판을 부추겼다. 북한주재 소련대사 이바노프는 연안계의 실력자인 최창익을 불렀다. 이바노프는 그에게 당 중앙위원들의 결의로 김일성을 당 위원장에서 끌어내리는 대신 최창익이 당을 장악하고 김일성은 내각 수상에만 전념케 하자고 제의했다. 최창익은 처음에는 주저했으나 같은 연안계인 직업총동맹 위원장 서휘와 상의한 끝에 이를 수락했다. 이바노프는 박창옥 등 소련계 한인들에게도 소련의 희망을 전달했다.

최창익·서휘·윤공흠·고봉기 등 연안계와 박창옥·김승화·박의완 등 소련계가 손을 잡았다. 이들은 김일성이 6월부터 소련과 동유럽 국가 순방 길에 오르자, 그가 없는 틈을 타서 그를 당 중앙위원회에서 비판한 다음 당 위원장직에서 끌어내리고자 했다. 그러나 이 모의는 김일성의 측근인 최용건의 귀에 들어갔다. 그는 이 사실을 바로 김일성에게 알렸다. 서둘러 귀국한 김일성은 8월 초에 열릴 당 중앙위원회 전원회의를 8월 말로 미루고 반대파의 계획에 단단히 대비했다.

드디어 1956년 8월 30일에 평양예술극장에서 조선로동당 중앙위원회 전원회의가 열렸다. 이 회의에서 상업상 윤공흠이 토론자로 나서서 갑자기 김일성 지도부를 공격했다. 그는 김일성이 당에서 독재를 행한다고 비판하고, 그로 인해 당 간부 정책이 엉망이 되었다고 비판했다. 그는 덧붙여 "인민들은 헐벗고 굶주리며, 집도 없이 토굴 속에서 병마에 시달리고" 있는데도 정부는 이런 처참한 현실을 무시하고 군수공업 중심의 중공업 우선 정책을 펴고 있다고 비판했다. 농업협동화와 개인숭배 문제도 비판했다.

이런 비난이 계속되자 장내는 소란스러워졌다. 윤공흠은 단상에서 끌어내려졌고, 서휘 한 사람만 반대하는 가운데 그를 당에서 쫓아내기로 결정했다. 도전은 실패했다. 당내에서 김일성의 지지기반은 확고했다. 살벌한 회의장을 빠져나온 윤공흠과 서휘, 리필규는 김강과 함께 압록강을 건너 중국으로 망명했다. '반종파투쟁'을 피해 중국으로 도피한 연안계 인물은 1000여 명에 이르렀다. 연안계의 대표자였던 김두봉은 1957년에 최고인민회의 상임위원장직을 잃고 출당되었다. 그는 다음 해에 '반당종파분자'로 지목되어 몰락했으며, 1960년에 사망한 것으로 알려졌다. 숙청 작업은 1958년 3월까지 진행되었다.

8월 전원회의사건으로 소련과 중국을 배후에 두고 있던 소련계와 연안계가 몰락함으로써 김일성의 1인 권력은 더욱 공고해졌다. 북한은 이제 소련과 중국에 당당하게 목소리를 높이게 되었다. 김일성 1인 독재와 자주노선의 본격적인 시작이었다.

『결정집』
8월 전원회의사건에 대한 조선로동당의 결정문이 실려 있다.

8월 전원회의사건 결정문 내용의 일부

최 창익, 윤 공흠, 서 휘, 리 필규, 박 창옥 등 동무들의
종파적 음모 행위에 대하여

(전원 회의 결정 1956년 8월 30~31일)

1956년 8월 30일~31일에 진행된 당 중앙 위원회 8월 전원 회의는 당 중앙 위원회 상무 위원회 위원이며 당 중앙 위원회 위원인 최 창익, 당 중앙 위원회 위원들인 박 창옥, 윤 공흠, 서 휘, 당 중앙 위원회 후보위원인 리 필규 등 동무들의 종파적 음모 행위에 대하여 심의하였다.

최 창익, 윤 공흠, 서 휘, 리 필규 등 동무들은 이미 오래전부터 직위에 대한 불평 불만을 품고 암암리에 그루빠적 행동을 계속하여 오던바 특히 최근 공화국 정부 대표단이 형제 국가들을 방문하여 당과 정부의 중요 지도자들이 없는 틈을 리용하여 당과 정부의 지도부를 반대하는 종파적 음모를 로골적으로 감행하는 길에 들어섰다.

이들은 자기들의 흉악한 음모를 실현하기 위하여 우선 당의 정책을 비난하며 당과 정부의 지도자들을 중상 모해하며 우리 당과 형제적 당들을 리간시키는 각종 요언들을 날조하여 류포시킴으로써 민심을 혼란시키려 하였으며 병원, 휴양소, 사택, 사무실 등에서 빈번한 비밀 회담을 진행하며 자기들의 측근자들과 불순

304

천리마를 탄 기세로

평양시 모란봉 기슭의 만수대에는 천리마 동상이 세워져 있다. '붉은편지'를 높이 든 남자 노동자와 볏단을 안은 여성 농민이 날개를 펼친 천리마를 타고 하늘 높이 날아오르는 형상이다. 사회주의와 공산주의를 하루빨리 건설하려는 인민의 한결같은 의지와 불타는 혁명적 열정을 반영한다고 한다.

천리마는 하루에 천 리를 달린다는 전설 속의 말이다. 이 천리마를 탄 기세로 사회주의 건설에서 생산성을 획기적으로 높이자는 운동이 천리마운동이다. 이 운동은 1956년 12월에 조선로동당 중앙위원회 전원회의에서 처음으로 제기되었다. 전원회의에서는 5개년계획의 첫해인 1957년의 과제와 사회주의 경제 건설을 성공시키기 위한 방법들을 토의했다. 여기서 김일성은 "당 일꾼들이 군중 속에 깊이 들어가 대중의 창발성을 최대한 발동시켜 사회주의 경제 건설을 기한 안에 완수하자"고 힘주어 말했다.

천리마 동상

천리마를 탄 기세로 사회주의 건설에서 생산성을 획기적으로 높이자는 천리마운동은 이후 북한의 모든 대중 동원 운동의 전형이 되었다. 모란봉 기슭의 만수대에 있는 천리마 동상.

당시 북한은 5개년계획을 달성하기 위한 조건을 제대로 갖추고 있지 못했다. 소련은 원조를 줄이기 시작했고, 간섭만 많이 했다. 인민경제 복구발전 3개년계획(1954~1956)은 목표 이상의 성과를 거두기는 했지만 여전히 기간산업의 일부가 전쟁 전 수준을 회복하지 못하고 있었고, 소비재 생산은 낙후한 상황이었다. 그렇지만 북한 정권은 하루빨리 사회주의와 공산주의를 건설하고 싶었다. 믿을 데라고는 인민대중의 힘밖에 없었다. 이들의 힘을 최대한 끌어내야 했다. 그러기 위해서는 당 일군들이 책상에 앉아 지시만 해서는 안 되었다. 직접 근로현장에 가서 노동자와 농민을 지도해 열심히 일하도록 격려할 필요가 있었다. 그래서 시작된 것이 천리마운동이었다.

전원회의 결정에 따라 당과 정부의 간부들이 전국 각지의 주요 공장과 농촌에 직접 파견되었다. 김일성은 강선제강소에 현지지도를 나갔다. 그는 강선

〈천리마 달린다〉 악보와 천리마운동 포스터

천리마운동은 대중에게 혁명의식을 불어넣기 위해 자기희생의 정신과 명예심, 혁명정신을 고양시키는 데 주력했다. "보수주의 소극성을 불사르라"는 천리마 기수의 손짓과 표정이 인상적이다.

제강소의 노동자들을 모아놓고 나라가 처한 어려운 형편과 당의 계획을 알려주면서 전투적으로 생산능력을 향상시키도록 격려했다. 제강소 노동자들은 그의 뜻을 받아들여 6만 톤의 생산능력밖에 안 된다는 상황에서 목표량을 9만 톤으로 잡고 그해에 실제로는 12만 톤을 생산했다. 김책제철소의 노동자들은 1년에 19만 톤 생산능력의 용광로에서 27만 톤의 선철을 생산해냈다. 이런 식으로 공장과 농촌마다 계획을 높이 잡고 노동력을 총동원함으로써 1957년도에는 공업 생산이 한 해 동안에 44퍼센트 성장하고, 농업 생산에서도 대풍작을 이루었다. 이리하여 1957년은 천리마운동이 시작된 역사적인 해가 되었다.

1958년에는 천리마운동이 더 확대되었다. "철과 기계는 공업의 왕이다!", "모든 힘을 100만 정보의 관개면적 확장으로!"라는 구호 등을 내세우며 모든 근로자가 천리마 대진군에 나섰다. 신문에는 온갖 기적과 혁신이 연이어 보도되었다. 설계 도면이나 전문 설비도 없는 상태에서, 수입한 자동차와 트랙터

강선제강소를 현지지도하는 김일성

김일성(맨 오른쪽)은 자신이 직접 근로현장에 찾아가서 정책과 사업을 지도하는 '현지지도'를 통해 주민과 유대를 강화하고 그들의 충성심을 높이는 계기로 삼았다. 김일성이 현지지도한 강선제강소의 사례는 이후 천리마운동의 대표적인 모범 사례로 다른 지역과 현장에 적극적으로 전파되었다.

를 해체해 부속품들을 하나씩 그린 다음 그것을 두들겨 만들었다. 그런 식으로 30일 만에 트랙터를, 40일 동안에 자동차를 만들어냈다. 주택 건설에서도 일대 혁신이 일어났다. 주택을 14분 만에 조립하는 기적이 일어나기도 했는데, 이를 '평양속도'라고 불렀다.

천리마운동에는 '공작기계새끼치기운동'이라는 것도 있었다. 김일성이 현지지도를 할 때 자그마한 공장의 노동자들이 낡은 선반을 가지고 스스로 새로운 공작기계를 만드는 것을 보았다. 감탄한 김일성은 공작기계가 있는 모든

새롭게 건설되는 살림집

1950년대에는 조립식 공법이 도입되어 주택 건설에 혁신이 일어났다. 콘크리트로 만들어진 건물 조각들을 동유럽 등에서 들여온 현대식 기중기로 들어올리고 있다.

곳에서 공작기계를 만들어내는 운동을 대대적으로 벌이도록 했는데, 그것이 '공작기계새끼치기운동'이다. 이 운동으로 1959년 1년 동안에 1만 3000여 대의 공작기계를 계획 이외에 더 생산했다.

1959년에는 천리마작업반운동이 시작되었다. "하나는 전체를 위하여, 전체는 하나를 위하여"라는 구호 아래 작업반에 소속된 근로자들은 공동으로 일하고 배우며 생활했다. 이 운동은 단지 생산뿐만 아니라 문화·사상·도덕 등 노동자들의 모든 생활 영역을 포함하는 집단적 혁신운동이었다. 작업반원들에게는 김일성을 비롯한 공산주의자들이 일본 제국주의를 반대하는 투쟁에서 온갖 난관을 헤쳐나간 혁명의 전통을 계승해 발전시킬 것이 요구되었다.

천리마작업반운동은 대중에게 혁명의식을 불어넣어 자기희생의 정신으로 무장시킨 다음 열심히 일하도록 하는 운동이었다. 대중적인 열정을 끌어내기 위해서 북한 정권이 제일 역점을 둔 것은 도덕적(정치사상적) 자극이었다. 자본주의 사회처럼 금전으로 보상하기 어려운 사회주의 국가인 북한에서는 물질적인 자극보다는 노동자의 명예심과 혁명정신을 끌어내는 방법을 주로 이용했다. 서로 경쟁적으로 열심히 일하도록 하기 위해서 모범적인 근로자들에게는 '천리마기수'의 칭호를 주고, 좋은 성과를 낸 집단에는 '천리마작업반'이라는 명칭을 붙여주었다. 많은 근로자들이 영웅 칭호를 받기도 했다. 물질적인 자극이 전혀 없었던 것은 아니다. 모범적인 근로자들에게는 휴양소에 가는 특혜를 주기도 했다. 목표를 초과 달성한 작업반은 상금이나 상품을 받았다. 또한 로력영웅들은 공장 간부가 되거나

No	족이름	글 씨 체 견 본
1	천리마체	우리 식대로 살아 나가자!
2		우리 식대로 살아 나가자!
3		우리 식대로 살아 나가자!
4		우리 식대로 살아 나가자!
5	청봉체	우리 식대로 살아 나가자!
6		우리 식대로 살아 나가자!
7		우리 식대로 살아 나가자!
8	광명체	우리 식대로 살아 나가자!
9		우리 식대로 살아 나가자!
10		우리 식대로 살아 나가자!
11	새날체	우리 식대로 살아 나가자!
12	붓글체	우리 식대로 살아 나가자!
13	장식체	우리 식대로 살아 나가자!
14	고전체	우리 식대로 살아 나가자!
15	립체체	우리 식대로 살아 나가자!
16	동심체	우리 식대로 살아 나가자!

천리마체와 여러 글꼴들

북한에서 천리마체를 처음에는 고딕체라고 불렀으나 1961년 말다듬기사업을 통해 천리마체로 이름을 바꾸었다.

최고인민회의 대의원이 되기도 하는 등 정치적인 보상을 받기도 했다.

천리마운동은 사회 전체에 파급되어 천리마학교, 천리마직장도 생겨났다. 천리마윤전인쇄기라는 것도 있었다. 천리마조선이라는 이름의 대집단 체조도 공연되었다.

북한 정권은 천리마운동으로 5개년계획을 목표 이상으로 성취했으며, 이로써 사회주의적 공업화의 토대를 마련할 수 있었다. 이 운동은 사회주의를 전면적으로 건설하는 시기인 1960년대에도 계속되었다. 한편 천리마작업반운동은 소련의 스타하노프운동이나 중국의 대약진운동과 닮은 점이 있었다. 사회주의 경쟁운동이었다는 점에서 스타하노프운동과 닮았고, 대중 동원을 중시한 점에서 대약진운동과 유사했다.

사회주의 노동 동원 방식의 비교

	소련 스타하노프운동	북한 천리마작업반운동	중국 대약진운동
시기	1935년 이후	1959년 이후	1958~1961년
의도	제2차 5개년계획 (1933~1937) 달성을 위해	제1차 5개년계획 (1957~1960) 달성을 위해	제2차 5개년계획 (1958~1962) 달성과 인민공사 건설을 위해
방법	개인 경쟁, 물질적 보상 중시	작업반 경쟁, 정치사상적 자극 우선	반관료적, 평균주의적 군중 동원
결과와 영향	일시적 경제성장, 숙련 노동자 중심의 특권적 노동자층 형성	일시적 경제성장, 지배체제 공고화	재해와 소련의 원조 중단으로 실패 (문화대혁명의 배경이 됨)

자료 출처: 『북한개요』, 통일부, 2004, 223쪽

인민에게 호소하는 여러 가지 구호

"가는 길 험난해도 웃으며 가자." 고난의 행군 시기에 북한을 방문하는 사람들이 보았던 구호 중 하나이다. 북한은 '구호의 나라'라고 할 만하다. 어느 때나, 어디를 가나 각종 구호가 넘쳐난다. 당과 정부가 일단 계획을 세우면 이를 달성하는 데 일로매진하도록 새로운 구호가 나온다. 구호들은 특히 각종 노동력 경쟁 운동과 관련해 많이 제시된다.

1956년 말부터 시작된 천리마운동에서는 "하나는 전체를 위하여, 전체는 하나를 위하여"라는 구호 아래 인민대중을 일치 단결시켰고, "천리마를 탄 기세로 달리자"라고 호소하면서 경제 건설의 속도를 다그쳤다. 이때의 경이적인 경제 건설 속도를 '천리마속도'라고 부른다.

1958년에는 평양시 건설 과정에서 14~16분에 한 채씩 주택을 조립해내어 '평양속도'라는 말을 만들어냈다. 주택 자재들을 규격화해 조립하는 새 건설 공법을 도입한 덕분이었다.

1961년에는 '비날론속도'라는 용어가 만들어졌다. 인민군을 비롯한 노동자들은 "모든 것을 비날론공장에로!"라는 구호 아래 8·28돌격대, 백두산돌격대 등 200여 개의 돌격대를 조직해 건설전투를 벌였다. 노동자들은 하룻밤 사이에 1만 세제곱미터가 넘는 흙을 파헤쳐 기초를 쌓고, 500~600세제곱미터의 콘크리트를 다져넣었으며, 10여만 대의 벽돌을 쌓아올렸다. 이리하여 1년 남짓한 기간에 2·8비날론공장을 건설할 수 있었다. 1974년부터는 '속도전'이라는 용어가 아예 사회주의 노력경쟁을 위한 공식 구호로 채택되었다.

그 외에도 충성의사회주의경쟁운동(1975), 3대혁명붉은기쟁취운동(1975), 100일전투(1978), 숨은영웅모범따라배우기운동(1979), 새기준새기록창조운동(1981), 4대자연개조사업운동(1981), 80년대속도창조운동(1982), 공작기계새끼치기운동(1958, 1985), 청년봉화상쟁취운동(1987), 90년대속도창조운동(1990), 우리식사회주의총진군속도창조운동(1993) 등 당과 국가에 대한 충성과 노동력 경쟁을 배가하기 위한 각종 운동이 전개되고 있다.

모두다 제2의 천리마대진군에로!

알곡생산목표를 기어이 점령하자!

주체성과 민족성을 견결히 고수하자!

단결의 정치를 빛나게 구현해 나가자!

305

수도 평양의 재건과 전후 복구 시기의 문화

북한에서 1953년부터 1960년까지는 전후 복구 건설 및 사회주의 기초 건설 시기에 해당한다. 이 시기에 북한 정부는 모든 정책의 초점을 전쟁으로 폐허가 된 도시와 농촌을 복구하고 사회주의의 토대를 건설하는 데 맞추었다.

전후 복구사업을 할 때 가장 많은 노력을 기울인 곳은 수도 평양이었다. 김일성은 전쟁 초기에 이미 평양시를 복구하기 위한 건설 계획을 세우도록 지시했다. 모스크바 건축아카데미를 졸업한 김정희가 1951년 초에 평양시 복구건설 총계획도를 마련했다. 1953년에 내각의 결정에 따라 평양시는 본격적으로 재건되기 시작했다. 재건의 방향은 평양의 오랜 역사문화를 존중하되 합리적이고 계획적인 도시로 탈바꿈시키는 것이었다. 대동강을 도시의 축으로 삼아 땅의 높낮이에 어울리게 건물들을 배치하고 김일성광장을 남산 동쪽

일요일의 무도회

1950년대 중반, 원산의 한 가로수 길에서 장구와 아코디언 연주에 맞추어 주민들이 춤추고 있다.

기슭에 건설했다. 해방 직후 스탈린거리로 불렸던 승리거리도 새롭게 정비되었다.

건설사업에는 건설 기술자들만이 아니라 정무원(공무원)과 학생, 시민, 그리고 군인들이 동원되었다. 그들은 "피로 지켜낸 영웅도시 평양을 땀으로 복구 재건하자", "우리의 수도를 더 아름답게 더 빨리 건설하자"라는 구호 아래 복구에 나섰다.

평양시 외에 청진, 함흥, 원산, 사리원, 강계, 남포, 해주, 개성 등 지방 도시들도 점차 복구되었다. 지방 도시들은 자연 기후 조건에 맞게 현대화하되 지방 자재들을 적극 동원한다는 원칙 아래 건설되었다. 도시복구 건설사업에는 소련과 동유럽 사회주의 국가들에서 온 기술자들의 도움이 컸다.

이 시기에 세워진 대표적인 사회주의 건축양식으로는 평양역사, 모란봉극장, 국제여관, 종합청사 1호·2호, 대동문화영화관 등을 꼽을 수 있다. 이 시기 건축의 기본 방향은 민족적 형식과 사회주의적 내용을 결합하는 것이었다. 1960년에 지어진 평양대극장과 옥류관은 전통양식을 현대건축에 적용해 독특한 우리식 민족건축을 구현한 건물로 널리 알려져 있다. 이 시기의 기념물

평양 복구에 총동원된 북한 인민들

전후 복구사업에는 건설 기술자뿐 아니라 학생, 부녀자, 군인 등 모든 평양 시민이 동원되었다.

평양시 복구 건설 총계획도

김일성과 북한 정권은 폐허가 된 평양을 완전히 바꾸어 새로운 사회주의공화국의 자랑이 될 도시로 만들기로 결정했다.

로는 조국해방전쟁승리기념탑 등이 있다. 1959년에는 만수대창작사의 전신인 조각창작단이 창립되는 등 종합적인 조각창작사업이 이루어지게 된다. 인민열사탑(1959), 천리마 동상(1961), 우의탑(1959) 등은 종합적인 조각창작사업의 산물이다.

전쟁의 상처를 딛고 복구 건설이 진행되면서 인민들의 생활은 점차 나아지게 되었다. 도시에는 고층 아파트가 건설되기 시작했다. 조립식 건축 방법도 이때 처음 도입되었다. 도시에 비해 농촌의 살림집 개선 작업은 늦어졌다. 부

개발의 뒷골목

뒤편으로 보이는 로동당 건물은 근사한 모습으로 들어섰지만 인민들의 살림살이가 혁명적으로 나아진 것은 아니었다. 동독 기술자 레셀이 찍은 사진은 전후 복구 시기의 명암을 상징적으로 보여주고 있다.

분적으로 문화주택이 들어서기는 했으나 대부분 재래식 살림집이었다.

전쟁 직후 인민들의 의복 사정은 형편없었다. 떨어진 군복이나 낡은 베잠방이를 걸친 남자들, 조선옷을 질끈 동여맨 여자들, 몸빼같이 생긴 작업복을 남녀 구분 없이 입은 모습들을 흔히 볼 수 있었다. 당시 여자의 의복은 흰 저고리에 검은 통치마가 일반적이고, 남자는 인민복이 평상복이었다. 이런 의복은 배급제로 공급되었기 때문에 군중 속에서는 얼굴을 맞대고 나서야 서로 알아볼 수 있을 정도로 옷차림이 비슷했다고 한다. 1950년대 후반부터 평양과 신의주에 세워진 방직공장에서 옷감이 대량 생산되면서 인민들의 의복 형편이 조금씩 나아지기는 했지만, 전반적인 의생활의 개선은 1960년대를 기다려야 했다.

학교도 많이 건설해 1955년에는 학교와 학생 수에서 전쟁 전인 1949년 수준을 넘어서게 되었다. 1956년에는 초등의무교육제를, 1958년에는 중등의무교육제를 전반적으로 실시했다. 1959년에는 대학교를 포함한 모든 교육기관에서 수업료가 없어졌다. 전쟁으로 훼손되었던 김일성종합대학과 김책공업대

계획 도시 평양의 설계자 김정희 (1921~1975)

오늘날 평양은 중심부를 흐르는 대동강과 지류인 보통강, 모란봉의 푸른 숲, 역사 유물과 현대건축이 어우러진 독특한 경관을 지니고 있다. 역사적인 배경과 지리적인 환경을 살리면서 그 위에 사회주의와 주체사상의 이념을 구현해놓은 것이다. 계획도시 평양은 전쟁의 폐허 속에서 사회주의 낙원을 건설하고자 했던 김일성의 집념과 건축가 김정희의 능력이 결합해 이루어졌다. 1921년에 지주의 아들로 태어난 김정희는 오산중학교를 졸업하고 일본에서 건축학을 공부했다. 해방 후 조선건축가동맹을 조직하는 데 앞장선 그는 김일성의 배려로 모스크바 건축아카데미로 유학을 떠날 수 있었다. 그는 전쟁이 일어나자 돌아와 평양시 복구건설계획을 떠맡았다. 김정희는 1960년대 중반까지 북한 건축계를 이끌었으며, 평안남도 안주시의 도시 설계를 하기도 했다.

여성 우편집배원

당시 여성들이 입던 옷은 주로 '조선옷'이라고 불리는 흰 저고리에 검은 통치마였다. 사진은 동독인 레셀이 촬영한 여성 우편집배원들의 모습이다. 외국인의 촬영에 수줍게 웃는 모습이 순박하다.

학을 비롯한 15개의 대학이 복구되었으며, 평양건설대학과 강계수의축산대학, 송도정치경제대학 등 여러 대학이 신설되었다. 기술전문학교와 고등기술전문학교들도 복구, 신설되었다. 1960년에는 대규모의 공장과 기업소가 있는 곳에 공장대학을 세웠다.

한편 북한 정부는 과학 기술자들을 우대하고 농업과학연구원과 의학과학연구원 등 과학 연구 기관들을 세워 과학기술의 발전을 위해 노력했다.

이 시기에 문학예술인에게는 파괴된 문학예술 기관들을 빨리 정비하고 사회주의적 사실주의 작품들을 많이 창작하라는 요구가 있었다. 사회주의적 사실주의를 실현하는 방법으로 강조된 것은 '모범과 전형'을 창조하는 것이었다. 이것은 곤란을 극복하고 애국적 헌신성을 발휘하는 모범적이고 전형적인 근로인민들을 주인공으로 해 작품들을 창작하는 작업이었다. 근로자들이 이 작품들을 접한 뒤에 더욱 열심히 전후 복구와 사회주의 기초 건설에 나서도록 자극하기 위함이었다.

문학예술인들은 교조주의와 사대주의, 민족 허무주의적 경향을 극복하고 주체를 세우기 위한 투쟁, 부르주아적이거나 종파주의적 경향을 청산하기 위한 투쟁 등에도 나서야 했다. 그것은 이 시기 남로당 계열 등과의 권력투쟁과도 연관성이 있었다. 한편 작가와 예술인들은 역사와 문화 전통에 대한 학습을 강화하고 민족 문화유산의 계승과 역사물 창작에도 많은 힘을 기울여야 했다.

사회주의적 사실주의에 입각하여 모범과 전형을 창조한 대표적인 작품으로는 예술영화 〈산매〉·〈진실한 사람들〉·〈행복의 길〉, 장편소설 『석개울의 새봄』·『시련 속에서』·『용광로는 숨쉰다』, 서정시 「새들은 숲으로 간다」·「등불」·「열두삼천리벌의 새 노래」·「천리마로!」, 연극 〈위대한 힘〉·〈새길〉, 가요 〈복구건설의 노래〉·〈우리는 천리마 타고 달린다〉, 군무 〈쇠물은 흐른다〉 등이 있다.

평양 시내 영화관

사진 속의 왼쪽 영화 간판의 작품은 〈민족과 운명〉인데, 총 47부작으로 1992년에서 1997년까지 제작되었다. 탈북자들이 뽑은 북한 영화 베스트 2위의 작품이다.

간고한 분초를 밤 없이 이어
거대한 자연의 항거를 정복한 우리
암벽을 까내며 꿈속에 부린 땀이
씻기고 씻기여 강물에 풀려
격류하는 흐름 소리……
저것이 바로 천 년을 메말랐던
광활한 뻘이 몸부림치는 소리
새날을 호흡하며 전변하는 소리다.

위의 시는 이용악의 『평남관개시초』라는 시집에 실린 연작시의 일부이다. 대규모의 관개공사를 소재로 한 시로서 '역사적인 자연 개조를 이룩한 농민들의 감격과 감사, 생활의 열정을 토로한 작품'으로 북한 시문학사에서 높이 평가된다.

항일무장투쟁의 전통을 찬양하는 작품들도 이 시기에 많이 나왔는데, 소설 『혁명가의 집』, 서정시 「백양나무」·「위대한 숨결이 살아 있는 곳에서」·「세 유격대원의 이야기」, 예술영화 〈밀림아 이야기하라〉·〈준령을 넘어서〉, 연극 〈백두산은 어디서나 보인다〉·〈불사조〉·〈조국의 아들〉, 가극 〈조선의 어머니〉, 가요 〈영광의 땅 보천보〉 등이 있다.

한편 인민들의 영웅적 투쟁을 형상화하거나 역사적 소재를 다루는 등 다양한 주제의 작품들이 함께 창작되었다. 이기영의 『두만강』(1954~1961)은 19세기 말부터 1930년대 초의 항일무장투쟁에 이르기까지 민족해방운동의 과정을 형상화한 장편소설로서 북한의 첫손가락에 꼽히는 역사소설로 평가되고 있다. 이 작품은 서민들의 생활을 풍부하게 묘사하고 생생한 언어로 표현한 점에서 특히 돋보인다. 6·25전쟁을 배경으로 한 한설야의 『대동강』과 황건의 『개마고원』도 주목되며, 그 외에도 예술영화 〈다시는 그렇게 살 수 없다〉, 연극 〈분노의 화산은 터졌다〉·〈리순신 장군〉 등이 창작되었다.

혁명연극 〈성황당〉

1978년에 국립연극단에 의해 시연된 이 연극은 미신을 혁파하고 '자신의 운명은 자신이 개척하는 것'이라는 주체사상의 내용을 형상화한 것이다.

1950년대 북한의 베스트셀러는?

사회주의를 건설하던 1950년대에 북에서 가장 많이 찍어낸 책은 무엇일까? 사회주의 조국인 소련의 지도자 레닌이나 스탈린의 저작일까? 아니면 북의 지도자 김일성의 어록일까?

1963년에 출판인쇄과학연구소는 해방 이후부터 1960년까지 출판된 도서목록을 조사하여 『조선민주주의인민공화국 도서목록 1945~1960』을 출간했다. 전쟁으로 많은 책들이 사라졌고 숙청된 인물들의 책은 배제되었을 터이므로 완벽한 목록이라고는 할 수 없다. 그렇지만 평양의 국립중앙도서관과 국가 서고에 보존되어 있는 도서들과 잡지들을 일일이 확인해 작성한 목록집이어서 1960년 이전의 출판 사정을 잘 알 수 있는 귀한 목록이다.

이 목록에 따르면, 『레닌, 웨. 이. 전집(V. I. Lenin: sochinenia)』은 분책 형태로 최고 5만 부에서 최하 1만 2000부가 출판되었다. 스탈린의 저작도 종류에 따라 최고 5만 부에서 최하 7000부를 찍어냈다. 하지만 김일성의 저작이 더 많이 출판되었다. 『김일성 선집』은 1953년에 2, 3, 4권이 각각 5만 부씩 출판되었고, 그다음 해에 1권부터 4권까지 각각 5만 부가 다시 나왔다. 작은 책자이지만 김일성의 『공산주의 교양에 대해』는 1958년과 1960년에 각각 30만 부와 50만 부가 출판되었다. 총 80만 부라고 하면 거의 베스트셀러 후보에 오를 만하다.

그런데 이 목록에는 그보다 더 많이 찍힌 책 이름이 나온다. 다름 아닌 교과서의 하나인 『위생 독본』이다. 이 책의 인민학교용은 1958년에 초판이 100만 9000부가 출판되었고, 그 뒤에도 재판이 나와 총 211만 6000부가 나왔다. 초급중학교용은 1959년과 1960년에 85만 4000부가 출판되었다. 두 종류를 합하면 총 297만 부다.

1950년대의 사회주의 건설에서 '이념'이나 '지도자'도 중요했지만 근대적 '위생' 역시 참으로 중시되었음을 확인할 수 있는 사례다.

1950년대의 소설책들

1950년대에는 사회주의적 사실주의에 입각하여 많은 작품들이 출판되었다. 사진은 대표적인 장편소설 『석개울의 새봄』(왼쪽, 1959년 작. 표지는 1979년 판)과 중편소설 『첫 수확』의 표지.

| 최승희 탄생 100주년 |

북으로 간 한국 최초의 무용가

2011년 11월 24일, 남과 북에서 동시에 한 인물의 탄생 100주년을 기념하는 행사가 성대하게 열렸다. 남에서는 학술토론회와 연주회가 열리고 그의 생전 모습을 담은 영상이 공개되었다. 북에서는 평양대극장에서 사흘간 그를 기념하는 행사가 계속되었다. 도대체 누구기에 이토록 놀라운 대접을, 어느 한 쪽도 아닌 남북 양쪽에서 받았을까? 그는 이순신 같은 민족의 영웅도, 김구나 안중근 같은 민족운동가도 아니며, 더욱이 남성이 아니었다. 늘씬하고 강인한 눈빛을 발하는 한 여성, 최승희라는 무용가다.

본인의 대표적 레퍼토리인 보살춤 복장을 한 최승희.

춤이라면 기생이나 추는 천한 것이라는 생각이 일반적이던 1920년대의 식민지 조선. 지금의 서울인 경성에 일본에서 이름을 날리던 이시이 바쿠 무용단이 찾아와 공연을 했다. 그리고 그 공연을 넋을 잃고 바라보던 한 소녀가 있었다. 숙명여학교 학생이던 열여섯 살의 최승희였다. 오빠의 도움으로 최승희는 이시이 바쿠를 따라 도쿄에 가서 그의 연구생이 되었다. 이시이는 무용이란 단지 기교와 형식만으로 되는 것이 아니라 인간의 사상과 감정을 표현하는 것임을 가르쳤다. 이시이는 매년 경성에서 공연을 하면서 최승희를 무대에 세워 그녀가 스타가 될 수 있게 배려했다. 이시이 다음으로 그의 성공을 도운 인물은 남편 안막(본명은 안필승)이다. 문학청년이던 안막은 평생의 동반자이자 기획자로서 최승희가 조선의 민족의식과 정서를 담은 무용을 창작하고 세계적인 무용가가 될 수 있도록 온갖 뒷바라지를 해주었다.

1934년 가을에 도쿄에서 열린 그의 첫 단독 무용발표회는 대성공을 거두었다. 특히 〈검무〉, 〈에헤야 노아라〉, 〈승무〉 등 조선 무용은 일본의 예술인들에게 큰 반향을 일으켰다. 가와바타 야스나리는 일본의 서양 무용가에게 민족의 전통에 뿌리박으라는 강한 가르침을 그의 조선 무용에서 확인할 수 있다고 강조하면서, "그녀의 머리, 그녀의 가슴, 그리고 그녀의 혈관과 춤 속에 어느 때나 충만된 민족애야말로 조선 속에 가장 찬양해야 할 것"이라고 높이 평가했다. 최승희는 일본에서의 성공에 멈추지 않고 1938년부터 1940년까지 3년간 미국과 프랑스, 스위스, 이탈리아 등 유럽을 거쳐 브라질 등 남아메리카에까지 가서 공연을 하며 세계적으로 주목 받는 동양의 무희가 되었다. 그러나 세계 순회를 마치고 돌아온 최승희를 맞은 것은 화려한 스포트라이트만이 아니었다. 침략과 전쟁의 광기가 그를 기다리고 있었다.

대동아공영권을 외치며 아시아 전역을 침략해간 일본 군국주의 앞에서 최승희는 더 이상 민족무용을 강조할 수 없었다. 그가 택한 길은 군국주의를 노골적으로 찬양하는 무용을 피하면서도, 조선과 일본과 중국 등 동양을 하나로 묶어내는 '동양 무용'을 추구함으로써 일본의 대동아공영권의 주장에 겉으로 동조하는 모습을 보여주는 것이었다. 그러나 황군 위문공연에 참여한 경력은 두고두고 그에게 친일의 오점으로 남았다.

상해에서 황군 위문공연을 하다가 일본의 패망을 맞은 최승희는 조국으로 돌아가 자신의 민족무용을 한껏 펼쳐야겠다는 꿈에 부풀었다. 그러나 인천에 돌아온 그를 맞는 조국의 시선은 차가웠다. 친일 경력이 그의 발목을 잡았다. 그래도 최승희는 당당했다. 그는 일본군 위문공연을 했음을 인정하면서도, 일제가 민족의 정신과 전통을 빼앗으려 할 때 자신은 조선의 옷을 입고 조선 음악으로 조선의 형과 선과 색을 창조해왔으며, 이제 해방된 조선 예술의 기수의 한 사람으로서 세계 예술사에 찬란

최승희는 당시 167센티미터의 늘씬한 키와 세련된 단발머리로 신여성의 상징과도 같았다.

한 한 페이지를 차지하도록 노력하겠다고 포부를 밝혔다. 그 꿈을 펼치고 싶었던 공간은 해방 조국의 중심인 서울이었다.

그러나 서울은 극도로 혼란스러웠다. 이때 연안 독립동맹과 손을 잡고 평양으로 들어갔던 안막이 돌아와 그에게 평양으로 가자고 설득했다. 평양에 가면 원하는 모든 것을 지원받을 수 있다는 남편의 거듭되는 종용에 그의 마음은 흔들렸고, 내키지 않아하면서도 남편을 믿고 결국 북행을 선택했다.

공연 예술에 관심이 많았던 김일성은 최승희를 기쁘게 맞이하고 전폭적인 지원을 약속했다. 1946년 8월, 최승희는 대동강변에 자신의 이름을 건 '최승희 무용연구소'를 열었다. 그는 연구소를 운영하면서 공연 수입의 상당부분을 연구생 장학금과 간부들의 봉급, 연구소 운영비로 쓸 수 있는 특혜를 받았다. 최승희 무용연구소는 북한의 주요한 공연 예술에 빠지지 않고 출연했고, 북한 무용계를 완전히 장악했다. 이북의 무용계에서 최승희는 여왕이나 다름없었다. 그는 〈해방의 노래〉, 〈춘향전〉, 〈반야월성곡〉, 〈노사공〉 등 민족의식과 사회의식을 결합한 창작무용을 선보였다.

1950년에 전쟁이 일어난 뒤에도 그의 활동은 계속되었다. 중국으로 피신한 그는 중국의 고전무용을 체계화하는 데에도 공을 세웠다. 종전 이후에도 최승희는 승승장구했다. 최승희 무용연구소는 국립으로 승격되었으며, 1955년에는 최승희 무용생활 30주년을 기념하는 공연이 열렸다. 다음 해에는 그의 작품 〈사도성의 이야기〉가 천연색 영화로 제작되었다. 1957년에는 제일급 국가 훈장을 받았으며, 1958년에는 『조선민족무용기본』이라는 책을 출간했다. 그러나 그의 화려한 경력은 여기까지였다.

그해에 남편 안막이 반당종파분자로 체포되고, 국립 최승희 무용연구소는 국립 예술대학 무용학부로 개편되었다. 김일성은 '무용 대가'라고 자처하는 한 예술인이 잘난 체하며 교만하게 행동한다고 비판했다. 최승희를 대놓고

러시아 상트페테르부르크 박물관에서 발견된 최승희의 사진. 월북 직후 무용 강습을 하는 모습이다.

최승희의 무용 교과서.

한 이야기였다. 다만 최승희는 남편과 달리 정치에 거리를 두고 있던 터라 바로 숙청되지는 않았다. 그의 나이 쉰여섯 살이 되는 1966년까지도 그의 활동은 간간이 지속되었다.

그렇게 건재하던 최승희도 북한 사회 전체가 주체사상과 유일체제로 재편되는 1967년의 고비를 넘기지는 못했다. 〈피바다〉처럼 노래와 춤을 섞은 가극무용이 주체예술로서 높이 부각되는 반면, 최승희 식의 무용극은 조선 인민의 정서에 맞지 않는 것으로 평가 절하되었다. 최승희는 역사의 뒤편으로 조용히 사라졌다.

잊힌 최승희가 이북에서 다시 주목 받게 된 것은 1995년에 발간된 김일성 회고록 『세기와 더불어』 제5권에 그의 이름이 나오면서부터다. 이 책에서 김일성은 최승희에 대해 1930년대에 조선 민족무용의 현대화에 기여했으며, 현재 조선 민족무용의 기틀을 만드는 데 기여한 인물로 높이 평가했다. 한때 최승희를 전폭 지원했던 김일성이 죽음을 앞두고 다시 한 번 그를 배려해준 셈이다. 2003년에 최승희는 완전 복권되어 애국열사릉에 묘비가 세워졌다. 묘비에는 아래와 같이 적혀 있다.

최승희녀사
무용가동맹 중앙위원회
위원장, 인민배우
1911년 11월 24일생
1969년 8월 8일 서거

1930년대에 서구의 현대무용과 조선의 민족무용을 접합해 독창적인 예술세계를 창조하며 세계적인 무용가가 되었던 최승희. 그는 이제 남과 북의 무용이 서로 만나 언젠가 만들어낼 21세기 코리아 무용의 표상으로서 서서히 주목 받고 있다.

4

주체의 시대

평양 조국해방전쟁승리기념관 벽화의 일부

1961–1970

"사상에서의 주체, 정치에서의 자주, 경제에서의 자립, 국방에서의 자위"
김일성이 요약한 주체사상의 핵심으로,
주체사상은 점차 북한 사회의 지배적 가치와 사상으로 자리 잡아갔다.
본격적인 주체의 시대, 수령의 시대가 시작된 것이다.

1961-1970 제1차 7개년계획(계획 기간 3년 연장)		
1961	4월	대안의 사업체계 채택
	9월	조선로동당 제4차 대회: 사회주의의 전면적 건설 선언
	5월 16일	(남측) 5·16군사정변
1962	12월	4대 군사노선 채택
1964	2월	사회주의 농촌문제에 관한 테제 발표
1965	6월	(남측) 한일 수교
	10월	(남측) 베트남 전투부대 파병
1966	4월	농업현물세제 폐지
	10월	조선로동당 제2차 대표자대회: 반제반미 투쟁노선 등 확인
1967	5월	조선로동당 중앙위원회 제4기 제15차 전원회의: 김일성 권력 절대화, 유일사상 체계 돌입
1968	1월	북한 무장부대 청와대 습격(1·21사건) 미 해군 첩보선 푸에블로호 나포
	8월	(남측) 통일혁명당사건
1969	9월	(남측) 3선 개헌안 통과

주체사상

김일성은 1967년 12월 최고인민회의 제4기 1차 회의에서 공화국 10대 정강을 발표하며 "주체사상을 모든 부문에 훌륭하게 구현"할 것을 제1조항으로 내세웠다. 주체사상이 국가 활동의 지도사상으로 공포된 것이다.

수령, 수령, 수령

1960년대 후반을 거치면서 북한 사회는 주체사상과 '수령'의 지도 아래 획일화되었고, 그 과정에서 전개된 권력투쟁 속에서 김일성과 김정일의 권위는 더욱 강화되어갔다.

김종태

북한의 '남조선혁명론'이 남쪽에 파급되면서, 남로당 이후 남쪽에서는 처음으로 지하 혁명조직인 통일혁명당이 발족했다. 남한의 중앙정보부에 의해 통일혁명당이 와해되고 서울시 당 위원장이던 김종태가 사형을 당하게 되자, 북한은 김종태에게 공화국영웅 칭호를 수여하고 대규모 추모집회를 열었다.

청와대 기습사건

청와대를 습격하려 침투한 북한 특수부대원들의 존재가 발각되었다. 1968년 1월 21일 세검정 고개에서 교전을 벌였던 이들은 생포된 김신조와 도주한 네 명을 제외하고 모두 사살되었는데, 이 사건은 영화 〈실미도〉에 등장하는 684부대가 창설되는 계기가 되었다.

401

인민의 열성을 바탕으로 발전을 모색하다

1961년 9월 11일에 평양에서는 조선로동당 제4차 대회가 열렸다. 참석자들의 얼굴에는 자신감이 배어 있었다. 1950년대에 허리띠를 졸라맨 결과 폐허나 다름없던 경제는 복구되었고, 사회주의 경제의 기초가 마련되었으며, 3개년과 5개년계획 모두 목표를 달성했다. 권력투쟁도 마무리되어 이제 김일성 수상에게 도전할 세력은 찾아볼 수 없게 되었다. 반면에 남한에서는 4·19혁명에서 5·16군사정변으로 이어지는 혼란이 계속되고 있었다.

자신감 넘치는 김일성은 사회주의 기초 건설이 완수되었음을 선언하고 이제부터는 사회주의의 전면적인 건설을 위해 노력해야 한다고 강조했다. 그는 경제발전을 위한 7개년계획을 제시했다. 사회주의 공업화를 실현하고, 경제

교육을 받는 북한 노동자들

사회주의 기초 건설을 넘어 전면적인 사회주의 국가 건설을 목표로 잡은 북한은 노동자들 대한 지도관리 방식을 혁신해야 한다고 판단했다. 다양한 모색 끝에 북한 정부는 혁신의 방안으로 '청산리정신'을 제시했는데, 이 혁신의 목적은 관리자가 군중의 이익을 위해 일하며 군중을 교양 개조해 공산주의 사회까지 끌고 가는 것이었다.

의 모든 부문을 현대화하며, 생활수준을 획기적으로 높일 것을 목표로 한 계획이었다. 공업 생산액의 연평균 성장률을 18퍼센트로 잡고, 알곡 총생산량은 계획이 끝나는 1967년에 600~700만 톤에 달하도록 하는 야심 찬 계획이었다. 그의 자신감은 남북문제에서도 드러났다. 그는 5·16군사정변을 비난하면서 남조선혁명과 조국 통일을 위한 투쟁 방침을 제시했다.

이 일들을 완수하기 위해서는 당 중앙위원회를 중심으로 모든 당원이 일치단결해야 한다고 주장했다. 당 중앙위원회는 거의 대부분 항일무장투쟁 관련자들이 장악했다. 대회 마지막 날인 9월 18일에 소집된 당 중앙위원회 전원회의에서 위원장에 김일성, 부위원장에 최용건·김일·박금철·김창만·이효순 등이 선출되었다. 김창만만이 항일유격대 출신이 아니었는데, 그는 연안 독립동맹 계열이면서도 김일성에게 일찍이 충성을 약속한 사람이었다. 김일성은 자신과 생사고락을 같이했던 항일유격대 출신들을 중심으로 당 중앙위원회를 꾸리고, 이를 구심점으로 해서 안으로는 사회주의를 전면적으로 건설하고

조선로동당 제4차 대회의 김일성

김일성은 1950년대 경제 복구의 성과를 바탕으로, 1961년 조선로동당 제4차 대회에서 사회주의의 전면적인 건설과 경제발전을 위한 7개년계획을 제시했다.

청산리에 간 김일성

김일성은 1960년 2월에 평안남도 강서군(현 남포특급시 강서구역) 청산리협동농장에서 현지지도를 한 후 로동당 사업의 기본 자세와 방법을 담은 청산리정신과 청산리방법을 제시했다.

밖으로는 남조선혁명을 지원해 조국 통일을 달성하고자 한 것이다.

사회주의 기초 건설을 마무리하고 새롭게 사회주의의 전면적 건설에 나서는 시점에 북한에서는 근로자들에 대한 지도관리 방식에 중요한 변화가 있었다. 경제발전을 위해서는 이 부분을 개혁할 필요성을 느끼게 되었던 것이다. 비록 목표는 달성되고 있었지만, 당과 국가, 그리고 경제기관들의 사업체계와 사업방식은 낡은 틀에서 벗어나지 못하고 있었고, 근로자들을 지도관리하는 수준도 형편없었기 때문이다.

1960년 2월에 청산리라는 마을로 내려간 김일성은 농민들과 침식을 같이 하면서 농촌 실정을 파악한 다음, '청산리정신'과 '청산리방법'을 제시했다. 북한 정부는 전쟁의 폐허 위에서 인민대중의 힘만 믿고 사회주의를 건설할 수밖에 없었다. 여기서 군중(대중)을 믿고 군중에 의지해서 그들의 지혜와 창조

청산리 민주선전실

1980년 2월에 제정된 조선로동당의 규약에 "조선로동당은 항일유격대식 사업방법, 청산리정신 및 청산리방법을 철저히 관철한다"는 문안이 명시될 정도로 청산리정신과 청산리방법은 북한의 대표적인 대중운동 방식이다. 사진의 청산리 민주선전실은 김일성이 청산리 당총회를 개최한 곳이다.

력을 최대한 동원해내는 혁명적 군중노선이란 것이 나왔고, 이 노선을 사회주의 건설의 현실에 맞추어 제시한 정신이 청산리정신이었다. 이 정신의 기본은 관리자가 군중 위에 군림하는 것이 아니라, 군중의 이익을 위해 일하며 군중을 교양 개조해 공산주의 사회까지 끌고 가는 데 있었다. 그리고 청산리방법은 위 기관이 아래 기관을 도와주고 윗사람이 아랫사람을 도와주며, 늘 현지에 내려가 실정을 깊이 알아보고 문제 해결의 방법을 찾으며, 사업을 할 때 정치사업과 사람과의 사업을 앞세우고 대중의 열성을 끌어내는 것을 기본으로 했다. 청산리정신과 청산리방법은 단순한 경제관리 방식이 아니라 당사업의 기본 방법과 자세를 제시한 것이었다.

구체적으로 공업 부문을 관리하는 방식으로는

옥쌀이란?

북한에서는 쌀보다 강냉이를 주식으로 한다. 옥쌀이란 강냉이 가루를 기본 원료로 해 밀가루 등 여러 가지 낟알 가루를 섞어 쌀 모양으로 만든 것을 말한다. 1967년경부터 생산되기 시작하여 1969년에 널리 보급되었다. 강냉이 등 낟알 가루에다 물(40~50도)을 축여 물기가 28~36퍼센트가 되도록 한 뒤 익힌다. 그 후 50~60퍼센트 정도 익었을 때 성형기로 압출 성형하면 쌀 모양의 옥쌀이 만들어진다.

'대안의 사업체계'가 채택되었다. 1961년 12월에 김일성은 대안전기공장에 머물면서 공장 운영과 노동자들의 형편을 살핀 다음 '대안의 사업체계'를 제시했다. 예전에는 지배인 한 명이 공장 운영 전체를 책임지는 지배인유일관리제로 공장을 운영했는데, 이를 폐지하고 그 대신 당 위원회가 집단지도를 하게 한 것이다. 이것은 모든 사업을 당 위원회의 지도에 따라 진행하고 정치사업을 앞세우며 위가 아래를 책임지고 도와주는 경제관리 체계다. 농업 부문의 관리 방식으로는 군 협동농장 경영위원회를 설치했다. 예전에는 군 인민위원회가 협동조합들을 행정적으로만 지도했는데, 이제는 그와 별도로 전문적인 농업 지도기관이 필요하여 군 단위로 협동농장 경영위원회를 설치한 것이다. 그 위에는 도 농촌경리위원회를 두었고, 농업 전체를 지도하는 기관으로는 농업위원회를 두었다. 1964년에는 국가계획위원회가 경제계획 전체를 책임지도록 하여 계획의 통일성을 꾀했다.

이처럼 일사불란한 체계를 갖추었으니 야심 찬 7개년계획은 충분히 실현

대안전기공장

김일성은 1961년에 대안전기공장에 머물며 '대안의 사업체계'라는 것을 제시한다. 김일성은 이를 '공장, 기업소들이 당 위원회의 집체적 지도 밑에 모든 경영 활동을 진행하며 정치사업을 앞세우는' 경제관리 체계라고 설명했다.

니탄이란?

북한은 에너지원의 70퍼센트 이상을 차지하는 석탄을 가능한 한 공업용으로 돌리고 가정의 연료난을 해결하기 위해 니탄(泥炭)을 널리 보급하고 있다. 니탄은 늪이나 진펄에서 자라던 식물이 땅속에 묻힌 다음 탄화작용으로 생기는 것으로서 토탄이라고도 한다. 평안남도의 평원·숙천·온천, 평안북도의 룡천, 황해남도의 배천, 함경북도의 길주 등 동·서해안 일대에 널리 분포되어 있어 개발이 쉽다는 장점이 있다. 그러나 수분 함유량이 높아 수분을 제거하는 것이 가장 큰 문제다.

되리라 기대했다. 1961~1962년에는 그 꿈이 실제로 이루어지는 것으로 여길 만한 성과가 나타났다. 1962년 신년사에서 김일성은 그해에 여섯 개 고지를 점령하라고 주문했다. 알곡 500만 톤, 직물 2억 5000만 미터, 수산물 80만 톤, 주택 20만 세대, 강철 12만 톤, 석탄 1500만 톤이라는 여섯 개의 목표를 달성하라는 것이었다. 이를 위해 60일전투, 120일전투 등 군사작전을 방불케 하는 생산운동이 전개되었다.

북한 정부는 이 모든 목표가 달성되었다고 발표했다. 알곡 생산의 경우, 실제로는 400만 톤 정도 생산한 것으로 판단되지만, 많은 부문에서 목표치에 근사한 성과를 낸 것으로 보인다. 1962년 가을에 최고

숙천군 협동농장 경영위원회 개소식

군 협동농장 경영위원회가 운영하는 협동농장은 작업반과 분조로 이루어진다. 협동농장은 관리위원장, 작업반장 등의 간부와 일반 인민인 협동농장원들로 구성되어 있다.

생산을 독려하는 포스터

포스터와 구호는 북한의 대표적인 인민 동원 방식이었다. 농업, 공업 등 모든 분야에서 더 많은 생산을 이룩하자고 독려하는 북한의 다채로운 포스터들.

인민회의 제3기 제1차 회의에서 김일성은 5개년계획 기간을 '사회주의라는 큰 나무의 뿌리를 깊이 박고 그 줄거리를 튼튼히 자라게 하는 시기'였다고 하면서, 7개년계획 기간은 '이 나무를 더욱더 자라게 하여 거기에 찬란한 꽃을 피우고 훌륭한 열매를 맺게 하는 시기'라고 표현했다. 조선로동당의 한 기관지는 만약 1963년의 목표가 이룩된다면 북한의 모든 근로인민은 기와집에서 쌀밥과 고기를 먹고 좋은 옷을 입으며 부유한 생활을 누리게 될 것이라고 언급했다. 모두 쌀밥에 비단옷을 입고 새로 지은 집에 사는 것, 그것이 김일성과 조선로동당이 꿈꾼 소박한 사회주의의 이상이었다.

농촌 기술혁명

농업협동조합 체계가 정착된 후 북한은 농업 생산성을 높이기 위해 현대화된 농기계 생산에 관심을 기울였다. 사진은 트럭과 트랙터 등을 생산하는 군농기계 임경소의 모습이다.

1960년대 중반에 이르러 7개년계획에 심각한 차질이 있음이 드러나기 시작했다. 매년 증가 추세이던 공업 생산액이 1966년에는 전년도보다 3퍼센트 감소하는 사태가 발생했다. 곡물 생산량도 별로 늘지 않아 이미 1962년에 500만 톤을 생산했다고 발표했음에도 불구하고, 실제 500만 톤 고지는 1967년에야 달성한 것으로 알려졌다. 북한 정부는 1964년부터 농업현물세를 폐지하여 농촌을 세금 없는 곳으로 만들고 노동자와 학생들을 농촌에 보내 일손을 돕게 하며 상당한 재정 지원을 해주었음에도 불구하고 곡물 생산량은 크게 늘지 못했다. 결국 7개년계획은 본래 목표보다 3년 뒤인 1970년에 가서야 마무리되었다. 1960년대 중반 이후 북한의 경제성장은 점차 한계를 드러내기 시작했다. 반면에 남한의 박정희 정권은 산업화 정책에 의해 점차 북한 경제력을 따라잡게 된다.

왜 북한은 1960년대 중반부터 경제성장이 벽에 부딪치게 되었을까? 가장 중요한 원인은 국방비 부담이 자꾸만 커져갔기 때문이다. 미군의 보호를 받은 남한과 달리 북한은 스스로 국방을 책임져야 했다. 1962년 10월에 미국과 쿠바 사이에 무력충돌 위기가 발생하고, 미국의 베트남 참전이 확대되면서, 북한은 크게 위기감을 갖게 되었다. 휴전선을 경계로 해서 세계 최강의 미군과 마주해야 하는 부담감 속에, 북한 정부는 국방비를 대대적으로 늘리게 된다. 1962년 12월에 경제 건설과 국방 건설을 병진하는 정책이 결정되었다. 군사비는 자꾸 증가되어, 1967년도에는 군사비가 전체 세출액의 30퍼센트를 넘어섰다. 두 번째의 원인은 북한이 점차 고립화되기 시작한 것과 관련이 있다. 소련과 중국의 대립 속에서 북한은 주체와 자주를 강조했지만, 이는 소련에서 들어오는 원조의 축소를 감수해야만 하는 것이었다. 반면에 남한은 일본과 미국에서 경제 지원을 받아 공장을 짓고 상품을 해외에 수출해 빠른 속도로 경제력을 증대시킬 수 있었다.

| 주체사상의 형성과 변화 |

항일민족운동의 정신에서 체제 정당화까지

주체사상은 '혁명과 건설의 주인은 인민대중이며 혁명과 건설을 추동하는 힘도 인민대중에게 있다는 사상', 혹은 '자기 운명의 주인은 자기 자신이며 자기 운명을 개척하는 힘도 자기 자신에게 있다는 사상'으로 정의된다. 김정일에 따르면, 김일성이 처음으로 주체사상의 원리를 밝힌 것은 1930년에 만주 길림성의 장춘현 카륜에서 열린 '공청 및 반제청년 지도간부회의'에서다. 하지만 이때 벌써 체계적인 주체사상이 나왔을 것으로 보기에는 무리가 있다. 다만 주체적인 시각에서 혁명운동을 하자는 자세를 밝혔을 가능성은 있다.

김일성은 1955년 12월 28일, 당 선전선동 담당자들 앞에서 '사상사업에서 주체를 확립할 데 대하여'라는 연설을 했다. 그는 이 연설에서 형식에 얽매이거나 소련식이나 중국식만 최고로 아는 풍토를 비판하고 주체적으로 일을 할 것을 촉구했다.

"전쟁 시기에 군대 내에서의 정치사업의 방법문제를 가지고 허가이, 김재욱, 박일우가 쓸데없이 서로 싸운 일이 있습니다. 소련에서 나온 사람들은 소련식으로, 중국에서 나온 사람들은 중국식으로 하자고 했습니다. …… 이것은 부질없는 일입니다. 밥을 먹는데 바른손으로 먹든 왼손으로 먹든, 또는 숟가락으로 먹든 젓가락으로 먹든 상관할 바가 아닙니다. 어떻게 먹든지 간에 입에 들어가기는 마찬가지가 아니겠습니까?"

김일성은 1965년도에 북한이 걸어갈 길을 "사상에서의 주체, 정치에서의 자주, 경제에서의 자립, 국방에서의 자위"로 요약했다. 1967년 12월에 열린 최고인민회의 제4기 1차 회의에서, 김일성은 공화국 10대 정강을 발표하면서 "주체사상을 모든 부문에 훌륭하게 구현"할 것을 제1조항으로 내세웠다. 주체사상이 국가

1930~1955
주체사상의 맹아 형성 단계

1955~1961
주체의 강조와 호소 단계
(사상에서의 주체)

1961~1967
독자노선 및 자력갱생 단계
(경제 자립, 국방 자위)

1967~1974
통치 이념의 정착 단계
(유일사상 제시)

1974~1982
김일성주의화 단계
(부자 권력 세습 정당화)

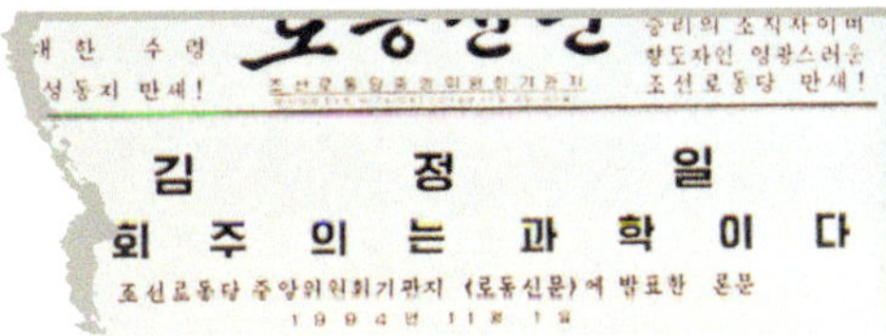

1982~현재
수령론 중심 단계
(김정일 권력 강화)

활동의 지도사상으로 공포된 것이다. 다만 이때까지도 주체사상은 마르크스-레닌주의를 조선혁명의 현실에 창조적으로 적용한 것으로 이해되었다.

그 이후 김일성에 대해 개인숭배가 고조되면서, 주체사상은 점차 마르크스-레닌주의를 계승하는 정도를 넘어서서 김일성이 창시한 새로운 독창적인 사상으로 간주되기 시작했다. 급기야 1974년도에는 '김일성주의'라는 용어가 널리 쓰이기 시작했다. 이해는 김정일이 당 중앙위원회 제5기 8차 전원회의에서 당내 핵심 권력기구인 중앙위원회 정치위원회 위원이 되면서 김일성의 후계자로 공인된 해다. 김정일은 후계자로 인정받게 되면서 주체사상의 해석권을 독점하고 이 사상을 더욱 체계화하는 데 박차를 가했다. 주체사상을 김일성주의로 정식화한 인물이 바로 김정일이었다. 김정일은 1982년도에 주체사상을 이론적으로 집대성했다고 평가되는 「주체사상에 대하여」를 발표했다. 이와 함께 그는 대를 이어 혁명을 계승하기 위해서는 후계자가 필요함을 스스로 역설하면서 후계자론을 제시했다.

주체사상은 일제 하 항일민족운동과 전쟁 이후 전후 복구의 길을 모색하는 과정에서 점차 형성되었고, 그 토대 위에서 1967년에 통치이념으로 자리 잡았다. 그리고 1974년 이후에는 부자 권력 계승과 수령 중심의 통치체계 수립을 정당화하는 이념으로 변질되었다.

조선인민의 모든 승리의 조직자이며 향도자인 조선로동당

402

자주노선의 선택과 주체사상의 탄생

오늘날 북한은 지극히 폐쇄적인 이미지를 가지고 있지만 본래 북한이 자처해서 고립의 길을 선택한 것은 아니었다. 적어도 북한은 사회주의 국가들과는 최대한 친선 교류를 원했고, 공산권이 단결하여 자본주의나 제국주의와 맞서기를 바랐다. 1955년 12월에 '사상사업에서 교조주의와 형식주의를 퇴치하고 주체를 확립할 데 대하여'라는 연설에서 김일성이 '주체'를 확립해야 한다고 강조했을 때에도, 이는 어디까지나 내부용이었다. 북한의 문제는 북한의 실정에 맞게 풀어나가야지 소련식이나 중국식에 너무 의존해서는 안 된다는 내용이었지, 소련과 중국에 대해 자주를 선언한 것은 아니었다. 그렇지만 날이 갈수록 소련과 중국 간에 갈등이 심해지면서 공산권의 단결을 원하는 북한 정부의 희망은 점차 깨져간다.

당창건기념탑

조선로동당 창건 50주년을 기념하여 평양 문수거리에 세운 탑. 조선로동당을 상징하는 낫과 망치, 붓을 든 손을 형상화했다. 낫은 농민을, 망치는 노동자 계급을, 붓은 지식인을 뜻한다. 그 아래에 "조선 인민의 모든 승리의 조직자이며 향도자인 조선로동당 만세!"라고 새겨져 있다.

중국과 소련 간의 갈등, 즉 중소 분쟁은 1950년대 후반부터 시작하여 1960년대 내내 격렬하게 전개되었다. 중소 분쟁은 이념의 논쟁 형태로 시작되었다. 1956년, 소련공산당 제20차 대회에서 흐루쇼프는 스탈린을 비판했고, 일단 사회주의 사회가 건설되면 계급투쟁 없이도 평화적으로 공산주의를 건설할 수 있다고 선언했다. 또한 소련은 미국과 평화 공존 정책을 추구했다. 중국은 이런 소련의 평화공존론을 수정주의라고 공격했고, 소련은 중국에 대해 교조주의라고 맞대응했다.

북한은 소련과 중국 어느 쪽도 공개적으로 비난하지 않고 사회주의 국가들이 하나의 대 가정으로 굳게 단합하기를 원했다. 자원과 기술이 부족한 북한으로서는 특히 소련의 원조가 항상 절실했다. 1961년에 시작한 7개년계획을 위해서 북한은 먼저 소련과 '통상·경제 협조를 가일층 발전시킬 데 대한 협

북한과 중국의 국경은 어디?

중국은 1959년에 인도와 국경분쟁을 겪은 다음 주변 국가와 국경선을 획정하는 데 관심을 가지게 되었다. 북한과 중국 사이에 국경선을 정하는 일은 비교적 쉬웠다. 압록강과 두만강을 경계로 하면 되었기 때문이다. 다만 하천 중간에 있는 섬과 백두산 천지 부근이 문제였다. 북한과 중국은 1962년 10월 12일에 평양에서 국경조약을 체결했다. 백두산 천지 부근의 국경선은 아래의 그림과 같이 결정되었다.

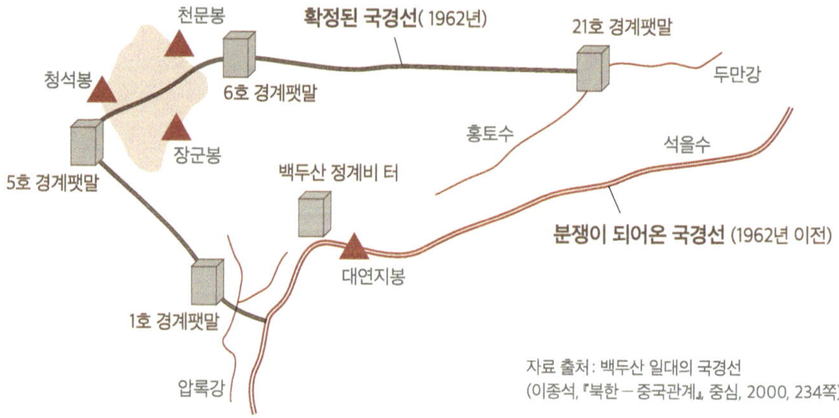

자료 출처: 백두산 일대의 국경선
(이종석, 『북한-중국관계』, 중심, 2000, 234쪽)

정'을 조인했다. 처음 5년간은 북한이 소련에 금속과 광물, 공작기계, 시멘트, 잎담배, 그리고 식료품 등을 수출하고, 소련이 북한에 기계와 금속, 화학제품, 석유, 목면 등을 수출하여 과거 5년보다 상호 간 무역량을 80퍼센트 늘리도록 되어 있었다. 또한 소련은 김책제철소를 확장하는 등 기술 원조를 제공하기로 했다.

김일성은 1961년 6~7월에 직접 정부 대표단을 이끌고 소련과 중국을 방문하여 두 나라와 각각 '우호·협조 및 상호 원조 조약'을 체결했다. 북한 정부는 1961년의 조선로동당 제4차 대회에 소련과 중국을 포함해 32개 국가와 공산당을 대표하는 외교사절들을 초청하여 국제적인 우의를 다지고자 노력했다. 적어도 그때까지만 해도 북한은 수정주의와 교조주의의 양극단을 피하여 실용적인 자주노선을 걸어가고자 했다. 그렇지만 중소 대립이 날로 심해지는 상

프라하의 봄

1960년대 들어서 굳게 단결해 있던 공산권이 분열하기 시작했다. 소련과 중국의 이념 논쟁과 국경 분쟁, 체코와 러시아에서 일어난 반소 자유화운동 등은 북한으로 하여금 새로운 국제 질서 속에서 독자적인 노선을 고민하게 만들었다. 사진은 1968년 체코 자유화운동 때 프라하 시내에 진입한 소련군의 탱크.

황에서 자기 목소리를 내지 않을 수 없었다.

1962년부터 북한은 대외적으로 독자적인 길을 걸어가기 시작했다. 그해 3월, 김일성은 당 중앙위원회 전원회의에서 평화 공존 정책을 비난했다. 제국주의에 반대하고 남조선혁명을 달성하기 위해서는 제국주의의 앞잡이인 수정주의를 배격해야 한다는 내용이었다. 그해 10월에 발생한 쿠바 사태에서 소련이 미국의 압박에 굴복하고 북한의 군사 지원 요청을 거절하자 북한은 더욱 소련을 불신하게 되었다. 북한은 스스로 국방비를 조달하기 위해 경제에 무리가 갈 것을 알면서도 경제 건설과 국방 건설의 병진정책을 취했다.

1963년부터는 공개적으로 소련을 비판하기 시작했다. 그해 9월 20일의 《로동신문》은 소련 과학아카데미가 조선의 역사를 왜곡했다고 비난하는 기사를 실었다. 10월 28일에는 「사회주의 진영을 옹호하자」라는 논문을 실어 현대 수정주의를 비판했다. 1964년은 북한의 소련 비판이 절정에 이른 해였다. 평양에서 열린 제2회 아시아 경제토론회에서 「자력갱생에 의한 민족경제 건설에 대하여」라는 '평양선언'이 채택되었다. 이 선언은 자력갱생을 기본으로

쿠바 사태로 회견하는 케네디 대통령과 소련 대표

쿠바는 소련-쿠바 무기협정을 체결하여 소련의 미사일을 들여온다. 미국은 바로 코앞에 소련의 미사일 기지가 건설되는 사태를 막기 위해 쿠바와 소련을 강하게 압박하고, 결국 소련은 미사일 기지를 철수시킨다. 이에 대해 중국 등 공산 진영은 소련이 미 제국주의에 굴복했다며 격렬하게 비판했고, 결국 중소 분쟁 등 공산권의 이념 대립이 더욱 격화되었다.(1962년)

하는 민족경제 건설을 주장하고, 정치적 독립은 경제적 독립의 전제이고 경제적 독립은 정치적 독립의 기초라고 선언했다. 소련의 《프라우다》 신문이 이 토론회를 비판하자, 북한의 《로동신문》은 소련이 경제원조를 해준다면서 북한을 오히려 착취했다고 폭로했다.

> 《프라우다》가 자만하여 조선에 준 원조의 '모범'으로 지적한 평양방직공장과 홍남비료공장의 일부 직장을 복구 건설할 때 소련 인민이 원조한 것은 주지의 사실이다. …… 이 두 공장과 그 밖의 공장의 복구 건설에 준 원조에서 당신들은 국제시장 가격보다 훨씬 높은 가격으로 설비와 스테인리스 강판을 비롯한 자재를 주고 그 대가로 우리로부터 수십 톤의 금과 다량의 비싼 비철금속과 원료를 국제시장 가격보다 훨씬 싼값으로 가져갔다.
>
> ―「왜 평양 경제토론회의 성과를 중상하려 드는가」, 《로동신문》 1964년 7월 7일자

1964년 10월에 소련에서 흐루쇼프가 물러나고 브레즈네프가 집권한 뒤 북한과 소련의 관계는 점차 개선되었다. 그러나 북한과 중국의 관계는 더 나빠지기 시작했다. 1966년 8월 12일자 《로동신문》의 논설 「자주성을 옹호하자」

논설 「자주성을 옹호하자」

북한은 소련이나 중국 어느 한쪽을 지지하기보다 자신의 길을 걷겠다고 선언했다. 사회주의 국가들은 각자 자주성을 지켜야 하며, 당시 미국과 투쟁하고 있는 베트남 인민을 지원하기 위해 단결해야 한다는 것이 북한의 수상이었다.(《로동신문》 1966년 8월 12일자)

김일성과 티토

김일성이 유고슬라비아사회주의연방공화국 대통령 티토(왼쪽)를 만나고 있다.(1977년 8월)

김일성과 카스트로

김일성이 쿠바 공산당 의장인 피델 카스트로(왼쪽)에게 조선민주주의인민공화국 영웅 칭호를 수여하고 있다.(1986년 3월)

에서 북한은 교조주의와 대국주의를 비판하고, 자주성을 지키면서 미국에 대한 반제국주의 공동 투쟁을 해야 한다고 강조했다. 이는 큰소리만 치면서 실제로는 베트남을 제대로 지원하지 않는 중국을 주로 비판한 것이었다. 그리고 9월 15일자에서는 중국의 문화대혁명을 좌파기회주의라고 비판했다. 중국의 홍위병들이 가만있을 리 없었다. 홍위병들은 대자보를 통해 김일성과 그의 측근들에 대해 온갖 비난을 퍼부었다.

밖으로는 자주외교를 펴야 하고 안으로는 근로인민의 힘에 의지하여 자립적인 사회주의 민족경제를 건설해야 하는 상황에서 북한은 결국 주체사상이라는 새로운 사상체계를 만들어 이에 대처하게 된다. 1965년 4월 14일, 김일성은 인도네시아의 알리 아르함 사회과학원에서 조선로동당이 일관되게 견지하는 입장은 '사상에서의 주체, 정치에서의 자주, 경제에서의 자립, 국방에서의 자위'라고 강연했다. 1955년에 '주체'의 개념이 등장한 이후 10년 만에 주체사상이 대외적으로 선언된 것이다. 북한은 중국이나 소련과의 논쟁 속에서 점차 주체사상의 내용을 채워나가게 된다.

북한은 주체를 강조하면서 소련이나 중국보다는 제3세계 국가들의 비동맹외교에 더 많은 관심을 기울이게 된다. 아시아와 아프리카, 그리고 라틴아메리카 등 비동맹 세력과 힘을 합쳐 반미반제 투쟁전선을 강화하기 위한 목적

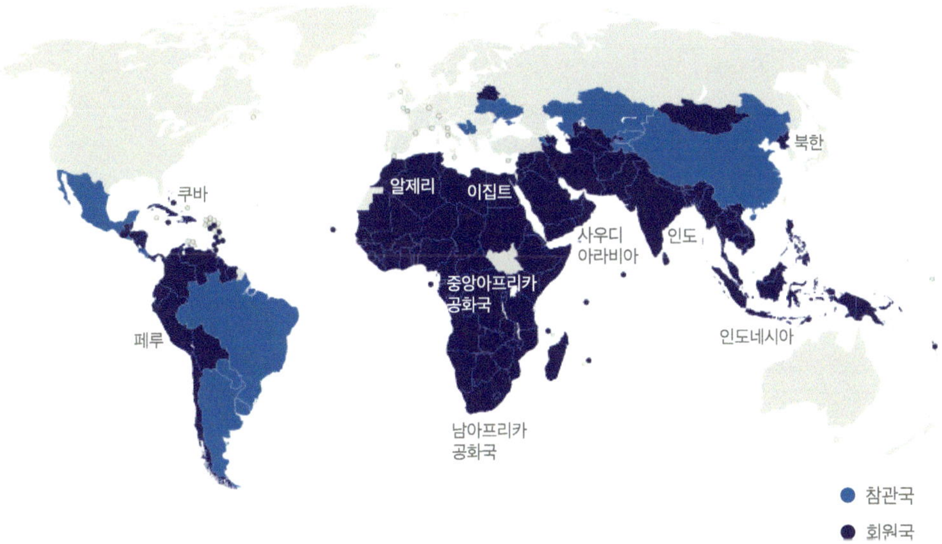

비동맹 운동 국가 분포지도

비동맹 운동이란 주요 강대국 블록에 공식적으로 속하지 않거나 이에 대항하려는 국가들로 이룬 국제 조직이다. 2013년 기준 비동맹 운동 회원국으로 참가 중인 국가들이다. 국가명이 표기된 대표적 회원국 외에도 수많은 국가가 비동맹 운동에 참여하고 있음을 알 수 있다.

에서였다. 북한 정부는 라오스를 비롯하여 알제리, 기니, 말리, 콩고, 예멘민주주의공화국, 소말리아, 수단, 탄자니아, 잠비아, 부룬디, 자이르, 앙골라, 모잠비크, 과테말라, 우루과이, 브라질, 콜롬비아, 베네수엘라, 아르헨티나, 도미니카 등 수많은 제3세계 국가들의 혁명 세력을 지지했다. 또한 김일성은 생각이 통하는 인도네시아의 수하르토, 루마니아의 체아우셰스쿠, 유고슬라비아의 티토 등과 깊은 관계를 맺었다. 이러한 노력은 결국 전 세계적인 반제반미 투쟁전선을 만들어 남조선혁명의 힘을 얻고자 하는 데 목적이 있었다.

한편 북한은 고립을 피하고 국제무대에서 남한과 경쟁하기 위하여 1960년대 후반에 국교 수립과 국제기구 가입에 적극 노력했다. 그리하여 북한은 1970년까지 사회주의 국가 이외에 25개의 아시아, 아프리카 신생 독립국가들과 총영사 관계를, 프랑스 등 여섯 개 자본주의 국가들을 포함한 80여 개 국가들과 무역 및 통상 관계를 맺었으며, 106개의 국제기구에 가입했다.

| 노동자의 하루 |

학습과 생활총화도 노동의 일부

북한의 사회주의 헌법에 따르면, 공민이 노동을 시작하는 나이는 16세부터다. 남자는 그때부터 60세까지, 여자는 55세까지 노동을 한다. 노동자들의 하루 노동시간은 여덟 시간을 기준으로 하며, 힘든 일을 하는 사람은 일곱 시간 또는 여섯 시간 노동을 한다. 세 명 이상의 아이를 가진 여성의 노동시간도 여섯 시간이다.

북녘의 노동자들은 보통 아침 7시까지 출근하는데, 대부분 직장 가까이 살기 때문에 그보다 30분 전에 걷거나 버스 등을 이용하여 출근한다. 직장에 도착하면 출근부에 사인을 하거나 도장을 찍는다. 그다음 30분 정도의 독보회 시간을 가진 다음 오전 작업을 한다. 독보회란 김일성의 저작이나 신문 등을 읽는 것을 말한다. 정오에 점심을 먹는데, 보통 곽밥(도시락)을 먹으며 기관이나 기업소 식당에서 밥을 먹기도 한다. 점심을 먹고 나면 회의실이나 사무실의 긴 의자 등에서 한 시간 동안 오침(낮잠)을 취한다. 이 시간을 이용하여 체육활동을 하기도 한다. 그다음 오후 2시부터 오후 작업을 한다. 그리고 저녁 때 생활총화와

출퇴근길의 버스는 남북을 막론하고 붐빈다.

여성 노동자들은 출근길에 아이를 탁아소에 맡긴다.

학습회 등을 하고 퇴근한다. 일반적으로 월요일에는 작업별 학습, 화요일에는 생활총화, 수요일은 집중학습, 목요일은 강연회, 금요일은 금요학습을 하며, 토요일에는 간부와 일반 노동자를 구분하여 학습을 한다. 일요일은 쉰다.

생활총화시간에는 바짝 긴장하지 않을 수 없다. 근무시간의 태도나 사생활에 대해 자아비판과 상호비판을 하는 시간이기 때문이다. 일반 근로자는 그래도 일주일에 한 번 생활총화를 하기 때문에 여유가 있지만, 예술인은 이틀에 한 번, 외국인을 많이 상대하는 직장인은 매일 생활총화를 한다고 한다. 주 생활총화는 월 생활총화, 분기별 생활총화로 이어지며, 연말 생활총화를 치르고 나서야 송년회를 즐기게 된다.

남녀 간에는 어떤 생활의 차이가 있을까? 북에서는 대부분의 여성이 직장을 다닌다. 맞벌이 부부를 북에서는 직장세대라고 부른다. 주부는 출근할 때 유아를 탁아소에 맡겼다가 퇴근할 때 데려간다. 근무시간 중 유아에게 젖을 주기 위해 별도의 시간을 내기도 한다. 주부는 저녁식사를 준비해야 하기 때문에 남자보다 30분 일찍 퇴근하는 경우가 일반적이다. 장을 보고 저녁식사를 차리고 아이들을 뒷바라지하는 일은 대부분 주부의 몫이다. 다만 아이들 숙제는 세대주인 남자가 도와주기도 한다. 여전히 남성 중심의 가부장주의가 강한 북에서 남자들은 여간해서는 집안일에 신경을 쓰지 않으려 한다. 그래서 생활총화 때문에 부인이 늦게 퇴근하는 날에는 집안일로 부부간에 말다툼을 하기도 한다. 심지어 친구들을 집으로 불러 부인에게 술상을 차리게 하는 남자들도 있다.

노동자, 사무원의 일과

6:00 ~ 6:10 기상
주부는 5:30에 기상하여 아침식사 준비.

6:50~7:00 출근 완료
주부는 출근 시 유이를 탁이소에 맡김.

7:00~7:30 독보회
정기 강연회 (7:00~9:00) (수·목).

7:30~8:00 작업 준비

8:00~12:00 오전 작업
주부는 유아 수유 30분.

12:00~1:00 점심
주부는 유아 수유 30분.

1:00~ 2:00 오침 또는 체육

2:00~6:00 오후 작업
주부는 오후 1:00~6:00
유아 수유 30분.

6:00~7:00 작업총화

7:00~8:00 학습회 및 강평
주부는 6:00~7:00

8:00~9:00 퇴근 및 귀가
주부는 7:00~8:00
퇴근 시 탁아소에 가서 유아를 찾음.

403

모든 것을 수령 중심으로

1960년대에 들어서 김일성은 더 이상 도전을 허용하지 않는 절대적인 권력을 가지게 되었다. 그렇지만 그가 권력을 마음대로 사용해도 되는 것은 아니었다. 어디까지나 북한 체제의 중심은 조선로동당이었으며, 중요한 문제는 당 중앙위원회에서 집단적으로 토의를 한 후 결정되었다. 마르크스-레닌주의의 원리에 따라 모든 것을 당 중심으로 처리해간다는 원칙이 지켜졌다. 1959년부터 『항일빨찌산 참가자들의 회상기』라는 책이 널리 배포되고 이를 전 인민이 학습하기는 했다. 그렇지만 처음에 그 초점은 김일성 개인숭배보다는 항일무장투쟁의 전통을 계승하여 '유격대식 삶'을 살아가며 공산주의적 도덕성을 갖추자는 데 있었다. 그러나 권력의 집중은 여기서 멈추지 않았다.

1966년 10월 5일부터 조선로동당 제2차 당 대표자대회가 열렸다. 대회에

언제나 수령과
김일성 초상이 있는 휘장을 착용한 모습. 수령 김일성에 대한 숭배는 점점 더 강하게 조장되었다.

는 1275명의 대표들이 참석했다. 이들은 국제 정세를 논의하면서 사회주의 국가들의 통일 단결을 강조했고, 7개년계획이 어려움에 처하기는 했어도 계속 국방·경제 병진건설 노선을 밀고 갈 것을 재확인했다. 회의 마지막 날인 12일에는 중앙위원회 전원회의를 열어 당 조직을 바꾸고 인사 개편을 했다. 당 중앙위원회의 정치위원회 안에 별도로 상무위원회를 설치하여 당의 권력을 더욱 집중시켰다. 상무위원으로는 김일성과 최용건, 김일, 박금철, 이효순, 김광협 등 모두 항일무장투쟁 관련자들이 임명되었다. 또한 당 중앙위원회 위원장, 부위원장직을 없애고 총비서, 비서직으로 바꾸었으며, 비서국을 새로 두었다. 김일성이 유일한 최고 지도자임을 분명히 하기 위하여 위원회의 한 명인 위원장이 아니라 총비서라는 명칭을 사용하게 된 것으로 보인다.

이 대회 이후 '수령' 김일성에 대한 개인숭배가 드높아졌다. 수령의 지도력을 찬양하고 수령을 중심으로 단결할 것을 강조했고, 김일성의 집안 전체를

▲ **빨치산 참가자들의 회상기 출간**

식민지 시절 만주를 중심으로 관동군과 전투를 벌였던 유격대의 경험은 희생과 헌신, 공산주의적 도덕성을 보여주는 예로 북한 체제의 정신적 기반이 되었다.

◀ **신격화되는 김일성**

김일성의 항일무장투쟁의 경력은 그의 절대 권력과 우상화의 중요한 근거가 되었다. 사진은 북한 측이 1939년 5월에 조선인민혁명군 주력부대가 조국 진군(항일빨치산의 한반도 진군) 첫날 밤에 숙영했다고 하는 청봉밀영에 세워진 김일성의 동상.

혁명적인 가문으로 높이는 작업이 진행되었다. 1967년 5·1절 행사에 참가한 외국 손님들에게는 평양의 공장이나 농장 등과 함께 만경대의 김일성 생가를 관람하게 했다. 그해 9월에 여성동맹은 김일성의 어머니인 '강반석 여사의 모범을 따라 배울 데 대하여' 토론을 했다. 학교교육을 비롯한 모든 사상학습이 김일성의 혁명 활동을 중심으로 재편되었고, 유일사상 체계 확립운동이 일어났다.

1967년 5월에 열린 당 중앙위원회 제4기 제15차 전원회의에서는 김일성의 권력을 절대화하고 유일사상 체계를 세우는 데 중요한 결정들이 내려졌다. 이 회의에서 당의 조직·사상·문화 분야의 담당자들인 박금철·김도만·허석선과 대남총책 이효순 등이 숙청되었다. 이들의 죄목은 부르주아사상, 봉건유교사상 등 온갖 반혁명적인 사상을 퍼뜨렸다는 것인데, 가장 큰 이유는 이들이 김일성 중심의 유일사상 체계를 세우는 데 걸림돌이 되었다는 데 있다. 당 정

만경대를 관람하는 행렬

조선로동당 제2차 당 대표자대회 이후 '수령 김일성'에 대한 개인숭배가 강화되었다. 김일성의 생가인 만경대는 성소(聖所)로 격상되어 외빈이나 북한 인민들이 참관해야 할 곳이 되었다.

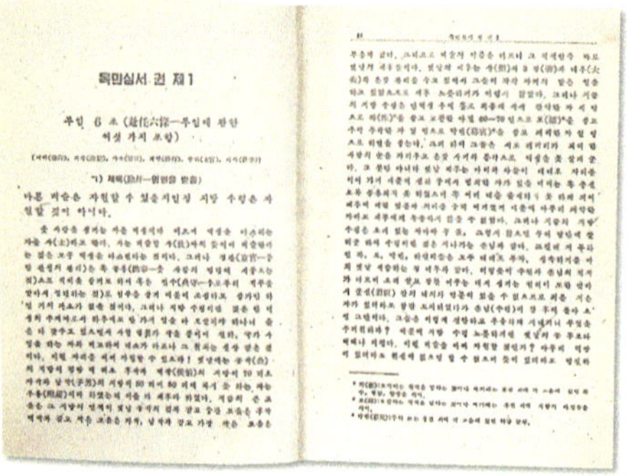
목민심서 권 제1

북한에서 출간된 『목민심서』

다산 정약용이 지은 이 책은 봉건주의의 잔재로 지목되어 금서가 되었다.

체포되는 박금철

『목민심서』를 필독서로 읽혔다는 죄목으로 숙청된 박금철(가운데)은 김일성의 국내 지지 기반인 조국광복회 출신이었다. 사진은 1937년 혜산사건으로 일본 경찰에게 체포된 모습.

치위원회 상무위원이며 비서국 비서였던 박금철은 당 간부들에게 '봉건서적'인 『목민심서』를 필독도서로 읽게 하고 광산 노동자들에게 적당히 일하도록 해서 계획을 절반밖에 못 채웠다고 하여 봉건주의와 가족주의 사상의 유포자로 비판받았다.

이들 대부분은 조국광복회 관련자들로서, 김일성의 항일유격대에 호응하여 국내에서 '한인민족해방동맹'을 만든 인물들이었다. 1950년대 숙청이 김일성과 다른 계열의 인물들이 제거되는 과정이었다면, 이 숙청은 김일성의 항일무장투쟁에 관련된 동지들 가운데에서도 그의 권력 절대화에 반대하면 자리에서 물러나야 함을 보여주는 것이었다.

이미 막강하고 안정된 권력을 차지한 김일성은 왜 거기서 멈추지 않고 모든 것을 '수령' 중심으로 운영하는 사회를 만들어갔을까? 스탈린과 마오쩌둥의 예에서 보듯이, 그것은 다양성을 인정하지 않고 인민들을 지도할 대상으로만 보는 공산권 국가들에서 일반적으로 나타나는 '개인숭배' 현상일 뿐이라고 할 수도 있다. 그러나 북한은 단순한 개인숭배 현상으로 보기에는 어려울 정도로 사회 전체가 철저하게 '수령' 중심으로 획일화된, 참으로 특수한 사회라고 하지 않을 수 없다.

이 점에서 그 같은 사회가 만들어진 배경을 1960년대 중반에 북한이 처했던 국내외적 위기 상황에서 찾아볼 필요가 있다. 당시 북한은 의지할 데라고는 하나도 없는 고립무원의 상황에 처해 있었다. 중소 분쟁 등으로 공산권은 나날이 분열되어 북한으로서는 든든한 후견인을 사회주의 국가들 안에서 찾을 수 없었다. 제3세계와 비동맹 외교를 했지만 그 나라들이 북한에 실질적인 도움을 줄 수는 없었다. 반면에 남한은 일본과 국교를 수립한 다음 한·미·일 삼각 안보체제를 굳건히 해갔고, 미국과 일본의 지원 아래 빠르게 경제성장을 이루고 있었다. 최강대국 미국이 만들어놓은 세계 질서에 맞서서, 북한은 마치 골리앗 앞의 다윗 신세였다. 다윗은 돌팔매질을 할 수 있었으나 북한은 미국에게 그럴 수도 없었다. 자존심은 강했지만 실제 국방력은 미국에 맞서기에 너무나 취약했다. 당시 북한은 내부적으로도 사정이 심각했다. 김일성은 인민대중에게 사회주의 낙원을 약속했지만, 1960년대 중반에 들어 경제성장은 한계를 드러내고 있었다.

그런 내우외환은 김일성에게 일제 말기 항일유격대를 이끌던 때의 고난의 시기를 되새기게 했다. 일본 관동군에게 쫓기고 유격대원들은 하나 둘 죽거나 떨어져나가는 상황에서, 김일성은 대원들에게 자신의 지도력을 믿고 단결하여 따르도록 요구할 수밖에 없었다. 그때 그랬던 것처럼 김일성은 1960년대 중반에 처한 국가의 위기를 항일유격대식으로 돌파하기를 원했다. 그러기 위해서는 김일성 자신이 조금의 오류도 없는 신격화한 '수령'이 되어야 했고, 당과 국가와 사회를 모두 주체사상으로 무장한 일사불란한 체제로 만들어야 했다. 그러나 그것은 결국에는 사회 자체의 역동성을 없애는 체제의 경직화 과정이었다.

우리식대로 살아나가자
1960년대 중반 이후 북한은 공산권의 분열로 고립무원의 상황에 처해 있었고, 경제성장은 한계를 드러내기 시작했다.

'수령' 중심의 북한식 사회주의 체제를 만들어가는 과정은 김일성 다음의 2인자 자리를 둘러싼 권력투쟁과 연결되어 있었다. 김일성의 권위는 절대적이었지만, 그다음의 2인자가 누구인가는 불투명했다. 박금철 등 조국광복회 관련자들은 김일성에 대한 충성도에서 문제점이 드러나 2인자 경쟁에서 밀려났다. 이들이 숙청된 후 본격적으로 유일사상 체계를 확립하는 과정에서 중요한 역할을 하게 된 인물은 다름 아닌 김일성의 아들인 김정일이었다. 김일성

김정일의 등장

김일성 유일사상 체계를 만들어나가는 과정에서 핵심적인 역할을 한 것은 그의 아들 김정일이었다. 황해제철소를 현지지도하는 김일성(가운데)과 김정일(맨 왼쪽).

조선혁명박물관 내부

김일성과 김정일의 사적을 전시하는 북한의 대표적 박물관으로 1948년 설립되었다. 항일 투쟁 및 북한 건설의 업적을 시기별로 구분하여 전시하며, 만수대기념비와 초대형 김일성 동상이 박물관 앞에 자리하고 있다.

종합대학을 졸업한 지 얼마 안 된 청년 김정일은 당과 사회 전체가 김일성에게 충성을 다할 것을 요구하는 운동을 전개했다. 이 과정에서 "우리 당의 혁명사상으로 튼튼히 무장하자"라는 구호는 "수령의 위대한 혁명사상으로 무장하자"로 바뀌었다. 1968년부터는 북한 전역의 당사 연구실들이 김일성동지혁명력사연구실로 이름을 바꾸었다. 김일성 석고상을 만들어 모든 학습현장에 설치했으며, 김일성 관련 혁명기념비를 북한 전역에 세웠다. 이 작업들은 김정일이 주도한 것이었으나, 당시에는 그 사실이 드러나지 않았다. 당시에 널리 2인자로 여겨졌던 인물은 김일성의 동생인 김영주였으나 건강이 좋지 않았다. 1968년 말에는 군부 내의 강경파들이 군권과 당권을 모두 잡으려다 숙청되었다. 1960년대 후반을 거치면서 북한 사회는 주체사상과 '수령'의 지도 아래 획일화되었고, 그 과정에서 전개된 권력투쟁 속에서 김일성과 김정일의 권위는 더욱 강화되어갔다. 그것은 길게 보면 단지 2인자 문제가 아니라 후계자 문제로 연결된다.

| 가계도로 보는 김일성 일가 |

수령의 가족관계

김일성의 아버지 김형직은 평안남도 고평면 남리 만경대에서 김보현과 리보익의 맏아들로 태어났다. 일본의 역사학자 와다 하루키에 따르면, 김형직은 조선국민회와 정의부에서 활동한 민족주의자였고, 어머니 강반석은 이웃한 하리 칠곡의 하리교회 장로 강돈욱의 딸이었다. 김형직도 기독교계 학교인 숭실중학교를 다녔으므로, 김일성의 부모는 모두 기독교와 연관이 있는 셈이다.

김일성의 첫째 동생 철주는 만주에서 공산주의 청년운동을 하다가 1935년에 사망했다. 둘째 동생 영주는 1960년대 후반에 로동당 정치위원회에서 당내 서열 4위까지 올랐으나 김정일 중심으로 후계 구도가 짜이면서 권력에서 소외되었다.

김일성은 동지 김정숙과 결혼하여 정일, 슈라, 경희를 낳았는데, 슈라는 어린 나이에 사망했다. 1949년에 김정숙이 출산 중 사망하자, 김일성은 뒤에 김성애와 재혼했다. 둘 사이에 경진, 평일, 영일이 출생했는데, 이들은 김정일이 김일성의 후계자가 되면서 견제를 받아 권력의 중심으로 진출하지 못했다. 이와 달리 김정일의 여동생인 김경희 남편 장성택은 국방위원회 부위원장직에까지 올랐다.

김정일의 혼인관계는 다소 불확실하다. 그의 사실상 첫 부인은 성혜림이다. 경상남도 창녕의 명문가에서 자라난 성혜림은 전쟁이 나자 어머니를 따라 월북했으며 배우가 되었다. 그는 김정일보다 연상이고 이미 남편이 있었으나 이혼하고 김정일과 동거하며 장남인 정남을 낳았다. 그러나 두 사람의 혼인은 김일성에게서 인정을 받지 못했다. 김정일은 그 뒤 만수대 무용수인 고영희와 결혼했으며, 둘 사이에 아들 정철, 정은과 딸 여정을 두었다. 김정일 사후에 권력은 장남 김정남이나 김정철이 아닌 김정은에게 계승되었다.

김일성 일가 가계도

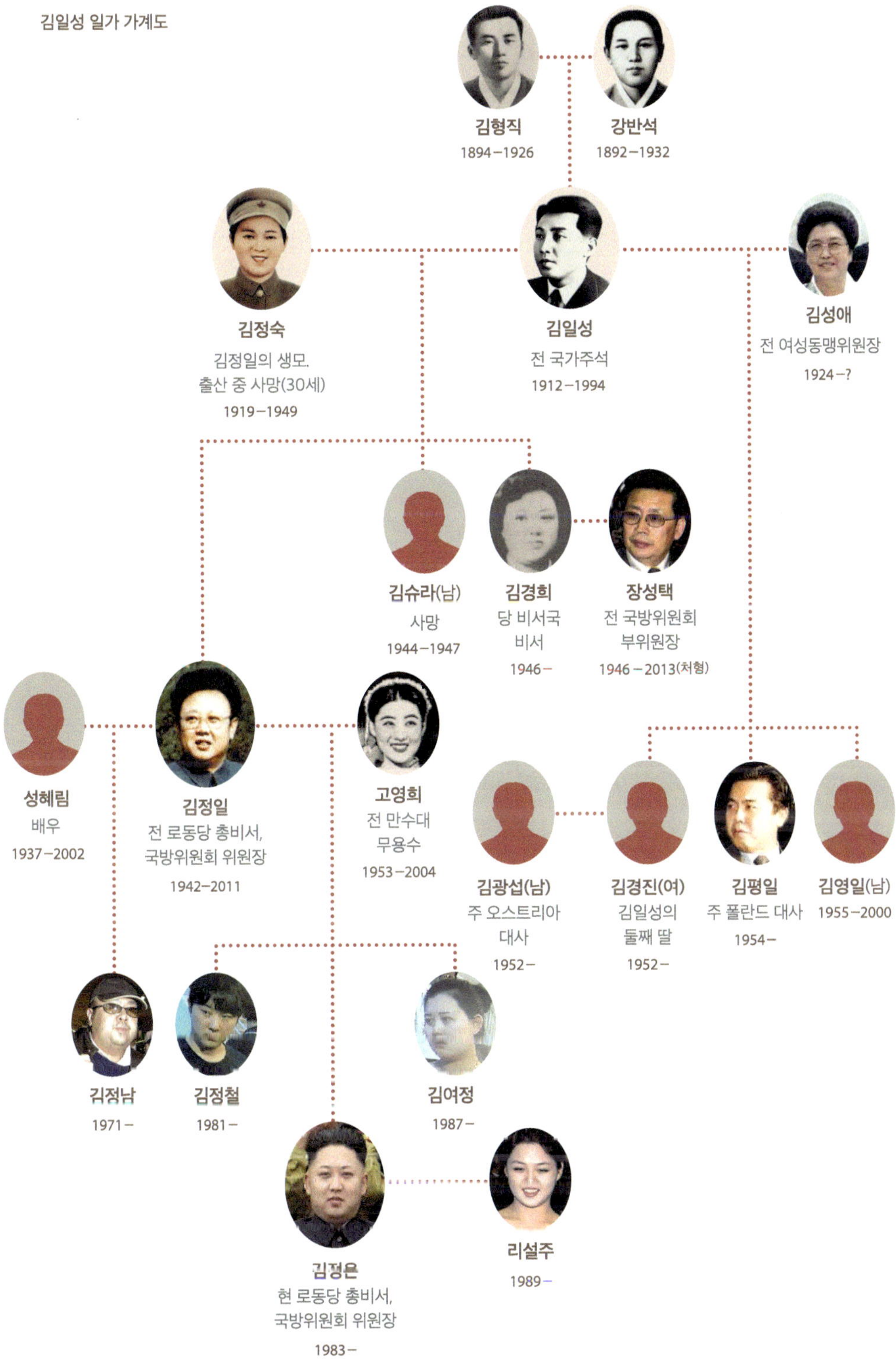
김형직
1894–1926
강반석
1892–1932
김정숙
김정일의 생모.
출산 중 사망(30세)
1919–1949
김일성
전 국가주석
1912–1994
김성애
전 여성동맹위원장
1924–?
김슈라(남)
사망
1944–1947
김경희
당 비서국
비서
1946–
장성택
전 국방위원회
부위원장
1946–2013(처형)
성혜림
배우
1937–2002
김정일
전 로동당 총비서,
국방위원회 위원장
1942–2011
고영희
전 만수대
무용수
1953–2004
김광섭(남)
주 오스트리아
대사
1952–
김경진(여)
김일성의
둘째 딸
1952–
김평일
주 폴란드 대사
1954–
김영일(남)
1955–2000
김정남
1971–
김정철
1981–
김여정
1987–
김정은
현 로동당 총비서,
국방위원회 위원장
1983–
리설주
1989–

SECRET
SECRET
NOFORN
(1) DETERMINE NATURE AND EXTENT OF NAVAL ACTIVITY VICINITY OF
NORTH KOREAN (KORCOM) PORTS OF CHONGJIN, SONGJIN, MAYANG DO AND WONSAN.
(2) SAMPLE ELECTRONIC ENVIRONMENT OF EAST COAST NORTH KOREA,
WITH EMPHASIS ON INTERCEPT/FIXING OF COASTAL RADARS.
(3) INTERCEPT AND CONDUCT SURVEILLANCE OF SOVIET NAVAL UNITS OPERATING
TSUSHIMA STRAITS IN EFFORT TO DETERMINE PURPOSES OF SOVIET PRESENCE IN THAT AREA
FEB 1966. SECONDARILY, THE OPERATION WILL BE CONDUCTED TO:
DISTRIBUTION (PAGE ONE ONLY)
SECRET
DATE/TIME GROUP
REPRODUCTION OF CLASSIFIED MESSAGES IN WHOLE OR IN PART IS PROHIBITED EXCEPT WITH PERMISSION OF ISSUING OFFICE
SECRET
CLASSIFICATION
SECRET
SPECIFIC INTELLIGENCE COLLECTION REQUIREMENT
A. DIRM REFERENCE
B. ISC 593.151
670.100,788.200
EXPIRATION DATE
1 September 1967
DISPATCH DATE
18 April 1967
SUBJECT
Coastal Radars, North Korea
PRIORITY
DIA: 2C
COLLECTION ACTION
DIRNSA
CINCPAC
INFORMATION
CINCLANT
CINCEUR
CINCSAC
ACSI/DA
ONI
CIA
REQUIREMENTS/GUIDANCE
a. OBJECTIVE: (S)
To establish the type and deployment of coastal surveillance
and coastal defence weapons on the North Korean Coast, which pose a
the landing task forces on the shores or waters

404

격랑 속의 남북관계와 북미관계

1960년 4월에 남쪽에서 혁명이 일어나 이승만 정부가 무너지자, 북한 정부는 통일의 가능성이 커졌다고 크게 기대했다. 그렇지만 막상 북쪽에서는 대규모 군중집회를 여는 등 남쪽의 혁명을 지지하는 것 외에는 남쪽 사정에 개입할 여지가 거의 없었다. 북한과 연결된 남쪽 혁명조직은 전혀 없다시피 한 상황이었기 때문이다. 1961년 5월에 북한에서는 조국평화통일위원회가 조직되었다. 홍명희가 위원장이 되고, 박금철과 이효순, 강양욱, 박신덕, 백남운, 이극로 등 일곱 명이 부위원장으로 선임되었다. 통일전선의 형태를 갖추고 남쪽의 변화에 대응하기 위해서였다.

5·16군사정변이 일어나자, 북한 정부는 처음에 쿠데타의 지도자인 박정희

푸에블로호 비밀문서

1960년대 후반 한반도에는 또다시 전쟁의 조짐이 엿보였다. 청와대 기습사건, 북한의 무장부대 침투를 비롯해 1968년 미 해군 첩보선 푸에블로호가 북한 해안에 나포되는 사건이 남북관계를 위기 상황으로 몰아갔다. 당시 나포된 푸에블로호는 원산항, 대동강변 등에서 전시되고 있다. 사진은 배와 함께 전시된 푸에블로호의 비밀문서.

에 대해 약간의 기대를 걸었다. 그와 그의 가족이 한때는 좌익조직에 참여한 경력이 있었기 때문이다. 북쪽에서는 박정희의 셋째 형 박상희의 옛 동지인 황태성을 밀사로 파견했다. 그러나 황태성은 체포되었고, 박정희는 반공과 친미의 자세를 분명히 했다.

4·19혁명과 5·16군사정변의 파도가 지나간 후, 1962년에는 쿠바 사태가 발생하고 미국이 베트남 전쟁에 적극 개입하는 등 국제 정세가 급격히 변동하기 시작했다. 세계 전쟁이나 미국의 공격에 대한 위기감이 쌓인 북한 정부는 우선 자체의 힘을 기르는 데 주력하기로 결정했다. 자체 힘을 기르는 데 제일 중요한 것은 국방이었다. 1962년 12월에 조선로동당 중앙위원회 전원회의는

인민군의 퍼레이드

북한 정부는 미국의 공격에 대한 두려움을 극복하기 위해 국방력의 강화를 우선 과제로 삼는 4대 군사노선을 채택했다.

4대 군사노선을 채택했다. 전군의 간부화, 전군의 현대화, 전 인민의 무장화, 전국의 요새화가 기본 내용이었다.

북한 정부는 한편으로 남쪽에서의 혁명을 기대했지만, 그것은 북한이 일방적으로 지원해서 되는 것이 아니며 남쪽 스스로의 힘에 의해 일어나야 한다고 판단했다. 또한 국제적인 혁명 세력과 단결하여 전 세계적인 반제반미 전선을 결성하고자 했다. 1964년 2월에 열린 전원회의에서는 이 같은 방안을 3대혁명역량 강화방침으로 정리했다. 북한의 혁명기지 강화, 남한의 혁명역량 강화, 국제 혁명역량과의 단결을 강화하는 방침이었다. 이 방침은 북쪽의 '민주기지'를 강화한 다음 주로 무력에 의지해서 남북통일을 달성하려 한 6·25전쟁 때와는 통일의 방법론이 바뀐 것이었다. 남쪽은 그 자체의 힘에 의해서 '남조선혁명'을 이룩해야 함이 강조된 것이다.

북한 정부는 남한에서 4·19혁명이 실패한 주된 이유가 혁명을 이끌 당 조직이 없었기 때문이라고 보았다. 북한의 '남조선혁명론'이 남쪽에 파급되면서 지하 혁명조직이 만들어지게 된다. 1964년 3월 15일에 남한에서는 비밀리에 통일혁명당 창당준비위원회가 조직되었다. 김종태와 김질락, 이문규, 신영복 등이 주된 참가자들이었다. 이들은 지하신문《혁명전선》과 합

그는 十·一暴動主動者
한때 北傀貿易省副相
中央情報部, 間諜黃泰成사건眞相을公開
朴議長兄嫂를 包攝하려다 失敗
軍裁서死刑判決、大法院繫屬中
<間諜·黃泰成>

황태성 간첩사건을 보도한 신문기사

황태성은 전쟁 전 조선공산당 경북노당 소식부상으로서 1946년 10월에 인민항쟁사건 뒤 월북했다. 박정희의 친형 박상희와는 결혼을 중매할 만큼 막역한 친구 사이였으며, 그 때문에 박정희와도 친분이 깊었다고 한다.

통일혁명당 관련자 재판

6·25전쟁 이후 남쪽에서 만들어진 첫 지하 혁명조직. 주요 인사들은 재판 후 대부분 사형을 당했다.

법적인 대중잡지 《청맥》 등을 발간했으며, 대학가에서 학사주점을 운영하기도 했다. 1968년 8월, 통일혁명당은 중앙정보부가 이 조직의 주요 인사들과 접선하기 위해 내려온 북한 공작선을 나포함으로써 그 실체가 드러나 와해되었다. 공작원들은 북한 정부 창건 20주년 기념경축대회에 김종태를 남조선 대표로 참석시키기 위해 남파되었다고 한다. 체포된 통일혁명당의 주요 인사들은 대부분 사형을 당했고, 무기형을 선고받은 신영복은 20년 만인 1988년에야 가석방으로 출소했다. 통일혁명당은 남로당 이후 남쪽에서 만들어진 첫 지하 혁명조직이었다.

1969년에 통일혁명당 서울시당 위원장이었던 김종태의 사형이 집행되자, 북한은 그에게 공화국영웅 칭호를 수여하고 대규모 추모집회를 열었다. 평양전기기관차공장은 김종태전기기관차공장으로, 해주사범대학은 김종태사범대학으로 이름을 바꾸었다. 조직이 거의 와해되었음에도 불구하고 1969년 8월에는 당 중앙위원회가 지하에서 조직되고, 1970년 2월에는 당 선언과 강령이 발표되었다. 그해 6월에는 〈통일혁명당의 소리〉라는 방송이 시작되었다. 통일혁명당은 1985년에 한국민족민주전선으로 전환했으며, 방송도 〈구국의 소리〉로 바꾸었다고 한다. 그러나 이 조직과 방송은 남쪽이 아닌 북쪽에서 활동하는 유령조직일 가능성이 크다.

한편 1967년에는 독일과 프랑스를 여행한 적이 있는 학생과 지식인 수백 명이 북한 측과 접촉을 시도했다는 이유로 검거되는 동백림사건이 발생했다. 이들 중 34명은 서울의 재판정에 서게 되었다. 남북 분단의 비극이었다.

1968년과 1969년은 한반도에 또다시 전쟁의 위기가 다가온 해로 기록된다. 1968년 1월에 1·21 청와대 기습사건이 일어났고, 10월에는 울진·삼척에 무장부대가 침투하여 남북관계가 극도로 험악해졌다. 북미관계도 심각해지게 되는데, 1968년 1월 23일에 미 해군 첩보선 푸에블로호가 북한 해안에서 나포되었고, 다음 해 4월에는 미 해군 정찰기 EC-121기가 격추되었다. 일촉즉발의 위기 상황이었다.

1968년 1월 21일, 북에서 내려온 특수부대원 31명은 청와대를 바로 앞에 둔 세검정 고갯길에서 남측 군경과 교전을 벌였다. 이때 네 명은 도주하고 한 명(김신조)은 생포되었으며 나머지는 사살되었다. 이 사건은 김창봉과 허봉학, 그리고 김정태 등 북한 군부의 강경파들이 벌인 일이었음이 뒤에 확인되었다. 이들은 대남사업으로 업적을 쌓아 김일성에게 신임을 받은 다음 김일성의 동생으로서 당시 2인자였던 로동당 조직부장 김영주를 끌어내리고 당권을 장악하려는 욕심에서 이 같은 일을 벌인 것으로 드러났다. 군과 당을 모두 장악하여 김일성의 뒤를 이으려는 속셈이었다. 이 같은 일

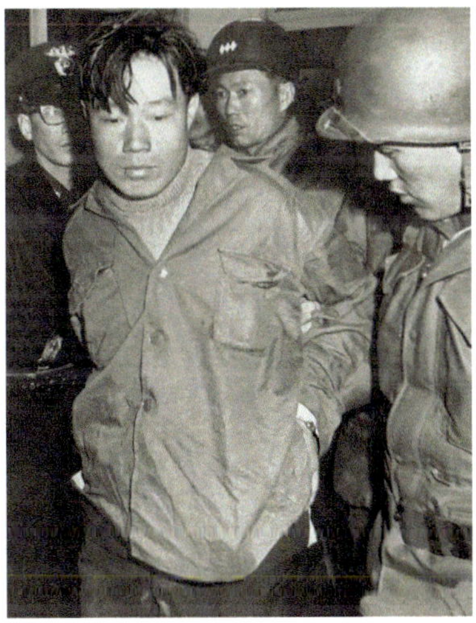

1·21 청와대 기습사건

1968년 1월 17일, 북한은 청와대 습격을 목적으로 특수부대원 31명을 남한에 침투시켰다. 1월 21일, 이들은 세검정 고개에서 발견되어 교전을 벌였는데, 생포된 김신조(가운데)와 도주한 네 명을 제외한 전원이 사살되었다. 화제의 영화 〈실미도〉의 684부대는 이 사건을 계기로 창설되었다고 한다.

(왼쪽부터 시계 방향)**푸에블로호, 자백서를 쓰는 푸에블로호 함장, 북측이 주장하는 푸에블로호 이동 경로**

1968년 1월 23일, 북한에 의해 나포된 푸에블로호의 모습. 북한은 이 배가 북한의 영해를 침범하여 첩보 활동을 했다고 주장한 반면 미국 측은 공해상에서 북한이 나포했다고 주장했다. 현재 푸에블로호는 대동강변에 전시되어 있다.

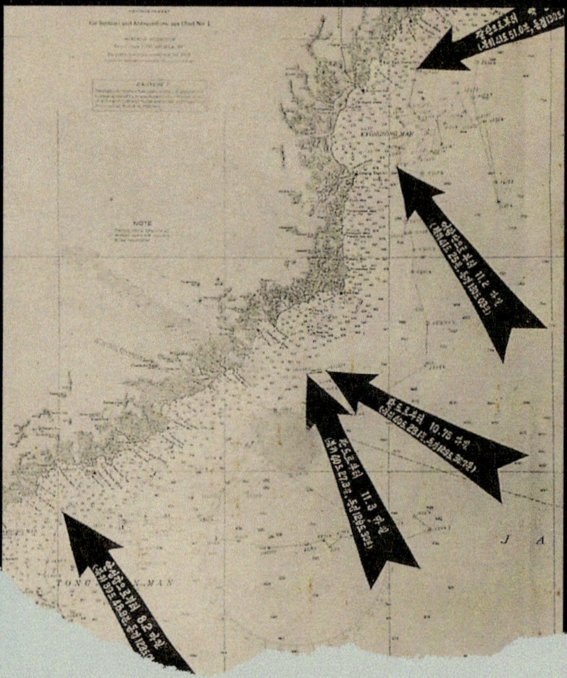

▼ **대동강변에 전시되어 있는 푸에블로호**

이 가능했던 것은 1962년 이후 국방력을 강화하면서 군부의 힘이 엄청나게 커졌기 때문이다. 울진·삼척 무장부대 침투사건도 그 연장선에서 일어난 일이었다. 김일성은 군부에 대한 검열을 실시하여 자신의 허락도 받지 않고 군사모험주의의 길을 걸어간 군부 강경파를 숙청했다. 그는 이 문제로 1972년도에 남측에 사과했다. 한편 남한 정부는 1·21사건에 충격을 받아 남쪽에서도 북쪽을 기습하고자 특수부대원들을 실미도에 모아놓고 훈련시키다가 취소했다.

1·21사건 이틀 뒤에 발생한 푸에블로호 나포사건은 동아시아 전체를 긴장시켰다. 푸에블로호는 초정밀 전자시스템을 갖추어 북한과 소련령 블라디보스토크의 군사용 통신을 해독하고 감시와 첩보 활동을 하는 미 해군 소속 함정이었다. 이 배를 북한이 원산 앞바다에서 나포한 것이다. 미국은 공해상에서 북한이 나포했다고 비난하고 핵 항공모함을 동원하여 무력시위를 했다. 또한 소련을 통해 북한 정부에 압력을 가해 승무원을 석방하도록 노력했다. 그러나 북한은 끄떡도 하지 않았다. 결국 나포된 지 325일 만에 미국 정부를 대신하여 푸에블로호 함장 푸커 소령이 북한 영해를 침범한 사실을 확인하는 사과문에 서명한 뒤에야 83명의 포로가 석방되었다. 현재 푸에블로호는 대동강변에 전시되어 있다.

1960년대 북한의 대남·대미 정책은 많은 후유증을 남겼다. '남조선혁명론'을 내세웠지만 남쪽에서 친북적인 세력이 확산될 여지는 별로 없었다. 미국에 대해서도 자존심을 최대한 세울 수는 있었지만 그 대신 세계 최강국인 미국과 화해할 수 없는 대립의 길을 걸어가야 했다. 그로써 북한은 전쟁 발발 위험에 대한 위기감이 더욱 고조되었고, 결국 사회주의 낙원을 건설한다는 자신감에도 불구하고 북한의 체제는 더욱 움츠러들게 되었다.

| 북으로 간 재일교포의 삶 |

'째포'와 '켄짱' 사이의 간극

1959년 8월에 일본 적십자사는 귀국을 원하는 재일교포들을 북으로 보내주기로 북한 적십자사와 합의했다. 그해 12월 14일, 북송 제1진 975명을 태운 '토불스크호'가 니가타항을 떠나 청진으로 향했다. 그로부터 1년 뒤인 1960년 12월 18일까지 북으로 건너간 재일교포는 5만 1978명에 이른다. 노동력 보충을 기대했던 북한 정부의 의도와 달리, 초기에 북으로 건너간 재일교포의 과반수는 55세 이상의 고령이거나 18세 이하의 청소년이었다. 더 늙기 전에 고국 땅을 밟고 싶어 한 사람들이거나 사회주의 조국에서 무상교육을 받으며 미래를 펼쳐나가길 원하는 젊은이들이 상당수였다.

재일본조선인총연합회(총련)는 1961년에 방침을 바꾸어 기술자와 기업가를 우선 귀국시키기로 결정했다. 이 방침은 더욱 강화되어 정밀기계 등 기업 설비를 갖춘 기술 집단의 귀국이 두드러지기 시작했다. 북한의 7개년계획(1961~1967)에 필요한 기술과 교양을 습득한 사람을 계획적으로 집단 귀국시키며, 일본인 처는 귀국시키지 않는다는 방침이었다. 귀국선을 자산과 기술의 도입, 공작 활동에 이용하는 경향은 한층 두드러졌다.

1967년도에 8년에 걸친 귀국사업 협정이 종료되었으나 미귀환자 문제가 남았다. 적십자사를 통한 협상이 계속되어, 1971년부터 귀국사업이 재개되었다. 이때는 재산 반출의 상한선이 없어져 일반 외국인처럼 제한 없이 현금을 가지고 나가게 되었다. 총련은 상공업자들을 대상으로 '애국지원사업'을 펼쳐 귀국을 독려했다. 총련 간부들의 자제들도 대거 귀국했는데, 이들은 북한 정부와 재일조선인 사이를 연결하는 고리가 되었다. 일본에 남은 가족은 귀국 가족의 생활을 보조하기 위해 현금과 물품을 계속 보내야 했고 그들의 안녕을 위해 북한 정부에 충성하지 않을 수 없었다.

1959년 12월부터 1984년까지 진행된 귀국사업을 통해 북한으로 건너간 재일조선인은 일본 국적자 6730여 명을 포함하여 9만 3340명에 이른다.

북한에 초기에 귀국한 사람들은 비교적 좋은 대우를 받았다. 북한 정부는 의식주를 보장하고 무상교육을 하는 등 당시 조건으로서는 상당한 대우를 해주었다. 이들에게 주어지는 특혜 때문에 북한 주민들이 불만을 표출할 정도였다. 귀국교포들은 초기에는 어느 정도 북한 내에서 이동의 자유도 보장받았다. 귀국교포에 대한 북한 주민들의 불만이 많아지면서, 점차 이들에 대한 대우가 나빠지기 시작했다. 북한 주민들은 일본에서 온 귀국자를 '째포(在胞)'라고 부르며 뿌리 없는 존재라고 멸시했다. 그렇게 부르는 데에는 귀국자에 대한 열등감과 부러움, 질투, 미움의 감정이 동시에 섞여 있었다. 반면 귀국자는 북한 주민을 원주민이라는 뜻의 '켄짱(原チャン)'이라고 부르며

낮추어보기도 했다.

북한에서 귀국자의 정치적 지위는 대부분 매우 낮았지만 경제적 지위는 일반 북한 주민들보다 상대적으로 나은 편이었다. 친척이 일본에서 계속 돈과 물자를 보내준 교포는 경제적으로 약간의 여유를 누릴 수 있었다. 귀국자가 소유한 물건은 희소성이 높았다. 누구나 귀국자가 제공하는 물자를 탐했으며, 아무리 값이 비싸도 반드시 수요가 있었다. 생필품을 필요로 하는 북한 주민과 쌀을 필요로 하는 귀국자 간에 암시장이 형성되었다. 1980년대 중반부터 배급이 지연되고 시장이 확산되면서 외화상점도 대중화되었다. 여기에는 귀국자의 역할도 컸다. 귀국자는 해외 친척이 보낸 외화를 자기가 소비하기보다는 장사 밑천을 마련하기 위한 수단으로 사용하기도 했다.

이처럼 재일교포들은 사회주의 조국으로 간다는 꿈을 안고 귀국했으나 그들이 처한 현실은 만만치 않았다. 이들을 열렬히 환영했던 북한 정부로서나 선전을 믿고 북으로 간 재일교포로서나 해결해야 할 일들이 산적했다. 그들이 겪은 경험은 일본의 식민지 지배의 유산과 분단의 비극, 이념과 현실의 괴리 속에서 전개된 것이었다.

재일교포 북송의 상징인 만경봉호

1971년 8월 18일에 취항한 북한의 대표적인 화객선. 원산과 니가타 항을 왕래하며 북송교포와 화물을 운송했고, 2002년 부산아시아경기대회 때는 북측 응원단의 숙소로 사용되기도 했다.

방울

405

전면적인 사회주의 건설기의 사회문화

1961년부터 1970년까지는 전면적인 사회주의 건설 시기에 해당한다. 이 시기에 들어서 인민들의 의식주 생활은 1950년대에 비해 상당히 향상된다.

사회주의 이상향을 건설하겠다는 꿈은 우선 대규모의 건축사업으로 표출되었다. 이 시기에는 도시만이 아니라 농촌에도 수많은 새로운 주택들이 들어섰다. 농업협동화가 마무리되는 1950년대 후반부터 본격화된 농촌의 문화주택 건설은 1960년대에 더욱 확대되었다. 이로써 도시와 농촌 모두 사회주의적인 집단 주거 생활이 정착되었다. 또한 거대한 평양학생소년궁전과 중앙도서관이 만들어졌으며, 기록영화촬영소, 텔레비전 방송탑 등도 세워졌다. 1970년에는 평양에 천리마거리와 서성거리를 만들고, 그 주위에 정부청사와 문화주택들을 배치했다.

아코디언을 연주하는 북한 어린이

만경대학생소년궁전에서 한 아이가 연주하고 있는 아코디언에 '위대한 령도자 김정일 동지께서 보내주신 선물'이라는 문구가 붙어 있다. 평양의 과외교육기관 만경대학생소년궁전은 소학교와 중학교 학생들이 공부와 과외활동을 하는 곳으로, 어린이를 위한 공원과 놀이시설도 갖추고 있다.

이 시기 건축양식의 특징은 장식을 배제하고 재료를 규격화하여 사용한 점이다. 건축의 규격화·공업화·기계화를 통해 비용을 최소화하면서 좀 더 많은 건물들을 짓기 위해서였다. 또한 북한 현대건축의 전 기간을 통하여 표정 없는 건축물이 가장 많이 들어선 시기이기도 하다. 한편 평양도시계획설계연구소에서는 통일을 대비하여 '서울시 기본 총계획'을 세우기도 했다.

1960년대는 북한의 의생활에서 하나의 큰 획을 긋는 시기였다. 변화의 주역은 '비날론'이었다. 비날론은 과학자 리승기가 1930년대에 발명한 화학섬유이다. 이 섬유는 카바이드를 원료로 하여 만드는데, 북한에는 석회석과 무연탄이 풍부하여 대량 생산이 가능했다. 비날론에서 사회주의 이상의 실현을 기대한 김일성은 1960년에 "모든 것을 비날론공장 건설에로"라는 구호를 제시하고 공장 건설을 진두지휘했다. 이때 1년 남짓한 기간에 공장의 건설을 끝내 '비날론속도'라는 용어가 생겼다. 2·8비날론공장 등에서 쏟아내는 대량의

농촌 문화주택

1960년대에는 '건축의 과학화', '건설부재의 대형화', '건축부재의 경량화'를 내걸고 도시와 농촌에 80만 세대의 주택을 건설했다. 농촌에도 아파트 형식의 집단 주거양식이 자리를 잡았다.

비날론은 무명이나 삼베, 아마 같은 천연섬유를 밀어내고 의생활혁명을 이루어냈다. 한편 여성들을 위한 화장품 생산도 늘어났다. 백산차와 박하 등의 천연향료와 함께 합성향료도 생산하려고 노력했다.

식생활에서도 어느 정도 개선이 이루어졌다. 그러나 '쌀은 공산주의'라는 말이 있음에도 불구하고 주곡 전체를 쌀로 충당할 수는 없었다. 그래서 옥수수 통강냉이를 가공한 강냉쌀이 많이 보급되었다.

이 시기에 교육 부문에서 이루어진 주요한 성과로는 1967년부터 9년제 기술의무교육이 전반적으로 시행된 것을 들 수 있다. 이 의무교육을 받은 학생 수는 1970년에 320만에 이르렀으며, 졸업생 수는 10만여 명에 달했다. 고등교육 체계도 강화되어 1970년에 129개의 대학과 약 500개의 고등기술학교에서 20만여 명의 학생들이 공부하게 되었다. 모든 군에 한 개 이상의 고등기술학교 또는 고등학교가 세워지고, 주요 공장지구에는 공장고등기술학교와 공

2·8비날론연합기업소

세계에서 세 번째, 동양에서 최초로 개발된 합성섬유인 비날론은 김일성의 전폭적인 지원으로 1961년에 공장이 준공된 후 대량으로 생산되어 북한의 의복 생활을 획기적으로 바꾸었다.

장대학이 운영되었다. 그리고 각 도마다 농업대학과 의학대학, 사범대학, 교양원대학, 공산대학을 비롯한 여러 대학이 운영되었다.

보육시설도 늘어났다. 1970년에 탁아소는 8600여 개, 유치원은 6800여 개에 이르렀고, 1966~1970년 사이에 탁아소에서 보육을 받는 어린이는 87만 7000여 명에서 120만여 명으로, 유치원생 수는 79만여 명에서 95만여 명으로 증가했다. 국가와 사회가 부모를 대신하여 어린이 보육의 책임을 지게 된 것이다.

보건 부문에서는 1960년 2월 최고인민회의 제2기 제7차 회의에서 완전하고 전반적인 무상치료제를 실시하는 결정이 채택되었다. 의사담당구역제가 실시되어 모든 인민에게 담당의사가 배정되었다. 결핵예방원과 구강병예방원, 정형외과병원 등 전문병원들이 각지에 세워지고 요양소들이 확대되었다. 의료사업에서는 치료보다 예방을 중시하는 예방의학의 관점이 중시되었다.

북한 정부는 보건과 함께 체육에 대해서도 상당히 많은 관심을 기울였다.

리승기와 비날론

세계에서 세 번째로 합성섬유인 비날론을 발명한 섬유공학자 리승기(1905~1996). 그는 우리 민족의 옷 입는 문제를 해결하기 위해 평생을 바친 인물이다. 일제강점기에 일본으로 건너가 교토대학 화학공업과를 졸업한 리승기는 일본 화학섬유연구소에서 근무하던 중, 1939년에 비날론이라는 합성섬유를 발명했다. 우리나라에서 쉽게 구할 수 있는 석회석으로 옷을 만들 수 있는 길을 연 것이다. 일본이 패망한 후 고국으로 돌아온 그는 서울대학교 공과대학장을 지내면서 비날론공장을 세우고자 노력했으나 남쪽에서는 그 꿈을 이룰 수 없어 낙향해버렸다. 전쟁이 터지자 북한군은 그를 북한으로 데려갔다.

인민학교에 첫 등교하는 어린이들

우리의 초등학교에 해당되는 인민학교는 4년제이며 교과목은 '경애하는 수령 김일성 원수님 어린 시절', '친애하는 지도자 김정일 동지 어린 시절' 등을 중심으로 국어·외국어·수학 등 총 12개 과목이다.

이 시기에 체육정책은 모든 인민이 체력 단련을 하여 노동과 국방 양면을 준비하도록 하며, 군중체육에 기초하여 모든 종목의 체육기술을 한 단계 발전시키는 데 초점을 두었다. 1966년 8월, 영국 런던에서 열린 제8회 월드컵대회에서 박두익을 필두로 한 북한 축구선수단은 이탈리아 팀을 이기고 8강에 올라 전 세계를 놀라게 했다. 이에 충격을 받은 김형욱 중앙정보부장이 북한 축구팀을 꺾기 위해 최정예팀 '양지축구단'을 만든 일화가 있다.

평양제1고등중학교

북한의 대표적인 과학영재양성학교로 학생 수는 약 1000명이다. 평양시 보통강구역 신원동에 자리 잡고 있다. 제1고등중학교라는 명칭은 각 지역에 설립되어 있는 과학영재학교의 명칭이다.

1950년대에 전후 복구와 사회주의 기초 건설에 기여했던 문학예술인들은 1960년대부터는 주로 항일무장투쟁과 이를 계승한 인민의 투쟁 모습, 약동하는 현실을 형상화한 작품들을 많이 창작하여 전 사회의 노동계급화와 혁명화에 이

천리마축구단

북한 축구 대표팀은 1966년 FIFA 월드컵에 참가했다. 영국 대니얼 고든 감독의 영화 〈천리마축구단〉은 북한 축구 대표팀이 이탈리아 축구 국가대표팀을 이기고 아시아 최초로 FIFA 월드컵 8강에 진출한 이야기를 그렸다.

바지하는 작업에 동원되었다. 1950년대만 해도 비교적 다양한 소재를 다루었던 문학예술계는 이 시기에 들어서는 거의 대부분 김일성과 항일무장투쟁, 그리고 지도자에게 충성하는 인민들을 형상화하는 작품을 생산해내는 데 주력했다. 단편소설 『력사의 자취』와 『맑은 아침』, 시집 『인민은 노래한다』 등 '수

북방쇠찌르레기가 알려준 아버지 소식

1965년 여름, 새 박사로 유명한 원병오 교수(경희대)는 일본 도쿄에 있는 국제조류보호협회 아시아 지역 본부로부터 한 통의 편지를 받았다. 여름 철새인 북방쇠찌르레기에 알루미늄 표지 가락지를 달아 날려 보낸 사실이 있는지를 묻는 내용이었다. 그렇다고 답장을 보내자, 그다음에 흥미로운 편지가 또 날아왔다. 북한 사회과학원 생물학연구실에서 일하는 사람이 그 새에 표지 가락지를 달아준 사람을 애타게 찾고 있다는 소식이었다.

북한에서 원병오 박사를 찾은 사람은 다름 아닌 그의 아버지 원홍구(1888~1970)였다. 원 박사 부자의 사연은 〈버드〉라는 제목의 북한·일본 합작영화로 만들어져 화제가 되었다. "새들에게는 국경이 없듯이, 우리도 남북한을 자유롭게 왕래할 수 있는 날이 빨리 오기를 기대합니다."(원병오)

령' 김일성을 형상화한 작품들이 가장 빛나는 성과들로 소개되었다.

특히 1967년에 주체사상에 입각한 유일사상 체계가 확립되면서부터는 김일성 일가를 찬양하는 작품들이 널리 출판되거나 상영되었다. 1968년 2월에 김일성 일가를 그린 기록영화 〈만경대〉와 〈우리의 어머니 강반석 녀사〉가 대중에게 소개되었다. 1960년대 후반 이후 북한의 문학예술은 김정일의 활동과 깊은 관련이 있다. 그는 〈피바다〉와 〈한 자위단원의 운명〉을 영화로 옮기는 사업을 주도했다. 북한에서 불후의 고전 명작으로 평가받고 있는 〈피바다〉는 김일성이 항일무장투쟁 시기에 직접 창작한 혁명연극이라고 알려져 있다. 일본 토벌대는 일제와 지주의 수탈에 반대한 산간 마을의 농민들을 피바다로 만든다. 이때 남편을 잃은 주인공 어머니가 마을을 떠나 자식들을 키우다가 자식들만이 아니라 그 자신도 혁명의식을 가지게 되는 과정을 그린 작품이다. 〈피바다〉는 1970년대에도 혁명가극, 장편소설, 교향곡 등으로 계속 형식을 달리하며 재창작된다.

영화 〈피바다〉 중 한 장면

북한의 대표적인 고전명작인 〈피바다〉는 혁명가극 외에도 다양한 장르로 이식되었다. 이 영화는 1969년 최익규의 연출로 백두산창작단과 조선예술영화촬영소에서 제작되었다.

| 평양을 대표하는 건축물 |

건축으로 구현된 주체의 이념

모란봉극장

평양 중심부에서 북편으로 모란봉이라는 높은 언덕에 세워진 사회주의적 사실주의 양식의 단층 건물. 정전 다음 해인 1954년에 준공되었다. 정면 입구에는 공화국 국장과 주작, 봉황 문양으로 장식한 팬덴티브(pandentive)가 올려져 있고, 팔각기둥들이 세워져 있다. 대규모 공연과 회의를 할 수 있도록 현관홀과 관람석, 무대 등을 배치했다. 1998년에 남북 음악인들이 함께한 윤이상 통일음악회가 열린 곳이다.

옥류관

대동강변의 풍광과 잘 어울리는 민족적 전통주의 양식의 2층 식당. 1960년에 준공되었다. 기와지붕을 올리고 지붕을 떠받치는 기둥의 상부에는 공포를 짜 올렸다. 벽면은 현대건축 양식으로 처리했다. 남북이산가족 고향방문단 참가자들을 비롯하여 북을 방문하는 남측 사람들이 즐겨 찾는 식당으로, 특히 냉면이 유명하다.

조선혁명박물관

1948년에 국립중앙해방투쟁박물관으로 시작하여 1961년에 조선혁명박물관으로 이름을 바꾼 이후, 김일성이 60세가 되던 1972년에 중구역 만수대로 옮겨 새로 개관했다. 항일혁명투쟁기부터 사회주의의 전면적 건설기 등에 이르기까지 북한의 혁명 과정을 단계별로 나누어 관련 자료를 전시하고 있으며, 김정일관도 있다. 건물의 정면에는 폭 70미터의 백두산 모자이크 벽화가 있으며, 건물 앞에 거대한 김일성 동상이 서 있다. 2012년도에 김정일 동상이 바로 옆에 세워졌다.

평양산원

1500병상 규모의 여성전용 종합병원으로

1980년에 준공되었다. 건축의 창의성을 강조한 김정일의 지침을 따라, 'H'자형 평면에 곡선을 많이 사용하여 조형성을 살렸다. 원, 반면, 곡면 등의 곡선과 꽃 장식 등을 많이 사용한 것은 여성의 심리적·정서적 특성을 반영하고자 한 것이라 한다. 어머니가 두 어린것의 손목을 잡고 공원 속을 거니는 느낌을 준다는 호평을 받았다. 동평양 동대원거리에 있다.

주체사상탑

김일성 탄생 70주년인 1982년 4월에 김일성의 주체사상과 혁명 업적을 기리기 위해 건립한 높이 170미터의 탑. 탑은 기단부, 탑신, 등불로 이루어져 있는데, 탑 안에 엘리베이터가 있어 횃불까지 사람이 올라가 시내를 조망할 수 있다. 이 탑에 쓰인 돌은 모두 2만 2500개인데, 이는 70돌을 맞이한 김일성의 생일에 365일을 곱한 숫자이다. 대동강을 사이에 두고 김일성광장을 마주 보고 있다.

만경대학생소년궁전

제13차 세계청년학생축전에 맞추어 1988년에 준공한 청소년을 위한 시설. 지상 8층으로 2000석의 대극장과 과학관, 예술관, 체육관, 유희관, 체조경기장, 수영장, 수족관, 10만 권의 장서를 갖춘 도서관 등이 들어서 있다. 본관 좌우에 반원형 띠 건물을 배치함으로써, 두 팔을 뻗어 사랑스런 어린아이를 안으려는 어머니의 모습을 표현했다. 만경대구역 광복거리에 있다.

인민대학습당

김일성광장 옆에 있으며, 대동강 건너편의 주체사상탑과 마주 보고 있어 공화국 수도 평양을 대표하는 상징적인 건축물의 하나가 된 종합도서관. 민족적 전통주의 양식으로는 최대 건축물로서 건축면적 10만 제곱미터, 10층 규모에 600여 개의 실을 지니고 있다. 1982년에 준공. 지붕들의 높이에 차이를 두어 지붕선에 리듬감을 주었다. 밑에서부터 위로 올라가면서 연한 색에서 진한 색으로 변해가며, 지붕의 청기와 색은 푸른 하늘과 조화를 이룬다.

5·1경기장

제13차 세계청년학생축전을 대비하여 1989년에 만든 수용 인원 15만 명의 경기장. 서울올림픽 메인스타디움을 의식한 것으로 보인다. 16개의 반원형 트러스 지붕이 원으로 이어져 멀리서 보면 마치 낙하산이 땅에 접지하는 순간을 연상시킨다. '파라슈트 공법'이라고 하는데, 1989년 제네바에서 열린 제16회 국제발명신기술전에서 금상을 받았다고 한다. 대동강의 능라도에 위치.

류경 호텔

보통강구역 서장대에 들어선 건축면적 36만 제곱미터, 105층에 높이 323미터에 달하는 호텔. 객실 3000실에 2000석의 회의실과 2000명을 수용하는 파티장이 들어간다. 경사가 급한 피라미드 모양이다. 1987년부터 프랑스 자본을 끌어들여 짓기 시작했으나 프랑스 기술진이 계약 조건 문제로 철수하여 흉물처럼 남아 있었다. 2011년에 외장 공사가 거의 끝나 완공을 눈앞에 두고 있다.

5

모습을 드러낸 우리식 사회주의

〈용해공〉, 최계근, 1968

1970–1990

자력갱생의 기치와 '우리식대로 살아나가자'라는 구호 아래
사회주의 공화국의 건설과 발전은 계속되었다.
그러나 야심차게 세운 주체사상의 기세와는 달리
북한은 곧 '우리식'의 한계에 부딪쳤다.

1970	11월	조선로동당 제5차 대회 : 사상·기술·문화의 3대혁명 심화 과제
	7월	(남측) 경부고속도로 개통
1971-1976 인민경제계획 6개년계획		
1972	7월	조국통일 3대원칙에 기초한 남북 공동성명 발표
	12월	사회주의헌법 공포
	10월	(남측) 유신헌법 공포
1974	2월	김정일 후계자 추대
1976	8월	판문점 도끼사건
1978-1984 제2차 7개년계획		
1979	10월 26일	(남측) 박정희 대통령 사망
1980	10월	고려민주연방공화국 창립방안 제의
	5월 18일	(남측) 광주민주화운동
1985	9월	남북한 '고향방문단·예술단' 상호 방문
1987-1993 제3차 7개년계획		
1988	2월 25일	(남측) 노태우 대통령 취임
	9~10월	(남측) 서울올림픽대회 개최
1989	7월	제3회 세계청년학생축전 개막

3대혁명운동

1980년 조선로동당 제6차 대회 이후 3대혁명운동은 천리마 운동을 대신하는 국가 운영 노선으로 자리 잡았다. 사상혁명·기술혁명·문화혁명으로 사회주의의 완전한 승리를 이룩하자는 것이 그 목표다.

「주체사상에 대하여」

'사람이 모든 것의 주인이며 모든 것을 결정한다'라는 철학적 원리, '혁명과 건설의 주인은 인민대중이며 혁명과 건설을 추동하는 힘도 인민대중에게 있다'라는 사회역사원리, '혁명과 건설에서 주인다운 태도를 가질 것'을 요구하는 지도원칙. 1982년 3월 발표한 김정일의 논문에서 주체사상은 크게 이 3가지 원리로 구성된다.

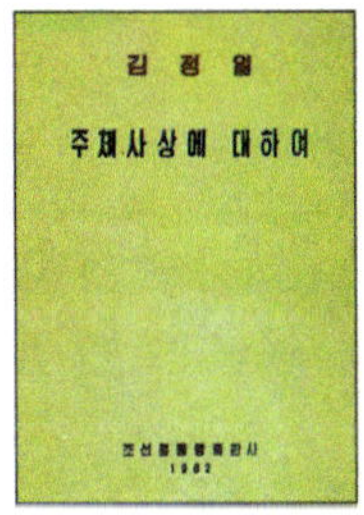

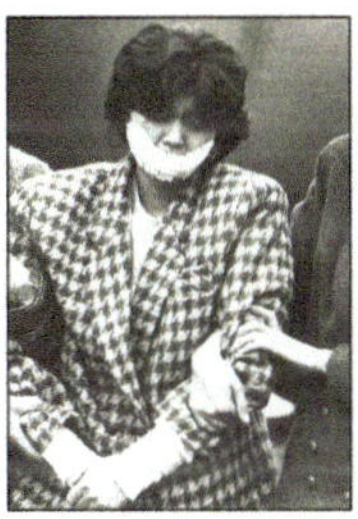

KAL기 폭파사건

이라크의 바그다드를 출발한 대한항공 858기가 1987년 11월 29일 공중 폭발하여 승무원과 탑승객 115명이 전원 사망했다. 전두환 정부는 이 사건을 서울올림픽대회 개최를 방해하려는 북한의 소행으로 지목했고, 미국은 이 사건을 구실로 북한을 '테러 국가'로 규정했다.

세계청년학생대축전

세계민주청년연맹에서 주도하는 국제친선행사인 세계청년학생대축전이 1989년 평양에서 개최되었다. 이 13차 평양 축전에는 개최 사상 가장 많은 나라가 참가하여 성대하게 치러졌고, 한국대학생대표자협의회가 비밀리에 파견한 임수경이 참가해 당시 남북한에 큰 논란을 불러일으켰다.

501

수령이 다스리는 사회

유일체제가 확립된 후, 북한은 정치 세력 간의 권력 갈등이 더 이상 존재하지 않는 사회로 바뀌었다. 권력투쟁이 없어지면서 단일한 권력에 의한 사회 통합력은 증대되었다. 북한은 사상적 의미의 다원성, 즉 자유주의 사회의 다원성을 유산계급의 전유물로 간주하면서 배척했다. 북한 지도부는 유일체제를 강화하면서 사회주의 경제 건설을 지속적으로 추진하고 남조선혁명에 의한 통일의 달성을 위해 힘을 모아갔다.

1960년대 사회적·경제적 발전을 총괄적으로 평가하고 이후 새로운 발전 전망을 제시하기 위해 1970년 11월에 조선로동당 제5차 대회가 소집되었다. 1961년에 제4차 대회 이후 9년 반에 열린 대회였다. 이 대회에서는 사회주의의 완전한 승리를 앞당기기 위해 사상·기술·문화의 3대혁명을 더욱 심화시

금수산태양궁전에 걸린 김일성과 김정일의 초상

김일성이 생전에 생활하던 금수산의사당을 김일성의 시신을 영구 보존하는 목적으로 개조한 곳이며, 금수산기념궁전으로 불리다가 2012년 김정일 위원장의 70번째 생일을 맞아 금수산태양궁전으로 개칭했다. 현재 김일성과 김정일의 시신이 안치되어 있고, 시신을 멈춰서서 보는 것은 허가되지 않는다.

키며, 당의 유일사상 체계를 철저히 세우는 과업들이 제기되었다. 사회주의 사회를 완성하는 데 필요한 모든 물질적·정신적 조건을 구축하겠다는 것이었다. 이후에도 북한은 계속해서 3대혁명의 추진을 인민정권을 강화하는 것과 함께 조선로동당의 총노선으로 삼았다.

북한에서 사회주의 제도가 성립된 것은 1950년대 말이지만 이를 뒷받침하는 헌법은 오랫동안 마련되지 않았다. 사회주의헌법의 제정을 늦춘 이유 가운데 하나는 남북관계와 통일문제를 의식했기 때문이다. 이를 마냥 늦출 수 없었던 북한은 사회주의의 성과를 법적으로 고착화시키려는 목적으로 1972년 12월 27일에 사회주의헌법을 제정했다. 사회주의헌법은 주체사상을 국가활동의 지도적 지침으로 규정하는 등 모든 분야에서 사회주의 제도에 맞는 내용으로 채워졌다. 새 헌법에 따라 국가 권력기관의 구성도 전면적으로 개편

3대혁명기념탑

조형물 아래에는 "사상, 기술, 문화의 3대혁명은 사회주의, 공산주의 건설에서 우리 당의 총로선입니다"라는 김일성의 친필이 새겨져 있다.

현재 북한 국가권력 체계

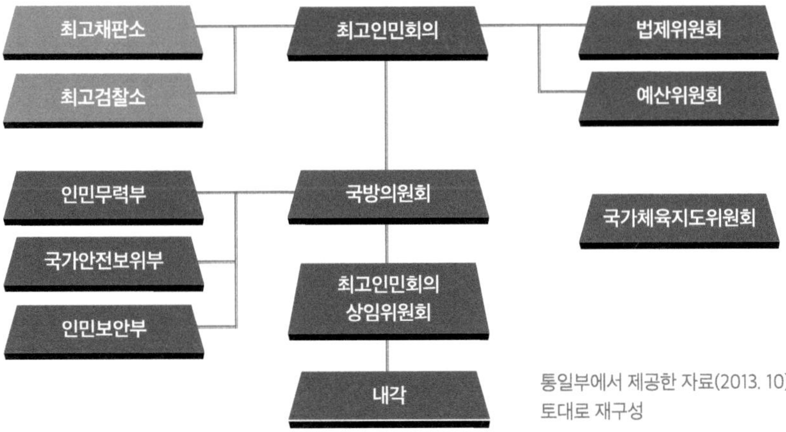

통일부에서 제공한 자료(2013. 10)를 토대로 재구성

되었는데, 국가의 수반으로 주석직을, 국가주권의 최고 지도기관으로 중앙인민위원회를, 행정적 집행기관으로 정무원을 각각 설치했다. 이전까지 국가 권력기관에서 수상이었던 김일성은 주석으로 추대됨으로써 그의 국가 제도적 위상을 더욱 강화했다. 이즈음 북한 사회는 김일성의 혁명사상과 주체사상을 유일사상으로 하여 전 사회적인 '일심단결'을 통해 새로운 단계에 들어서게 되었다.

1974년에는 당의 최고 강령으로서 온 사회의 주체사상화가 제창되었으며, 이를 위한 선결조건으로 전당의 주체사상화가 제시되었다. 조선로동당은 북한의 국가와 사회를 이끄는 가장 핵심적인 기구로서 그 구성원의 사상적 단결, 즉 주체사상으로 무장하는 것이야말로 당의 위력을 과시하는 것이었다. 전당의 주체사상화는 당의 유일사상 체계를 세우는 일을 당 건설의 기본 원칙으로 하는 것이다. 이와 더불어 로농당 지도부는 새로운 당 생활총화 제도가 모든 당 조직으로 확대되도록 힘썼다. 당 생활총화는 당원들의 조직생활을 더욱 밀도 있게 하고 당 대열의 통일과 단결을 강화하기 위함이었다. 한편으로 이러한 제도를 시행해야 한다고 주창하게 된 것은 일부 당원들이 주체

3대혁명붉은기쟁취운동

'전투장'이라고 씌어진 글씨가 대중의 열정과 헌신을 조직화하여 노동에 동원하는 북한의 대중운동 방식을 상징적으로 보여준다.

젊은 활동가들

3대혁명을 이끄는 젊은 소조원들을 표현한 조각 작품 <우리의 3대혁명소조원>, 이동훈, 1978년 작.

3대혁명과 사회 변화

3대혁명이란 사회주의의 완전한 승리를 이룩할 때까지 과도기 동안 내부적 혁명 목표로 내세운 전략적 과제로서 사상혁명·기술혁명·문화혁명을 일컫는다. 이는 위에서 아래에 이르는 총체적이고도 끊임없는 전 사회적인 혁신을 의미했다. 3대혁명은 때로 이념적 경직성을 낳기도 하고, 사상 우위에 대한 지나친 강조 때문에 물질 생산력이 상대적으로 저하되는 결과를 초래하기도 했다. 1980년에 조선로동당 제6차 대회를 거치면서 3대혁명운동은 '천리마운동'을 대신하여 사회주의, 공산주의 건설의 총노선으로 공식화되었다.

사상으로 제대로 무장되어 있지 못하거나 관료주의적 사업 방식을 취하는 등 부정적 현상들이 나타났기 때문이다.

주체사상화를 다그치기 위해 전개된 3대혁명은 3대혁명소조운동에 의해 뒷받침되었다. 이 운동은 당원, 국가 경제기관 종사원, 대학생, 기술자 등 젊은 남녀들로 구성된 각 혁명소조원이 각급 생산 단위와 행정기관, 문화기관, 학교 등에 파견되어 당 정책의 관철을 위해 선도적인 사업을 수행하도록 한 것이다. 3대혁명소조원들은 기술자와 전문가의 기술 혁신의 싹을 찾아내어 생산에 도입하도록 적극 밀어주고, 근로자의 문화적 생활수준을 높이기 위한 다양한 사업을 전개했다. 또한 간부들의 비리를 적발하는 것도 그들의 몫이었다. 3대혁명소조원들은 각지에서 열성적인 활동을 통해 나름대로 성과를 거두기도 했으나, 그 과정에서 때로 '젊은' 소조원들이 '나이 든' 현지인들과 마찰을 빚기도 하는 등 부작용도 적지 않았다.

1975년 11월에는 1960년대 천리마운동을 심화, 발전시킨 3대혁명붉은기쟁취운동이 발기되었다. 이는 대중 동원을 더욱 가속화하려는 것으로, 대중적인 사상·기술·문화를 바꾸기 위한 캠페인으로 지속되었다. 이와 같이 북한의 사회 건설은 지속적으로 군중 동원과 대중운동 방식을 통해 물질적 발전을 이룩하고 인간을 바꾸는 방향으로 모아졌다.

유일체계가 이어지는 과정에서 김일성에 대한 개인숭배는 한층 심화되었다. 일체의 공식 의식은 물론이고 '사소한' 부문도 그의 업적과 연관시켰다. 이를테면 '인민의 위대한 어버이'라든가 '수령님의 사랑과 배려' 등과 같은 표현은 자연스런 현상이 되었다. 최고 지도자에 대한 숭배가 강화된 것은 분단으로 인한 남북의 상호 적대적 환경과 외부로부터 오는 위협, 권력 엘리트들의 의지 등과 같은 요인들이 작용한 상태에서 전 사회적인 단결과 결속을 필요로 했기 때문이다. 따라서 김일성이 조국과 인민을 위해 수행했던 삶의 궤적과 업적이 광범위하게 소개되었으며, 이를 따라 배우는 것이 사회적 실천에서 중요한 덕목이 되었다. 반면에 김일성은 현지지도를 통해 지속적으로 대중들

노동자들을 고무하는 경제선동 모습

공장현장에서 노동자들을 대상으로 사회주의적 도덕성을 강조하는 내용의 문화 공연이 이루어지고 있다. 이러한 방식은 실무적 기술보다는 공산주의적 도덕성을 강조하는 북한의 독특한 정치사업 우선방식에서 연유한다.

생활총화를 강조하는 이유

생활총화는 집단주의의 주요 생활방식의 하나이며, 조직 생활은 생활총화를 통해 구성원들의 상호 관계를 발전시키는 것으로 주장된다. 북한 측의 설명에 따르면, 총화란 사업이나 생활의 진행 상황과 그 결과를 정치사상적으로, 행정적으로 분석하고 결속지어 앞으로의 사업과 생활에 도움이 될 경험과 교훈을 찾는 행사를 일컫는다.

조직생활을 하는 북한 인민들은 매주 직장 조직 단위별로 총화에 참석하여 비판과 자아비판을 통해 생활의 발전을 도모한다. 북한의 문학 작품 가운데에는 "직장 업무를 태공한 것 때문에 주 생활총화에서 여러 사람의 거센 비판을 받았다"는 내용이 종종 나온다. 결국 생활총화는 개인 생활의 일탈행위를 막고 북한의 사회적 단결을 이루는 데 중요한 역할을 한다고 볼 수 있다.

과 접촉함으로써 자신의 권위를 '인민성'에 부합하도록 하는 데 힘썼다.

1977년 9월, 김일성은 북한의 교육강령으로 '사회주의 교육테제'를 발표해 교육사업의 총괄적인 목표를 내세웠다. 이에 따라 사회의 모든 구성원을 '주체형의 공산주의 혁명가'로 키우고, '온 사회의 인텔리화'를 촉진시키는 등 유일체제의 교육방법론이 완성되었다. 이후 학교교육뿐 아니라 일체의 사회교육이 이 테제에 따라 운영되었다.

유일체제가 강화되고 사회주의 제도가 법적으로 완결된 것은 전 사회적으로 '계급주의적' 분위기를 느끼게 하는 것과 맥을 같이했다. 1970년대 중반에 벌어진 인민재등록사업도 그러한 사회적 상황에서 이루어졌는데, 이때 부농 출신이나 일제 복무자 등 독재 대상과 복잡한 계층은 직장의 배치나 대학 진학 등 각종 사회생활에서 여러 가지 차별을 감내해야 했다. 이들은 곧 사회적 '소수자'로서 사회주의적 '혜택'에서 소외된 계층으로 남게 되었다. 이러한 차별은 시간이 지나면서 완화되긴 했지만 분단체제가 낳은 부정적인 산물이라 할 수 있다.

주체사상의 전 사회적인 파급효과는 1978년 말 "우리식대로 살아나가자"라는 구호 밑에 정점으로 이어졌다. 이 표현은 주체사상의 요구대로 사고하고

1972년 북한 사회주의헌법

북한은 1972년 12월 27일에 사회주의헌법을 공포했다. 물론 북한이 사회주의 체제로 전환한 것은 이때가 아니었다. 북한 사회주의는 이미 1958년에 농업협동화가 완료되면서 구축되었다. 과거 소련을 보면 사회주의적 농업집단화가 정점에 이른 1936년에 사회주의헌법인 스탈린 헌법을 채택한 바 있었다. 그런데 북한은 왜 농업협동화 이후 14년이나 지난 후에야 사회주의의 법적 제도화를 실시했을까? 아마도 그 이면에는 남북관계를 의식한 측면이 강했다고 볼 수 있다. 즉, 통일을 자신의 민족적 과제로 삼아온 북한 당국이 남한 '혁명'을 의식하여 사회주의에 대한 공식적인 표방을 자제한 것이 아닌가 한다. 또한 체코슬로바키아와 유고슬라비아 등 일부 동구 국가들이 1960년대에 헌법 수정을 통해 인민공화국에서 사회주의 국가로 개칭한 것에도 영향을 받았을 것이다.

행동하며 모든 것을 자기 혁명과 인민의 이익에 맞게 자체의 힘으로 풀어나간다는 것을 의미했다.

조선로동당은 '숨은영웅모범따라배우는운동'을 전개했는데, 이는 각 분야에서 뛰어난 인재를 찾아내어 대중적 영향을 불러일으켜 집단적인 혁신을 추구하고자 진행되었다. 또한 안보적 상황에 적극 대처하려는 방편으로 전군의 주체사상화 방침이 적극 제기되었다. 인민군대를 주체사상에 따라 강화·발전시키고자 한 이 방침은 군사력의 강화 속에 군대에 대한 당의 지도를 더욱 높이고자 했다.

1980년 10월, 북한은 조선로동당 제6차 당 대회를 개최해 지난 시기를 결산하고 다양한 분야에서 앞으로의 새로운 시기에 대한 전망을 내놓았다. 특히 이 대회에서 김일성은 온 사회의 주체사상화를 다그치고 사회주의의 완전한 승리를 촉진하기 위한 과업을 제시했다. 이러한 총체적 과업의 경우는 전혀 새로운 것이 아니었으며, 오랜 기간 주장되어온 내용들을 강조한 것에 지

주체사상에 관한 국제 토론회

북한은 자신들의 사상인 주체사상을 전 세계로 전파시키기 위해 노력했다. 사진은 1977년 9월에 평양에서 열린 국제 토론회.

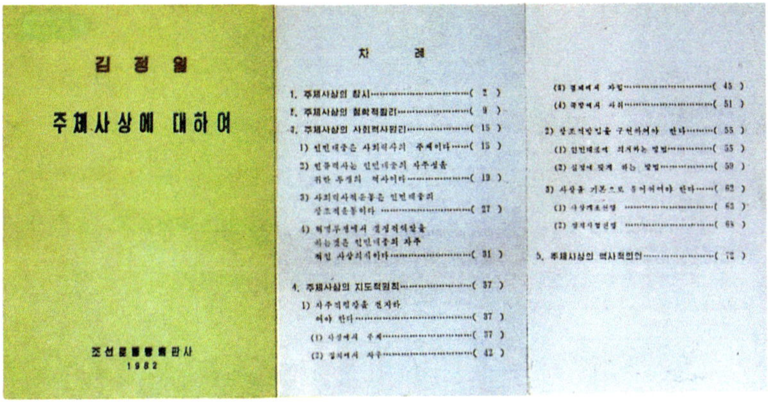

김정일의 논문 「주체사상에 대하여」

김정일이 이 논문을 발표한 후 주체사상의 논의와 해석은 그의 명의로 발표되었다.

나지 않았다. 북한은 경제 분야에서 10대 전망 목표를 제시했으며, 이를 추진하기 위해 '80년대속도' 창조운동을 발기했다. 이 운동이 지향한 것은 경제성장이 둔화되는 상황에서 전후 천리마운동처럼 혁명적 분위기를 세우고 근로자들의 각오와 열의를 다짐으로써 경제 성과를 끌어올리려는 것이었다. 또한 이 운동은 3대혁명소조운동, 3대혁명붉은기쟁취운동, 숨은영웅모범따라배우기운동 등 기존에 전개되던 대중운동들과 밀접히 결합되어 전개되었다. 이 운동은 1990년대 초 '90년대속도' 창조운동으로 연장되었으나 1990년대 위기 상황과 맞물려 곧 자취를 감추었다.

1982년 3월, 북한 권력의 후계자 김정일은 「주체사상에 대하여」란 논문을 발표했는데, 이 논문은 종래의 주체사상을 '전면적으로 심화·발전'시킨 것이며 '전일적으로 체계화'한 것으로 평가받았다. 이 논문에서는 주체사상의 구성, 즉 철학적 원리와 사회역사 원리, 그리고 지도적 원칙이 체계적으로 정리되었다.

이후 주체사상의 해석권을 독점한 김정일은 수령의 지위를 최상의 수준으로 격상시켰다. 그는 수령-당-인민이 하나의 생명체로서 생사의 운명을 같이하는 사회적·정치적 생명체로 결합되어 있다고 함으로써 사회적·정치적 생명을 부여하는 수령의 역할을 지적했다.

유일체제의 형성 이후 북한 사회는 수령과 당의 권위에 의해 이끌어졌다. 특히 수령은 사회 통합의 상징으로서 모든 권력을 행사하는 절대적인 위치를 차지했다. 1970~1980년대 북한 사회의 정치적 변동이나 역동성이 미미한 것은 수령체제를 대신하는 정치 세력이 존재하지 않았기 때문이다. 수령은 절대 권력을 행사하는 존재이지만 한편으로 정치적으로 인민대중의 의사를 구현해야 한다고 요구받았다. 즉, 대중은 생명의 은인인 수령에게 충성과 효성을 다하고, 반대로 수령은 인민에게 이민위천(以民爲天)에 바탕을 둔 인덕정치를 수행해야 한다는 것이다. 그런 까닭에 김일성은 활동하는 동안 1만 8000여 개의 단위를 찾아 55만 킬로미터의 현지지도를 수행할 만큼 '현장정치'나 인민과의 접촉을 중시했다. 결국 수령과 인민의 관계는 수령에 의한 일방적인 지시나 요구 등의 하향성보다는, 제한적이긴 하지만 상호 동의적 요인

육체적 생명보다 중요한 사회적·정치적 생명

집단주의 원리

"하나는 전체를 위하여, 전체는 하나를 위하여!"라는 구호는 북측의 집단주의 원리이자 핵심이다. 사진은 평양의 3대혁명 전시관 총서관의 내부 벽장식.

북한에서 수령은 사회의 모든 구성원에게 사회적·정치적 생명을 부여하는 존재로서 의미를 갖는다. 사회의 모든 구성원은 부모에게 받은 육체적 생명과 더불어 수령이 부여하는 사회적·정치적 생명을 받아야 비로소 완전한 사람이 될 수 있다는 것이다. 사회적·정치적 생명이 사회적 존재인 사람의 '제1생명'으로 간주된다. 이 논리에 따르면, 비록 목숨이 붙어 있어도 사회적으로 버림받고 정치적 생명을 잃어버림으로써 다른 사람에게 인정을 받지 못하면 사회적 인간으로서는 죽은 몸이나 다름없다. 그리하여 사회적·정치적 생명론은 수령-당-인민의 일심동체에 대한 논리적 근거를 제공하고 있다.

만화영화 〈소년 장수〉의 한 장면

고구려를 배경으로 한 이 작품은 주체사상을 기반으로 애국주의와 조선민족제일주의를 고취하려는 의도를 담고 있다.

들이 작동했다고 볼 수 있다. 그러나 일심단결을 내세운 수령-당-인민의 통일체는 개성과 다양성이 존중되고 사회적 동력이 지속적으로 확장되는 사회상의 실현과는 거리가 멀었다.

1980년대 중반 이후 북한 사회의 역동성은 '자력갱생' 모델의 한계, 계획경제 체제의 비효율성, 소련을 비롯한 사회주의 국가들의 경제 침체와 변화 등으로 인해 현저히 감퇴되었다. 자원과 인구가 한정적인 조건에서 자력에 의한 지속적인 성장은 가능하지 않았으며, 더구나 인민에게 물질적인 동기보다는 정신적 유인을 강조하는 데서 더욱 그러했다. 북한 지도부는 기존처럼 사상적 단결을 강조하거나 지속적인 대중 동원과 같은 방식을 통해 난관을 극복하고자 했으나 마땅한 효과를 거두지는 못했다. 결국 북한은 앞으로 다가올 엄청난 후퇴를 예상하지 못한 채 사회주의권의 붕괴를 지켜볼 수밖에 없었다.

| 북한에서 개인 재산이란 |

사회주의 속에서 개인도 재산을 가질 수 있을까?

"북한은 개인 재산을 인정하지 않는다"는 말은 우리 사회에서 오랫동안 널리 알려진 이야기다. 그런데 여기서 '개인 재산'이 무엇을 지칭하는지 곰곰이 되돌아본 것 같지는 않다.

자본주의와 사회주의를 가르는 가장 중요한 기준 가운데 하나는 생산수단에 대한 소유 주체가 누구냐에 있다. 자본주의 사회에서는 생산수단이 대개 개인 소유인 반면, 북한에서는 생산수단이 국가적·협동적 소유의 영역일 뿐 개인적 소유는 금지되어 있다. 국가 소유 영역에는 모든 자원부원, 중요 공장과 기업소, 항만, 은행, 교통운수와 체신기관 등을 망라하며, 협동단체 소유 영역에는 토지, 부림짐승(가축), 농기구, 고깃배, 건물, 중소 공장과 기업소 등을 들 수 있다.

북한은 개인 소유 영역을 '근로자들의 개인적이며 소비적인 목적을 위한 소유'로 부른다. 1998년 개정 헌법에서 합법적 경리 활동을 통해 얻은 수입도 개인 소유로 인정함으로써 개인이 자가 또는 가족 노동에 의해 영리 활동을 할 수 있는 길을 열어놓았다. 구체적으로 근로소득과 저축, 가정용품 등이 그 범위에 속한

이동식 매대를 끌고

평양 김일성경기장 앞을 지나가는 판매원의 모습. 자전거를 개조해 만든 이동식 매대와 판매원 복장의 하얀 모자와 유니폼이 눈길을 끈다.

다. 그런데 1990년대 후반 '고난의 행군' 시기를 거치면서 악화된 경제 부문의 일부를 시장이 담당하고부터 개인 소유의 범주는 확대되었다. 그리하여 국가에 일정한 '수수료'를 내고 시장에서 합법적으로 영업하는 일이 가능하게 되었다. 시장경제는 부족한 공급을 완화시키는 데 기여했지만 한편으로 일부 부를 축척한 계층의 형성으로 인해 경제적 불평등이 심화될 조짐도 등장하고 있다.

주택의 경우, 국가 소유로 되어 있으나 세대주가 다른 가구와 교환을 하거나 상속할 수 있다는 점에서 국가 소유와 개인 소유의 두 측면이 혼재되어 있다. 다만 돈으로 거래되는 주택 매매는 금지되어 있다.

인간 소유욕의 인정이 경제발전의 추동력이 된다는 점에서 북한 당국이 개인 소유 영역을 지속적으로 확대할 것으로 예상되지만, 소유문제는 체제의 본질을 규정하는 것이기에 북한 당국이 이 문제에 대해 어떻게 대처할 것인지 두고 볼 일이다.

신용카드와 간이매점

북한의 일부 장소에서나마 신용카드를 사용할 수 있다. 위는 비자카드가 사용 가능한 평양 고려호텔 출납창구. 아래는 평양 시내에서 볼 수 있는 얼음보숭이(아이스크림) 노점의 모습. 이런 형태의 간이매점은 평양학생축전 때 처음 선보였다고 한다.

502

후계자에 이르는 길

유일체제는 수령으로 불리는 최고 지도자의 위상과 역할에 절대적으로 의존한다. 그러나 이 체제는 수령의 자연적 수명이 유한하므로 그의 뒤를 이을 후계자 문제에 부딪히게 마련이다. 역사적으로 소련과 중국 등 다른 사회주의 국가들에서 후계자 선정문제로 진통을 겪는 것을 지켜본 바 있는 북한 지도부로서는 이 문제를 해결하는 게 무엇보다 중요함을 일찌감치 깨닫고 있었다. 후계자 문제를 해결하는 것이야말로 혁명전통을 계승하고 사회주의 체제를 지속하는 전제였던 것이다.

후계자 문제에 대한 북한 지도부의 고민은 1960년대 후반에 김일성의 동생이자 당 조직지도부장인 김영주를 염두에 두면서 풀리는 듯했다. 그러나 김영주는 건강이 좋지 않았고, 더구나 후계체제를 이끌 만한 능력도 확연히 드러나지 않았다. 이런 상황에서 빨치산 세대에 의해 키워진 김정일의 활동은

어린 시절의 김정일

1948년 8월, 김정일(왼쪽에서 두 번째, 당시 6세)이 화진포 휴양소에서 주북한 소련 민정국장 레베데프 소장의 아들 등과 함께 찍은 기념사진. 앞줄의 어린이는 김정일의 여동생 김경희.

여러모로 주목을 받지 않을 수 없었다.

어린 시절에 김정일은 아버지의 빨치산 동료들의 보살핌을 받았던 까닭에 그들의 생활 분위기를 자연스럽게 익힐 수 있었다. 나중에 그가 빨치산 원로들을 융숭하게 대접하고 유격대의 전통을 계승해야 한다고 강조한 것은 이 같은 성장 배경과 무관하지 않다. 학창 시절에 그는 엘리트 교육과 학내 조직 활동을 통해 지도력을 쌓아갔다. 1964년 봄, 그는 「사회주의 건설에서 군(郡)의 위치와 역할」이라는 논문을 쓰고 김일성종합대학 경제학부 정치경제학과를 졸업했다.

졸업 후 김정일은 바로 중앙당 조직지도부 지도원으로 사업에 나서면서 정치와 인연을 맺었다. 이때부터 정권의 핵심 인사들의 배려로 주요 부처에서 정치수업을 받았으며, 아버지 김일성의 현지지도를 수행하면서 통치 방식을 배워나갔다.

1967년 5월, 김정일은 유일체제를 강화하는 중대한 계기가 된 당 중앙위원

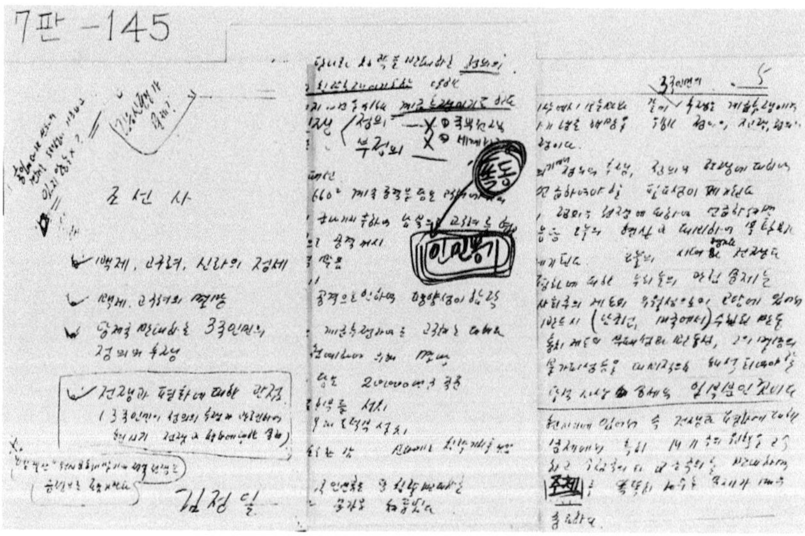

김정일의 대학 시절 논문 초고

한국사(조선사)의 삼국통일 문제에 대해 김정일이 직접 썼다고 하는 「삼국통일 문제를 다시 검토할 데 대하여」의 초고.

회 제4기 제15차 전원회의에서 앞서 언급된 바 있는 당내 '부르주아, 수정주의분자'들을 적발해 폭로하는 데 큰 역할을 했다. 그는 이 사건의 여세를 몰아 유일사상의 체계를 확립하는 데 주도적인 역할을 하면서 수령의 후계자로 등장할 가능성을 높였다.

1969년 초, 김정일은 당의 핵심 부서인 선전선동부 부부장으로 활동하면서 영화와 여타 문학예술 부문을 성공적으로 지도해 북한 지도층의 신뢰를 얻었다. 그의 지도 아래 일제 하 항일운동을 묘사한 작품들인 〈피바다〉와 〈한 자위단원의 운명〉, 〈꽃파는 처녀〉 등이 영화화되고 가극으로 꾸며졌다. 또한 그는 1973년 4월에 「영화예술론」 등을 비롯한 여러 편의 글을 통해 북한 문학예술 분야의 지표를 제시했다.

김정일의 고향 — 백두산 밀영인가 소련인가

"위대한 령도자 김정일 동지께서는 주체31(1942)년 2월 16일 백두산 밀영(량강도 삼지연군)에서 탄생하시였다. 백두산 밀영은 1930년대 후반기부터 1940년대 전반기까지 항일대전의 사령부가 자리 잡고 있던 조선혁명의 책원지이며 중심적 령도거점이였다."

— 『위대한 령도자 김정일 원수님 혁명력사』, 조선로동당출판사, 1999

"김정일은 1941년 러시아 연해주에 있는 하바로프스크 근교에서 태어났다. 정확한 지명은 하바로프스크에서 서남쪽 75Km 지점에 위치한 '브야츠크'."

— 『다큐멘터리 김정일』, 천지미디어, 1997

백두산 밀영의 귀틀집
북한은 이곳을 김정일이 태어난 곳이라고 설명한다.

김정일의 출생지에 관한 두 가지 상반된 주장이다. 김정일의 소련 출생설은 주로 1940~1945년에 김일성이 소련에서 활동했다는 근거에서 나왔다. 하지만 김일성은 이 기간에 정찰 활동 등을 위해 여러 차례 만주로 파견을 나왔고, 밀영을 운영했음도 밝혀졌다. 김정일이 소련에서 유년 시절을 보낸 것이 사실인 만큼 현재까지는 소련 출생설이 우세하지만 정확한 자료를 통해 검증이 필요하다.

이와 같이 김정일은 문학예술 부문의 사업을 통해 자신의 역량을 표출했고, 후계자의 조건을 충족시켜갔다. 그는 1972년 10월에 당 중앙위원회 제5기 제5차 전원회의에서 당 중앙위원에 올라섰고, 이듬해 9월에는 제5기 제7차 전원회의에서 당의 핵심인 조직 및 선전담당 비서로 선출되었다.

1974년 2월, 당 중앙위원회 제5기 제8차 전원회의를 통해 김정일은 수령의 유일한 후계자로 공식 추대되었다. 이때까지 후계자로 인식되어오던 김영주는 당의 핵심 직위인 조직담당 비서에서 부총리로 밀려났다. 이후 김정일은 언론매체에 이름이 전면에 나서지 않고 '당중앙'으로 불리면서 북한 내 모든 부문의 사업에서 절대적인 권한을 행사했다.

김일성이 주체사상을 제시하고 이를 지침으로 북한의 발전문제를 이끌어왔다면, 후계자인 김정일은 주체사상의 원리를 종합적으로 체계화하는 데 앞장섰다. 후계자로 올라선 직후 그는 온 사회의 주체사상화를 당의 최고 강령

권력의 핵심으로 부상한 김정일

1980년 10월, 조선로동당 중앙위원회 제6기 제1차 전원회의에서 김정일은 당 중앙위원회 정치국 상무위원회 위원으로 추대되었다.

으로 선포했다. 온 사회를 주체사상화한다는 것은 김일성의 사상인 주체사상을 유일한 지도적 지침으로 삼아 공산주의 사회를 건설해나간다는 것을 의미했다. 이 강령의 선포에 따라 북한 사회의 통치는 최고 지도자의 권위에 의지하는 경향이 더욱 심화되었다. 김정일의 활동은 상당 부분 유일체제의 확립에 집중되었는데, 이를테면 그는 '김일성주의'란 용어를 정식화하고, '당의 유일사상 체계 확립의 10대 원칙'을 내놓았다.

김정일은 자신의 후계자 등극이 항일유격대의 혁명전통을 계승한 것임을 보여주기 위한 조치들을 널리 시행했다. 사회적 삶의 방식에서 '항일유격대식'이라는 구호는 일상화되었고, 이 전통에 대한 학습은 전 사회적인 현상으로 확산되어갔다. 이를 위해 혁명사적 자료들을 찾아내고 왕재산 혁명사적지와 삼지연 혁명전적지를 비롯해 각지의 혁명 사적지와 전적지를 단장하거나 새로 꾸며 대중의 교양사업에 활용하는 사업이 전개되었다. 한편 김정일은 경제적 성과를 더욱 빛내기 위해 "모두 다 속도전 앞으로!"라는 구호 하에 당과 인민을 사회주의 건설로 조직 동원했고, 대중적인 '70일전투'라는 한시적 노력 경쟁을 발기하는 등 후계자의 업적을 다져나갔다.

막 등장한 후계체제는 3대혁명소조운동에 의해 상당히 뒷받침되었다. 비록 3대혁명소조운동이 현지인들과 마찰을 빚는 등 부작용을 불러일으키기는 했으나, 김정일 후계체제를 굳건히 하는 데는 큰 도움이 되었다.

김정일이 후계자로 등장할 수 있었던 것은 그가 김일성의 아들이라는 후광에 힘입은 것이기도 하지만 항일 빨치산 원로들의 지지 더분이기도 했다. 그것은 한편으로 비교적 이른 나이에 정치무대에 나선 김정일이 자신의 능력을 통해 그들에게 후계자로서의 자질을 증명해 보였다는 것을 의미한다. 뿐만 아니라 과거 항일활동가의 자녀나 유가족들의 배움터인 만경

온 사회의 주체사상화 강령

1974년 2월 19일에 선포된 이 강령은 온 사회를 김일성의 혁명사상으로 일색화한다는 것이다. 말하자면, 김일성의 혁명사상을 유일한 지도 지침으로 하여 혁명을 전진시키며 주체사상에 맞추어 사람과 사회와 자연을 개조하여 인민대중의 자주성이 완전히 실현된 사회를 건설하고 완성하겠다는 것이다.

대혁명학원 출신들은 김정일의 정치적 성장에 든든한 배경이 되어주었다. 이를테면 훗날 당·정·군의 실세가 되는 연형묵과 전병호, 김영춘, 김일철, 김두남 등이 그들이었다. 김정일은 북한 정계의 핵심으로 나서게 될 이들과 어려서부터 친숙하게 지냈다.

공식적인 후계체제는 극히 일부이긴 하지만 북한 권력 내부의 이견을 불러일으키기도 했다. 이를테면 국가부주석 김동규 등 일부 인사들은 김정일의 급격한 부상이나 정책상의 문제를 제기했다. 그러나 북한의 정치에서 반대세력이 활동할 만한 여건은 이미 존재하지 않았다.

김정일의 영향력은 당에서 시작해 군대, 정부 및 행정기관, 그리고 대남 및 대외 부문으로 확대되어, 북한 상부구조의 모든 영역을 망라하게 되었다. 그의 역할은 내용적으로 수령과 비슷해졌고, 그에 대한 개인숭배도 뒤따랐다.

만경대혁명학원과 그 인맥

설날을 맞아 만경대혁명학원을 찾은 김정일.

만경대혁명학원은 항일민족해방투쟁에서 희생되거나 생을 바친 '혁명열사'들의 후예들을 교육시키기 위해 1947년 10월 12일에 설립되었다. 졸업생들은 김일성종합대학에 진학하거나 장교 및 당의 간부로 기용되고 북한 당·정·군의 실세가 된다.

만경대혁명학원은 다른 교육기관과는 달리 교육성이 아닌 인민무력부에 직속되어 있다. 학생들은 재학 기간에 군관 복장을 하며 의무적으로 기숙사 생활을 하게 된다. 유치원 상급반 1년, 소학교 5년, 중학교 6년 등 12년제 의무교육 기간을 이곳에서 마칠 수 있도록 교과 과정을 편성하고 있다. 이곳 출신의 대표적인 인물들로는 연형묵(국방위원회 위원), 서윤석(당 정치국원), 강성산(총리), 전병호(국방위원회 위원), 최태복(최고인민회의 의장), 김영춘(인민군 총참모장), 김일철(인민무력부장) 등이 있다. 이밖에 혁명 유자녀들을 대상으로 교육하는 기관으로는 김일성 모친의 이름을 딴 강반석유자녀대학이 있다.

북한 권력의 후계자로서 김정일의 지위가 내외에 공식 천명된 것은 1980년 10월의 조선로동당 제6차 대회를 통해서였다. 이 대회에서 김정일은 당 중앙위원회 정치국 상무위원회 위원, 당 중앙위원회 비서, 당 중앙군사위원회 위원으로 추대되었다. 1970년대 '당중앙'이라는 다소 기묘한 명칭으로 불리던 그는 '친애하는 지도자'로서 자리매김되었다. 이어진 김정일의 활동은 항일 전통의 계승과 사회주의 제도의 강화, 그리고 유일체제의 지속화에 맞추어졌다.

이후 김정일은 국가의 모든 중대사까지 실질적으로 지휘하게 되었다. 수령으로서의 김일성의 지위는 변함없이 확고했으나, 거의 모든 부문에서 정책과 관련한 권한은 김정일이 직접 챙겼다고 볼 수 있다.

영화광 김정일

북한 영화의 이론적 토대이자 중요한 지침서는 김정일이 쓴 「영화예술론」이다. 영화에 특별한 관심을 보인 김정일은 자주 영화 촬영현장을 찾아 현지지도를 수행했다.

| 김일성과 김정일의 통치 방식 |

개방형과 은둔형의 상반된 이미지

한 국가 지도자의 통치 스타일은 그 나라의 정치문화를 이해하는 데 매우 중요하다. 더구나 북한처럼 최고 권력자의 위상과 역할이 절대적인 나라에서 그것은 권력의 성격과 정치사회의 특성을 규정하는 데 영향을 미친다.

부자간인 김일성과 김정일은 유일체제라는 제도 속에서 유일적 존재인 수령의 지위를 차지하고 나라의 상징이자 절대적 구심점 역할을 한 공통점을 가지고 있다.

1930년대 만주 유격대 활동은 김일성의 정치적 성장에서 가장 중요한 경험이었다. 그는 유격대와 지역 주민의 관계를 '물과 물고기의 관계'로 묘사한 모택동의 영향을 받아 대중사업을 중시했다. 삶의 현장을 순회하는 현지지도 방식은 김일성이 채택한 주요한 통치 방식이었다. 이 방식은 김정일의 집권기에도 그대로 이어질 만큼 권력과 인민을 잇는 독특한 상징으로 자리했다.

두 사람 모두 현지지도를 대민 접촉 방식으로 사용했지만 그들 간의 개성의 차이는 뚜렷했다. 김일성이 활발하고 '개방성'과 '대중성'을 지녔다고 한다면, 김정일은 다소간 '은둔형'의 모습을 띠었다. 현지지도에서도 김일성은 자주 정해진 코스에서 벗어난 방식을 선호한 반면, 김정일은 사전에 준비한 각본에 따라 진행하는 경우가 많았다.

김일성은 신년사 발표를 비롯한 당과 국가 행사 시 직접 대중연설을 했다. 대중들과의 접촉도 매우 자연스럽게 보였고, 언론 매체에 잡힌 그의 모습은 대체로 밝은 표정이 주를 이

농민들과 함께 모내기를 하는 김정일.

루었다. 그에 반해 김정일은 공식 석상에서 자신의 육성으로 연설을 한 경우가 전혀 없었다. 북한 주민들이 들어본 그의 육성이라곤 1992년 4월 25일 인민군 창건 60주년 기념식이 열린 김일성광장에서 "영웅적 조선인민군에게 영광 있으라"는 한마디뿐이었다.

두 사람에게서 나타나는 통치 스타일의 차이는 정치 환경의 차이가 크게 작용한 것이라고 볼 수 있다. 김일성 시대는 북한이 경제적으로 발전을 구가하고 대내외적인 안정이 보장되던 때였으나, 김정일 집권기는 '고난의 행군'을 비롯한 국가적 난국이 엄습하던 시기였다. 이러한 차이가 두 인물에게서 각각 '대중성'과 '폐쇄성'의 이미지를 부여했다고도 볼 수 있다.

이러한 통치 스타일의 차이가 있었지만 북한은 두 사람에게 인민의 '자애로운 어버이'

김일성과 김정일 모두 인민과 동고동락하는 이미지를 강조했다.

상을 부각시키는 데 많은 노력을 기울였다. 언론 매체는 그들이 항상 인민과 고락을 함께하고 헌신하는 이미지를 심어주는 데 앞장섰다. 그들이 권력 유지를 위해 흔히 독재자들이 즐겨 사용하는 강권통치 방식보다는 대중적 카리스마에 더 의존한 것은 위와 같은 통치 방식에서 비롯된 것으로 볼 수 있다.

503

한계에 부딪친 자력갱생의 꿈

북한은 1960년대에 전 국가적·인민적 차원의 경제 건설을 독려해 사회주의 공업국가로 들어섰다. 그 결과 인민의 생활수준도 크게 개선되었다. 사회주의 건설 과정은 1970년대 들어와서도 그 추동력을 놓치지 않았다. 북한은 경제성장을 지속하기 위해 먼저 인민경제계획 6개년계획(1971~1976)을 수립하고 생산력을 더욱 강화시키는 데 힘을 쏟았다. 특히 이 기간에 중노동과 경노동의 차이, 농업노동과 공업노동의 차이를 줄이고, 여성들을 가정일의 무거운 부담에서 벗어나게 하는 것을 기본 내용으로 하는 3대기술혁명 과업이 제시되었다.

지속적인 사상적 독려와 노력 경쟁을 동반한 6개년계획은 비교적 성공적으로 진행되어, 1976년에는 공업 생산이 1970년에 비해 2.5배나 증대되었다. 이 기간에 노동자와 사무원의 소득은 1.7배, 농민은 1.8배가 늘어났다. 목표

주체사상탑

평양의 중심부에 서 있는 지상 170미터의 이 거대한 건축물은 김일성의 70세 생일인 1982년 4월 15일에 완공되었다.

치를 완수하지는 못했지만 그리 나쁜 성과를 거둔 것도 아니었다.

이러한 성장을 발판으로 북한은 1978년부터 제2차 7개년계획에 착수했다. 7개년계획의 기본 과제는 인민경제의 주체화·현대화·과학화를 다그쳐서 사회주의의 토대를 더욱 강화하는 것이었다. 인민경제의 주체화는 자국의 자원과 기술에 의존해 경제를 발전시키는 것이고, 현대화는 선진 기술로 개조해 기술 장비의 수준을 높이는 것이며, 과학화는 과학기술을 발전시켜 생산과 경영 활동을 과학적 토대 위에 올려놓는 것을 의미한다. 이 세 가지 슬로건은 사회주의와 공산주의 경제 건설에서 일관되게 견지해야 할 전략노선으로 규정되었다. 그러니 주체화와 현대화, 그리고 과학화 사이에는 일정한 모순도 존재했다. 자체의 힘에 의존하는 주체화만으로는 시시각각 변하는 세계의 기술 수준을 따라잡을 수 없었다. 북한의 경제발전이 정체하는 원인 중 하나는 바로 이와 같은 모순에서 잉태되었다고 할 수 있다.

조선로동당은 새로운 경제 과업을 설정하면서 자력갱생의 원칙을 더욱 강조하고, '100일전투' 등을 조직해 경제발전에 박차를 가했다. 전후 이래 지속

된 높은 경제성장으로 인해 인민의 실질적인 경제생활이 많이 향상되었고, 사회보장이 제대로 실시되기 위해 필요한 물질적 기반이 마련되었다. 1974년에는 세금이 완전히 폐지되었고, 공업 상품의 가격이 대폭 인하되는 등 여러 조치가 취해졌다. 1975년부터는 11년제 의무교육이 실시됨으로써 일찍이 시행된 무상치료제와 함께 사회보장제도가 기틀을 잡았다. 실제로 무상의무교육과 무상치료제는 북한의 경제 규모에 비해서는 대외적으로 내세울 만한 성과였으며, 자연스럽게 사회주의 제도의 '우월성'을 강조하는 근거가 되었다. 또한 이 기간에 북한의 기술자와 전문가 수는 100만 명에 달할 만큼 고급 인재도 확충되었다. 이러한 성장을 거치면서 1979년 북한의 1인당 국민소득은 1920달러에 달한 것으로 알려졌다.

1980년대 들어와 북한은 김정일의 지도 하에 기념비적인 건축물을 건설함으로써 사회주의의 성과를 과시하기도 했다. 평양산원과 주체사상탑, 개선문, 그리고 인민대학습당 등이 이 시기에 세워진 대표적인 건축물들이었다. 특히 20리 바닷길을 막는 서해갑문공사가 완공됨으로써 서해안의 넓은 간석지가

서해갑문

대동강 하구에 있는 세계적 규모의 갑문. 남포항의 접안능력 향상과 농·공업 용수 확보 등 다양한 목적을 위해 추진된 이 대규모 공사는 1981년에 북한 로동당이 결정한 4대 자연개조 사업 중 하나로 1986년에 완공되었다. 20리 바닷길을 막은 이 공사는 대동강 유역의 기후를 변화시킬 정도였다고 한다.

확보되고, 대동강이 인공저수지로 변모되었다.

제2차 7개년계획(1978~1984) 기간에 북한의 공업 총생산액은 2.2배로 늘어났으며, 노동자·사무원과 농민의 실질소득은 각각 1.6배와 1.4배로 증대되었다. 공업 총생산은 원래 계획된 목표치를 달성했으나, 소득은 목표인 1.9배를 훨씬 미치지 못했다. 이 때문에 북한은 새로운 경제계획을 세우지 않고 1985년부터 2년간을 조절기로 설정하지 않을 수 없었다. 이 시기까지 북한의 경제 상황은 점차 둔화되기는 했으나 아직까지 극심한 곤란을 겪는 단계는 아니었다. 그렇지만 중공업과 경공업 간의 간격으로 인해 인민의 소비생활은 어려워져만 갔다. 이 때문에 1984년에 김정일의 지시에 따라 인민의 소비재 수요는 군 단위별로 스스로 경공업 필수품을 공급·생산할 수 있는 체계를 만들어 충족하도록 하는 이른바 8·3인민소비품운동이 전개되었다.

자력갱생을 기조로 하는 북한 경제에서는 대외 경제 교류가 부차적이고 보완적인 부분으로 치부될 뿐이었다. 대외 교역은 국내에서 충당할 수 없는 것만 이루어지는 것이 통례였고, 그 대부분은 소련과 중국, 그리고 동구권에 한

북한의 우호상점

북한은 경공업의 침체로 소비재가 충분하지 않았다. 외국인을 위한 비공식적인 가게인 우호상점에서 일부 외화 보유자들은 북한 화폐가 아닌 일본의 엔화나 동구권의 화폐로 외제 상품을 구입할 수 있었다.

북한이 실시한 경제계획의 목표와 실적

1961–1970 제1차 7개년계획

기본 과업	주요 목표	실적
• 중공업 발전 • 경공업·농업의 동시 발전 • 전국적 기술혁신 • 문화혁명과 국민 생활의 향상 • 국방·경제 병진	• 국민소득: 2.7배 • 공업 총생산: 3.2배 • 곡물 수확고: 600~700만 톤	• 공업 총생산: 3.3배 • 기계·금속 공업 성장률: 18.4% • 노동생산성 성장률: 147.5% * 계획 기간: 3년 연장

1971–1976 인민경제계획 6개년계획

기본 과업	주요 목표	실적
• 사회주의의 물적·기술적 토대 견고화 • 산업 설비 근대화 • 기술혁명 촉진 • 노동자를 힘든 노동에서 해방	• 국민소득: 1.8배 • 공업 생산량: 2.2배 • 곡물 수확고: 700~750만 톤	• 국민소득: 1.7~1.8배 • 공업 총생산: 2.5배 • 기계·금속 공업 성장률 : 19.1% • 곡물 수확고: 800만 톤 * 1976~1977년 완충기 설정

1978–1984 제2차 7개년계획

기본 과업	주요 목표	실적
• 인민경제의 주체화·현대화·과학화 • 수송의 근대화 • 대외무역 증대 • 생산원가 인하 • 주민 생활 향상	• 국민소득: 1.9배 • 공업 총생산: 2.2배 • 곡물 수확고: 1000만 톤 • 1980년대 10대 전망 목표와 4대 자연개조사업 추진	• 공업 총생산: 2.2배 • 전력 생산 성장률: 178% • 철강 생산 성장률: 185% • 곡물 수확고 : 1000만 톤 • 철도 60% 전철화 * 1985~1986년 완충기 설정

1987–1993 제3차 7개년계획

기본 과업	주요 목표	실적
• 인민경제의 주체화·현대화·과학화 • 기술혁신 • 대외무역 및 경제협력 증대	• 국민소득: 1.7배 • 공업 총생산: 1.9배 • 농업 총생산: 1.4배	• 공업 총생산: 1.5배 • 전력·강철: 1.3배 • 식료: 1.4배 • 화학비료: 1.5배 • 지방 공업: 1.7배 • 주택 건설: 100여만 세대 * 1994~1996년 완충기 설정

자료 출처 : 『북한개요』, 통일부, 2004, 227~228 쪽

제13차 세계청년학생축전 중에 개최된 평화회의

이 축전에서 북한은 '평화, 군축, 핵무기 없는 세계, 안전'을 적극적으로 선전하며 당시 한국에 배치되었다고 여겨진 '미국 핵무기' 문제를 쟁점화시키려고 했다.

평양의 임수경

1989년 세계청년학생축전에 대한민국 정부의 허가를 받지 않고 참석한 임수경은 한반도 군사분계선이 가로막힌 후 공개적으로 휴전선을 걸어서 넘은 최초의 민간인으로 기록되었다.

축전 개막식 풍경

남한의 서울올림픽대회에 대항하기 위해 북한은 국력을 총동원해 사회주의권의 최대 행사인 세계청년학생축전을 1989년에 평양에서 개최한다. 우리에게는 당시 한국외국어대 학생인 임수경과 천주교 사제인 문규현 신부의 방북사건으로 익숙하다.

정되어 있었다. 물론 이들 국가들과 교류하는 것만으로는 경제 교류에 필요한 자본 설비 및 기술이 충족되기 어려웠다. 북한은 이러한 제약을 극복하기 위해 1970년대 들어와 서방국가들과의 경제 협력을 꾀했다. 그리하여 일본과 일부 유럽 국가들로부터 기술 및 설비 플랜트를 도입하는 등 교역을 넓혀 나갔다. 1970~1976년까지 북한은 전체 차관의 약 58퍼센트에 해당되는 12억 달러 이상을 서방국가로부터 도입했다. 하지만 자본주의 국가들과 교류한 경험이 없는데다 1972년에 석유 위기가 초래되면서, 1970년대 후반에 이르러서는 25억 달러에 달하는 누적 채무 문제와 아울러 채무불이행 사태를 맞기도 했다. 만성적인 외화난은 대외 경제 교류에 한계를 드러냈고, 선진 기술 부문의 도입에도 중대한 장애를 가져왔다. 이는 자립적 민족경제와 사회주의 경제가 해외 시장경제와 맞닥뜨렸을 때 필연적으로 나타날 수밖에 없는 것이기도 했다.

북한이 대외 경제 교류를 제도적으로 추진하기 시작한 것은 1984년 8월 '합영법'을 공표하면서부터다. 이에 따라 북한은 조심스럽게 서방국가와 물자 교역을 넘어 합작경영을 비롯한 외국인 투자 유치 정책을 시도했다. 그럼에도 이러한 움직임은 조총련 기업과의 소규모 합영을 제외하고는 거의 실효를 거두지 못했다.

북한은 2년간의 조절기를 끝내고 1987년부터 제3차 7개년계획에 착수했다. 이에 따르면, 해당 기간 동안 공업 생산은 1.9배, 농업 생산은 1.4배 이상 성장하도록 계획했다. 과학기술의 발전을 비롯한 각 분야의 목표 달성을 촉진하기 위해 1988년에 시한부 노력 경쟁 운동인 '200일전투'를 전개했다. 그러나 이 운동의 시한이 끝나감에도 불구하고 각종 건설공사가 부진을 면치 못하자 새로운 '200일전투'를 개최할 정도로 경제 건설 속도는 현저히 둔화되어갔다. 특히 1989년 7월에 열린 제13차 세계청년학생축전은 그 준비를 위해 막대한 예산이 투여되었고, 이것은 북한 경제에 상당한 부담을 초래하기도 했다.

더구나 전반적인 공급량 저하로 인한 만성적인 물자 부족 사태를 겪으면서 인민들의 생활은 질적인 저하를 체감하기 시작했다. 중공업을 위주로 한 경제구조는 경공업과 농업의 생산성을 끌어올리지 못했고, 이에 따른 생활상의 어려움을 증가시켰다.

결과적으로 1970~1980년대 북한 경제는 자력갱생 방식의 한계로 인해 향후 새로운 발전 잠재력을 상실한 셈이 되었다. 북한식 개발 전략은 민족적 자립경제의 토대를 구축하고 나름의 성과도 적지 않았으나 지속적인 성장 동력을 갖춘 것은 아니었다. 계획경제의 생산력 제약, 과중한 국방비 부담, 경제 관리의 비효율성, 뒤떨어진 기술수준 등은 이미 드러나고 있던 북한 경제의 심각한 문제점들이었다. 이 때문에 북한 경제는 서방 세계와의 빈곤한 관계 속에서 소련과 동구국가들이 몰락하자 그 허약성을 여지없이 보여주고 말았다.

북한의 전력난

인공위성이 촬영한 이 야간 사진은 북한의 전력난을 극적으로 보여주고 있다. 밝은 점으로 표시된 남한과 중국, 일본과 대비되게 북한 지역에는 평양을 제외하고는 불빛을 찾아볼 수 없다.

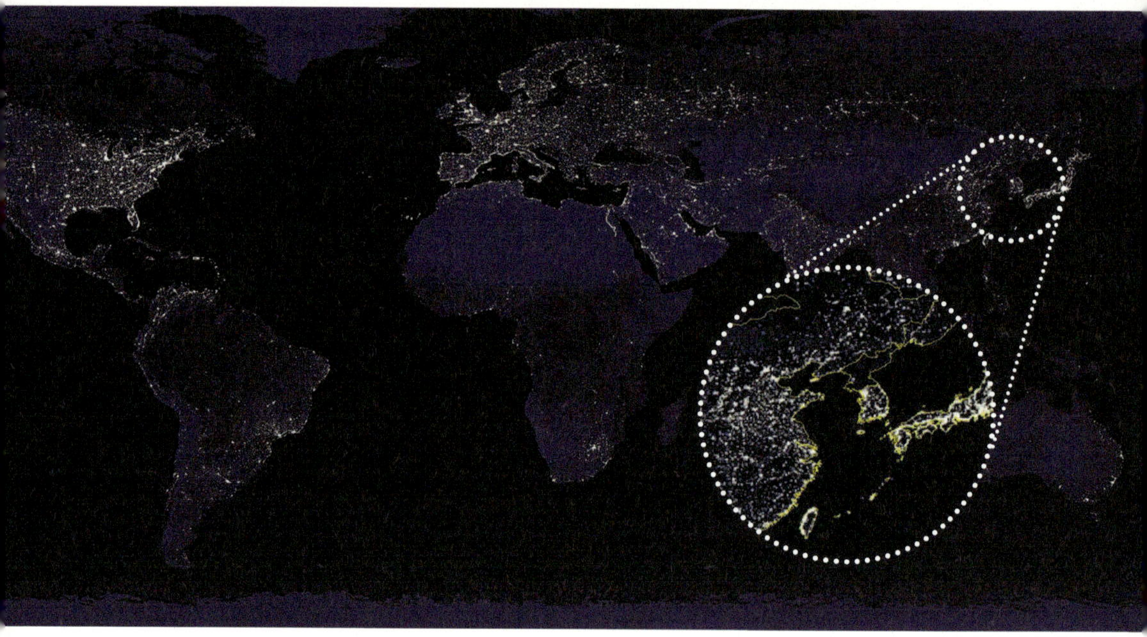

| 단군릉 이야기 |

민족사의 근간을 수정하다?

평양 대박산 기슭에 들어선 단군릉 전경.

평양특별시 강동군 문흥리 대박산 기슭에는 웅장한 건축물이 들어서 있다. 45정보의 대지 위에 9단으로 이루어져 있는 이 건축물은 높이가 22미터, 한 변의 길이는 50미터이며 화강석 1994개를 다듬어 쌓아올렸다. 모양만 보아서는 그것이 무슨 용도로 지어진 것인지 쉽게 파악하기 어렵지만 무덤이라는 사실을 알고 나면 쉽게 수긍이 간다. 이 건축물이 바로 1994년 10월에 완공된 우리 민족 시조의 단군릉이다.

북한 당국은 『신증동국여지승람』 등 여러 역사서에 나오는 단군 묘에 대한 기록을 바탕으로 작은 무덤을 발굴했다. 그 결과 모두 86개에 달하는 두 사람의 뼈가 금동왕관 앞면의 세움장식, 돌림띠 조각 등과 함께 출토되었다. 뼈는 하나는 남자, 다른 하나는 여자의 것으로 확인되었다. 북한은 단군 부부가 함께 묻힌 것이며, 대략 5011년 전 인물들이라고 주장했다.

그러나 북한에서 개건(改建)이라고 말하는 단군릉 복원은 지금까지 많은 논란을 불러일으켜왔다. 무엇보다도 고조선의 중심을 중국의 요동 지역에서 평양으로 옮긴 것이기 때문이다. 이것은 고조선의 발상지를 통째로 바꾸는 일이자 민족사의 '근간'을 수정하는 작업이다. 이 때문에 남쪽 학계는 북측의 일방적인 단군릉 복원에 냉소를 보내기도 했다.

단군릉 복원은 조선 민족의 우월론적 입장인 조선민족제일주의를 과시하면서 동시에 민족의 기원을 평양에 두고자 하는 정치적 의도가 크게 작용한 것으로 볼 수 있다. 같은 시기에 고구려와 고려의 시조인 동명왕과 왕건의 묘도 가가 복원한 것은 그와 같은 '평양 중심'의 역사적 입장을 더욱 공고히 하고자 함이었다.

단군릉에 있는 단군의 네 아들 석상 중
첫째아들 '부루'(왼쪽)와 셋째 아들 '부우'(오른쪽)의 석상.

504

가식과 대결로 얼룩진 남북관계

전쟁 이후 처음으로 남북한 당국자들이 공식 대화를 시작한 것은 1970년대에 들어와서다. 이때는 동서 진영 간 긴장완화(데탕트)의 물결이 한반도에 밀려오는 시기였다. 1971년 4월, 북한은 남북정치협상회의 소집을 제안하고, 얼마 후에는 당시 남한의 집권당을 포함한 모든 정당과 사회단체 및 개별적 인사들과 아무 때나 접촉할 용의가 있다고 표명했다. 그해 9월부터 남북적십자사 간에 예비회담이 시작되면서 남북대화의 돌파구가 마련되었다.

남북 간에 공식적인 대화가 시작되는 데는 1971년 남북요인 접촉을 시작으로 이듬해 김일성과 남한 중앙정보부장 이후락, 박정희와 북한 부주석 박성철 간의 비밀회담이 큰 역할을 했다. 마침내 남북한은 1972년에 7·4남북공동성명을 통해 자주, 평화, 민족대단결이라는 통일 원칙에 합의했다. 이 성명은 통일에 대한 공개적이고도 민족적인 합의 없이 정부 당국자들 간의 비밀

이후락과 박성철

7·4남북공동성명을 위해 비밀리에 방북한 당시 중앙정보부장 이후락(왼쪽)과 북한 부주석 박성철이 옥류관 식당에서 건배를 하고 있다.

회담에 의해 이루어졌다는 한계가 있지만, 남북이 자주적인 통일의 원칙을 이끌어냈다는 데 의의가 있다.

이후 남북 간에는 적십자회담과 남북조절위원회를 비롯한 여러 갈래의 대화가 성사되었다. 북한 측은 남한 정부를 처음으로 대화 상대로 인정하고, 1973년 6월에는 연방제 통일안(고려연방공화국)을 통일을 실현하기 위한 방안으로 내세웠다.

그러나 남북의 대화는 남북 간에 서로 다른 의도 속에서 이루어졌다. 북한은 자신들이 줄곧 주장해온 통일방안이 합의됨으로써 인민들에게 일정한 성과를 보여주었다는 데 만족할 수 있었으나, 통일의 전제로 내세운 '주한미군 철수'와 '독재정권 타도'를 포기한 것은 아니었다. 북한은 1960년대까지 확고한 경제적 우위를 바탕으로 가능한 모든 방법을 동원해 통일 공세를 펴왔다. 하지만 1970년 들어서 남측이 경제와 민간 교류를 통해 통일에 접근하자는 단계적 통일론을 들고 나오자 정치적·군사적 문제를 우선 해결해야 한다고

7·4남북공동성명의 탄생

1972년 5월 4일, 평양을 방문한 이후락 중앙정보부장과 김일성 주석의 회담 요지는 다음과 같다.

김일성 외세에 의해서 통일하지 말자. 싸움하지 말고 평화적으로 통일하자. 민족 단결을 위한 방향에서 출발점을 삼자. 방법문제란 것은 좋게 의논해서 해결하면 된다고 생각한다.

이후락 박 대통령께서는 외세의 간섭을 가장 싫어하는 사람이라는 것을 말씀드린다. 수상께서 말씀하신 그 세 가지가 가장 기본적인 것이라 생각한다.

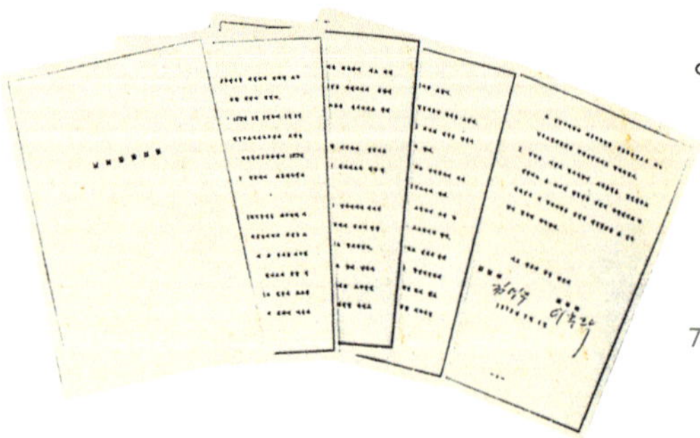

이 공동성명은 이렇듯 북측의 주장이 그대로 반영된 것이었다. 당시 이후락은 대북관계의 성과에 급급했는지, 결과적으로 주한 미군 철수 주장에 빌미가 되는 내용을 수용한 셈이었다.

7·4 남북공동성명서

판문점 도끼사건

1976년 8월 18일에 판문점 공동경비구역 안에서 발생한 이 사건은 한반도를 일촉즉발의 전쟁 위기로 몰고 갔다. 구역 내에 있던 미루나무 가지치기를 감독하던 미군이 북한군의 작업 중지 요구를 묵살하자, 북한군이 미군을 도끼로 공격했다.

주장했다. 그것은 외국군 주둔이나 국가보안법 문제 등 남한 내부의 '약점'을 이용해 계속해서 통일문제의 주도권을 잡겠다는 의도였다. 남한의 박정희 정부 역시 국내 문제를 회피하는 수단으로, 그리고 유신체제로 이행하기 위해서 통일문제를 이용했다. 남북의 대화가 의도하지 않은 방향으로 전개되면서 북한은 유신체제의 성립과 '김대중 납치사건' 등을 빌미로 남북대화를 단절했고, 곧바로 사회주의헌법을 채택해 체제를 강화시키기에 이르렀다.

결국 이 시기의 남북대화는 미국의 한반도 '안정화' 정책을 비롯한 국제 정세의 변화에 따라 진행된 것으로서 시작부터 뚜렷한 한계를 갖고 있었다. 북한은 미국과의 직접적인 담판을 통해 민족문제를 해결하고자 했으며, 계속해서 주한미군의 철수를 주장했다. 그런 와중에 1976년, 북한군과 미군 사이의 충돌로 빚어진 '판문점 도끼사건(8·18 도끼사건)'으로 한반도는 일촉즉발의 위기를 겪게 되었고, 남북관계는 더욱 악화되었다.

1970년대 남북관계의 전반적인 경색은 북한이 남한의 혁명을 통한 조국 통일, 즉 '남조선혁명' 정책을 더욱 고수하게 만들었다. 더구나 1979년에 일어난 박정희 시해사건(10·26사태) 이후 남한 군부가 광주에서 유혈 진압을 거쳐 군사정권을 수립하자 남한에 대한 적대적 태도가 한층 더 강화되었다.

남북 사이에 경색된 국면이 지속되는 가운데 1980년대 들어서면서 북한은 통일문제에 대해 방향 전환을 모색했다. 1980년 10월, 김일성은 조선로동당 제6차 대회를 통해 '고려민주연방공화국' 창설안을 제의했다. 이에 따르면, 남과 북이 서로 상대방의 사상과 제도를 그대로 인정하고, 남북한 지역정부를 지도하는 연방정부를 조직해 통일을 실현하자는 것이었다. 그러나 1연방국가 2체제 2지역정부를 내용으로 하는 이 방안은 기존의 주장처럼 국가보안법 폐지, 주한미군 철수 등을 전제조건으로 내세움으로써 남한 정권 차원의 변화가 뒤따르지 않을 경우에는 불가능한 방식이었다. 북한의 새로운 통일 방침은 남한 '독재정권'을 인정하는 것이 아니었다는 점에서 통일전선의 성격을 띤 공세로 볼 수 있다.

북한의 남한 정부에 대한 적의와 불신은 '아웅산 폭파사건'을 일으킬 정도로 극에 달해 있었다. 이 사건의 여파로 남북 간의 긴장감은 더욱 증폭되었으나 군사적 충돌로 발전하지는 않았다.

1984년 1월, 북한은 미국과 남한이 참가하는 3자회담을 열어, 이 회담을 통해 북한과 미국 사이에 평화협정을 체결하고 남북 사이에 불가침선언을 채택하자고 제안했다. 북한이 대미관계를 한반도 문제 해결보다 우선으로 제시한 것은 남한이 여전히 미국의 '종속'적 지위에서 벗어나지 못하고 있다고 판단했기 때문이다.

그러는 가운데서도 남북 당국 간의 물밑 접촉이 이루어져 관계 진전을 위한 움직임이 이어졌다. 쿠데타로 등장한 전두환 정부는 남북문제에 접근함으로써 정통성을 보완할 필요가 있었고, 북한은 고려민주연방공화국 창설방안 등 지속적인 통일 공세에 구체적 성과가 필요했다.

1984년 9월, 수재 물자를 제공하겠다는 북측의 제의를 남측이 수용한 것이 계기가 되어 남북은 적십자회담과 경제회담, 국회회담 예비접촉 등을 잇달아 가지게 되었다. 특히 1985년 9월의 적십자회담을 통해 남북예술단의 상호 방문과 이산가족의 고향 방문이 이루어졌다. 또한 남북 밀사들이 접촉해 정상회담을 추진하기도 했다. 그러나 정상회담 의제에 연방제 및 주한미군 철수 등을 포함시키려는 북한의 입장은 전두환 정부에게 부담을 주었다. 북한 지도부는 여전히 남한의 정권을 인정하려 들지 않았고, 남한 당국은 남북관계를 정권 안보에 이용하려는 의지가 강했다고 볼 수 있다.

1980년대를 거치면서 개혁·개방 등을 표방한 소련의 사회 변동 등 급격한 국제 정세의 변화와 남한 경제의 급속한 양적 팽창으로 남한의 대북 우위가

▲ **군사분계선을 넘는 구호물자**

녹슨 군사분계선 팻말 밑으로 구호품을 가득 실은 화물자가 남측으로 향하고 있다

▶ **북에서 온 수재 구호물자**

아웅산 폭파사건 이후 경색되어 있던 남북관계는 1984년 9월에 북한이 제공한 구호물자를 남측이 수용하면서 새로운 전기를 맞았다.

두드러졌다. 게다가 1988년에 남한이 올림픽을 개최함으로써 남북 사이의 국력 차이는 현저히 벌어지게 되었다. 또한 소련과 중국 등 북한의 동맹국가들이 올림픽에 참여함으로써 북한의 외교적 위치도 약화될 수밖에 없었다. 더구나 올림픽을 앞두고 일어난 'KAL 858기' 폭파사건으로 북한의 입지는 국제적으로 매우 위축되고 말았다. 북한은 서울올림픽대회의 공동 개최를 주장했으나 그것이 이루어지기에는 상호 신뢰가 부족한데다 대화와 합의를 실천해 나갈 여건도 마련되어 있지 않았다. 또한 정치적 합의가 지켜지기에는 서로에 대한 적대감이 해소되지 않았을 뿐만 아니라 남북 양측의 사회적 기반이 거의 전무했다고 볼 수 있다.

그러는 와중에도 북한은 남한의 재야 및 학생 등 민간 차원의 통일 교류에

'KAL기' 폭파사건

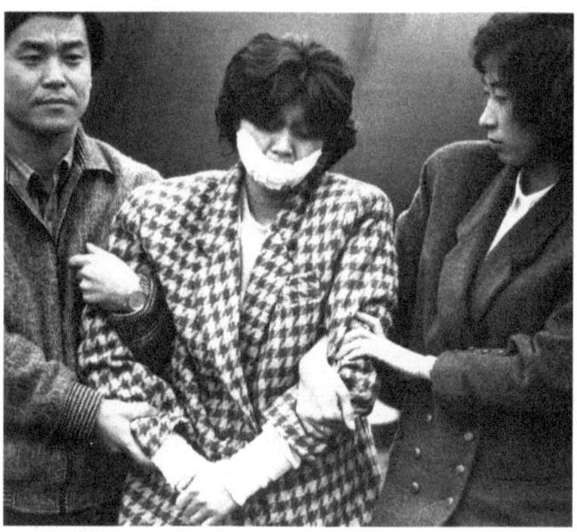

KAL기 폭파범 김현희

KAL 858기 폭파범으로 알려진 김현희가 체포되어 김포공항에서 서울로 압송되고 있다.(1987년 12월 15일)

이라크의 바그다드를 출발한 대한항공 858기가 1987년 11월 29일 공중 폭발하여 승무원과 탑승객 115명이 전원 사망한 사건이다. 당시 전두환 정부는 이 사건을 서울올림픽대회 개최를 방해하려는 북한의 소행으로 지목했고, 두 명의 용의자 중 한 명인 김현희는 사건 직후 바레인에서 체포되어 서울로 압송되었다. 하지만 김현희는 폭파범으로 처벌받지 않고 남한 당국에 의해 사면되었다. 사건 직후 탑승객의 유해나 유품이 하나도 발견되지 않았고, 김현희의 신상 의혹과 미심쩍은 행적으로 많은 의구심을 남겼다. 이 때문에 오랫동안 유족회를 비롯한 각계에서 이 사건의 재조사와 진상 규명에 대한 요구가 계속되었다. 한편 미국은 이 사건을 구실로 북한을 '테러 국가'로 규정했고, 이로부터 '대북 봉쇄'가 강화되었다.

는 적극적인 태도를 취했다. 1989년 3월에 통일운동가 문익환 목사가 북한을 방문한 것이나 6월에 임수경 학생이 평양세계청년학생축전에 참가한 것은, 남한 정부와 민간을 분리한 북한의 시각을 보여주는 사건들이었다. 이 두 사람의 북한 방문은 당시 남한 사회의 재야나 학생 운동에 큰 타격을 주었지만, 전체 통일운동사에 큰 획을 그은 일이었다고 볼 수 있다.

1980년대 말까지 북한의 통일방안은 시기에 따라 전략·전술적인 차별이 있기는 했지만 그 본질에 있어서는 북한식 '흡수통일론'을 내세웠다고 봐도 무방할 것이다. 즉, 남한 당국과 대화와 협상을 통해 통일에 접근하기보다는 남한 내에서 '반정부 민주세력'의 투쟁을 통한 '민주화'를 거치는 방식을 우선시했던 것이다.

문익환과 김일성

1989년 3월, 재야운동가이며 목사인 문익환이 북한을 방문했다. 전쟁 이후 남한 재야지도자가 처음으로 방북한 이 사건은 1990년대 후반 활발한 남북 교류의 신호탄이 되었다.

| 남북정상회담 추진 비사 |

내외부의 압력 속에 어렵게 시작된 만남

6·25전쟁 휴전 후 1960년대까지 남북관계는 사실상 '총성 없는 전쟁'의 시기라 할 만큼 매우 험난한 상황에 놓여 있었다. 1970년대 들어 동서진영 간 데탕트(긴장 완화) 분위기 속에 남북은 조심스러운 대화를 모색하기 시작했다.

전후 남북관계의 새로운 장을 연 1972년 7·4남북공동선언은 남한의 이후락 중앙정보부장과 북한의 박성철 부주석이 비밀리에 상호 방문을 통해 이끌어냈다. 이 과정에서 자연스레 남북정상회담의 가능성이 타진되었으나 성사되지는 못했다. 그 이유는 무엇보다도 그동안 남북 정권 간의 대립과 적대감을 해소하기에는 그 간극이 너무 넓었던 탓으로 볼 수 있다.

1980년에 등장한 전두환 정부는 초기부터 정상회담을 조심스레 타진했다. 손장래 안기부 차장이 중심이 되어 추진된 정상회담은 일단 북한의 긍정적인 반응을 얻어냈다. 12·12 내란과 5·17쿠데타로 등장한 전두환 정부는 남북관계를 통해 정통성을 확보할 필요가 있었고, 북한으로서는 1980년에 내놓은 고려연방제 방안의 구체적 성과가 필요했다. 1984년 9월, 북한의 수재 물자 제공을 계기로 남북대화가 이어졌고, 1985년 10월 안기부장 장세동이 북한을 방문해서 김일성과의 면담을 통해 구체적인 성과를 기대하기에 이르렀다. 그러나 남한은 북한이 정상회담의 조건으로 내세운 연방제와 미군 철수 주장에 부담감을 느낄 수밖에 없었다.

노태우 정부에 들어서도 정상회담의 추진은 계속되었는데, 이 과정은 전두환 정부 시기부터 대북밀사로 북한을 수십 차례 왕래한 박철언이 주도했다. 그의 북한 측 파트

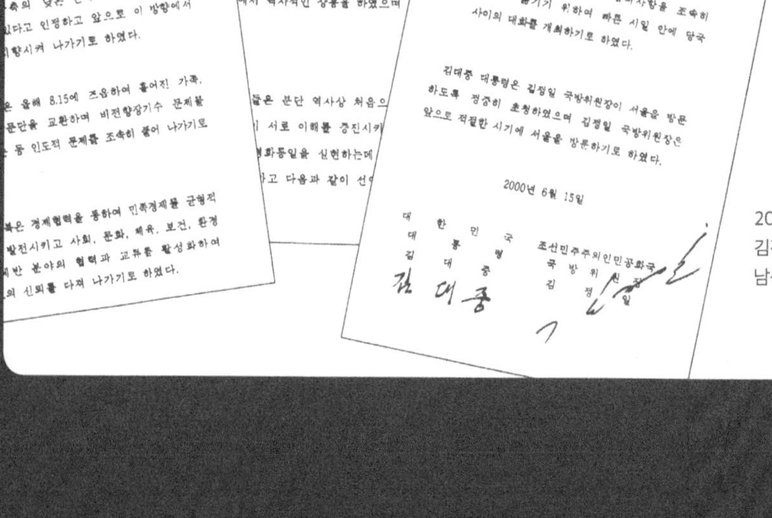

2000년 김대중 대통령과 김정일 국방위원장이 서명한 남북공동선언 문서.

너는 주유엔대사 한시해였다. 1990년 10월에 진행된 안기부장 서동권-김일성·김정일 회담에서 김일성은 북한의 연방제안을 수용할 것을 강력 주장했다. 그러나 노태우 대통령은 군부와 보수의 저항을 우려해 정상회담 개최를 거부했다. 전두환·노태우 정부 시절 정상회담이 좌절된 또 다른 이유는 남북의 협력에 부담을 느낀 미국이 여기에 외교적 압력을 가한 점을 들 수 있다.

김영삼 정부 시기 남북정상회담은 1996년 6월 지미 카터 전 미 대통령의 중재로 한반도 전쟁 위기를 넘긴 후 합의되었다. 그러나 회담을 앞두고 김일성이 사망하면서 분단 이후 첫 남북정상회담은 무위로 끝났다. 첫 남북정상회담은 그로부터 4년 후인 2000년 6월 평양에서 김대중-김정일의 만남으로 성사되었다.

북한 주민들이 김대중 대통령의 평양 방문을 환영하고 있다.

505

집단주의 생활양식과 문화

북한의 집단주의 생활양식은 사회주의적 제도와 문화가 온 사회 구석구석에 스며들면서 정착되어갔다. 인민들이 수령의 혁명사상과 당의 방침을 철저히 관철하도록 요구받은 것은 집단주의 제도를 유지하는 데 기본이 되었다. 북한이 집단주의를 고수하는 논리는 이것이 '사람의 본성적 요구'라는 데서 출발한다. 즉, 인간은 개별적으로가 아니라 "사회적 집단을 이루고 활동해야 생존하고 발전할 수 있다"는 것이다.

집단주의는 일찍이 해방 이후 당의 외곽단체들이 구성되면서 그 실천적 형태를 띠기 시작했다. 이후 토지 및 기타 생산수단의 개인적 소유가 철폐되고 사회주의적 발전이 가속화되면서 집단주의적 생활양식은 체계를 잡아갔다. 온 사회의 주체사상화를 통해 구축된 단일적 사상체계는 집단주의의 실현을 구체화하면서 인민의 일상적인 조직 생활을 보편화시켰다. 예를 들면,

북한의 매스게임

2011년 평양 〈아리랑〉 공연에서 매스게임이 펼쳐지고 있다. 초대형 집단체조 및 예술공연인 〈아리랑〉은 기네스북에도 등재된 북한의 전매특허 공연이라고 할 수 있다.

1974년 초에 북한은 기존의 '5호담당제'를 확대해 15~20세대를 하나의 단위로 묶는 '인민반분조담당제'를 실시했다. 인민반은 당과 국가의 사업을 시달하고 노력 동원이나 주변 청소 같은 인민 생활을 조정하는 역할을 담당했다.

집단주의는 각종 조직 생활에서 구체적인 모습으로 실현되었다. 만 7~13세 어린이들은 소년단에, 만 14~30세는 청년동맹에 가입한다. 청년동맹은 조선로동당의 후비대(後備隊)로 간주될 만큼 조직적 위상이 높다. 노동자와 사무원은 직업총동맹에, 농민은 농업근로자동맹에 가맹하고, 전업주부들은 여성동맹에 소속된다.

조선로동당의 외곽단체들인 이들 조직은 당의 주위에 모든 대중을 정치적으로 묶어내는 역할을 수행했다. 로동당 당원들은 직장을 위주로 하여 5~30명 단위로 당세포를 구성하고 세포비서의 지도 아래 철저한 조직 생활을 했다. 이들의 경우 각 동맹원에 비해 더욱 엄격한 규율을 준수해야 했다. 특히 1974년부터는 자각적인 당 생활의 강화를 위해 당 조직 생활총화 체계가 확립되었다.

소년단원 입단식

1946년에 창설된 소년단은 만 7세에서 13세까지의 어린이라면 누구나 의무적으로 가입해야 하는 단체다. '붉은 머플러'와 손을 머리 위로 올리는 경례 방식은 방송 등을 통해 우리에게도 익숙하다.

외곽단체의 조직 생활은 크게 강연회와 학습회, 그리고 생활총화 등으로 분리되었다. 강연회는 선전선동사업의 일환으로 진행되었으며, 학습회는 대상별 수준에 맞추어 로동당의 정책과 김일성·김정일의 교시와 주로 김일성이 발표한 글들로 이루어진 혁명노작 등을 공부했다. 또한 각 개인은 대개 수십 명 단위로 구성된 소속 조직별로 총화라는 명칭의 사업 및 생활상의 평가 모임에 참여해 비판과 자아비판을 수행했다. 로동당원들은 당의 말단기관인 세포를 통해 더욱 수준 높은 정치학습과 총화 등을 실시했다.

북한 인민의 조직 생활은 북한 사회의 단결력을 높이는 효과를 거두었지만 개인적 자유와 행동의 영역을 침해할 소지가 많았다. 그럼에도 불구하고 그것은 집단주의적 삶과 '공동체'적 가치관이 우선시되는 사회주의의 논리에 의해 감내될 수밖에 없었다.

집단주의 생활방식은 집단의 이익을 우위에 놓는 속에서 개인의 이익을 집단의 이익과 일치시키는, 말하자면 개인의 자아실현은 집단 속에서 이루어져야 함을 의미한다. 이러한 원리는 구성원 간의 사회적 평등을 추구하는 데는 어느 정도 효력을 드러내기도 하지만 개인의 창의적 영역을 발전시키는 데는 장애가 되었다. 자유와 평등이라는 두 가지 가치체계의 모순성이 여기서도 극명하게 드러났다고 볼 수 있다. 이 모든 것은 당과 수령을 중심으로 한 전 사회적 단결이야말로 체제 발전의 기본 전제였던 까닭에 개인적 '자유'를 제한한 선택으로 볼 수 있다. 더구나 분단 상황에서 대외적인 자주와 경제적 자립을 기치로 한 북한 사회의 모습은 이러한 경향을 더욱 가속화시켰다.

『세기와 더불어』
1992년에 김일성이 자신의 80세 생일에 펴낸 자서전.

북한 인민은 배급제를 통해 기본적인 생활필수품을 취득했다. 배급제는 쌀을 비롯한 식량과 기타 주요 생활필수품을 국가가 염가로 공급하는 제도로서 '골고루 분배' 원칙을 실현하기 위한 것이었다. 북한 지도부는 1960년대부터 1970년대에 걸쳐 식량 자급을 달성한 이후에 한때 배급제 폐지를 검토하기도 했으나, 이 제도가 사회주의적 생활양식을 드러내는 '대표적인' 모습이기에 폐지를 실행에 옮기지 못했다. 그만큼 집단주의적 생활을 유지하는 데 있어 배급제가 갖는 의미는 매우 컸다.

사회주의 체제를 제도적으로 완비한 북한은 사회주의 생활문화를 널리 확산시킬 목적으로 전통적인 예절과 관습의 상당 부분을 낡고 봉건적인 생활습관으로 치부하고 비판했다. 형식적인 전통문화를 대신해 실리를 추구하는 생활문화가 자리 잡도록 하기 위해서였다. 그에 따라 음력설을 비롯한 한식, 단오, 추석 등 전통적인 민속명절은 비록 금지되지는 않았지만 사회주의 생활양식에 어긋난다는 이유로 공식적으로 기념되지 않았다. 결혼식이나 회갑,

배급을 받기 위해 줄을 선 사람들

북한의 인민들이 국제적십자사가 제공한 밀가루를 배급 받고 있다.

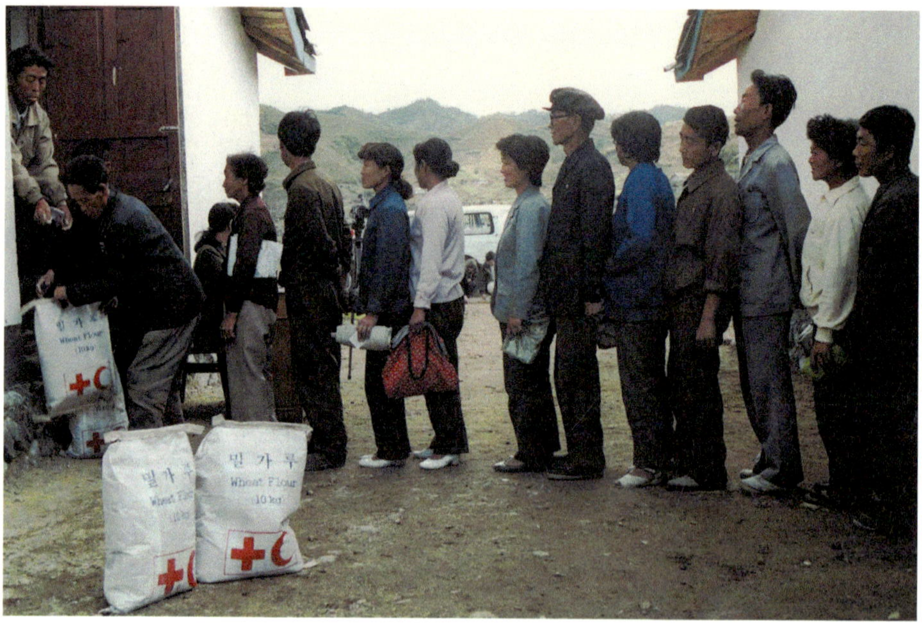

그리고 제사 등도 허례허식 없이 간소하게 치를 것을 강조했다. 하지만 이와 같은 북한 정부의 방침은 그 의도대로 지켜지지 않았고, 방침과 실제 간의 유리현상이 나타나기도 했다. 즉, 인민들은 생활 속에서 접하는 전통문화와 완전히 절연하지 않았던 것이다.

알려진 대로 북한에서는 오랫동안 종교 생활을 영위하려면 혹독한 시련을 겪어야 했다. 종교를 미신의 일종으로 간주하는 당의 입장이 변하지 않은데다가 6·25전쟁 시기에 일어난 일부 종교인들의 '부역' 혐의로 인해 더욱 부정적인 인식이 퍼져갔기 때문이다. 이러한 상황에서 다수의 종교인들은 월남을 선택했으며, 남아 있는 극소수의 종교인들은 자신들의 의식과 행사를 떳떳하게 할 수 없는 처지였다. 1970년대 초·중반에 북한 당국은 제한적인 대외 개방을 조심스럽게 추구하면서 대외적인 종교단체를 내세울 필요성을 느꼈다. 그에 따라 1960년대 자취를 감추었던 조선불교도연맹, 조선천도교회 중앙지

제한적인 종교의 자유

북한 정부는 관변적인 종교단체를 공식화했지만, 북한에서 종교는 사회적으로 의미 있을 정도의 영향력을 가지지는 못한다. 평양 시내에 있는 장충성당에서 미사를 올리는 사람들과 조선기독교연맹에서 발행한 성경.

농악대의 길놀이

전통적 생활을 봉건적이라고 치부했던 북한이지만 1980년대 후반부터는 전통문화를 복권하기 시작했다. 2004년 6월, 금강산에서 열린 남북농민통일대회에 참석한 황해남도 신천군 협동농장의 농악대가 흥을 돋우고 있다.

도위원회, 조선기독교도연맹 등 종교단체들이 연이어 다시 출현하기 시작했다. 이들 단체들이 출현했다고 해서 종교의 자유가 보장된 것은 아니지만 관변적인 종교단체나마 공식화되었다는 점에서 의미를 찾을 수 있다.

그 후로도 종교 활동에서 본질적인 제약은 풀리지 않았다. 하지만 1980년대 후반에 이르면 종교의 외형적인 모습이 미세하나마 달라지기 시작했다. 기독교의 경우, 평양에 교회 두 곳과 성당 한 곳이 건립되었고, 그보다 일찍 성경도 간행되었다. 불교는 세 개의 기념일인 성도절·열반절·석탄절에 각지의 사찰에서 기념법회를 열 수 있게 되었다. 그럼에도 북한에서 종교는 사회적인 의미를 가질 정도의 영향력을 가지지는 못했다.

1980년대 중반에 이르러서 사회주의 생활문화는 일정한 변화를 겪게 되었다. 1986년에 김정일이 '조선민족제일주의'라는 주장을 제기하면서부터 전통적 생활문화와 민속명절의 가치가 부활하기 시작했다. 그의 논점은 조선 민족이야말로 그 사상과 전통, 그리고 역사에서 어느 민족보다 우월하다는 것이었다. 이러한 변화는 민족주의에 기반을 두고 있는 주체사상이 전통문화에 대한 수용의 폭을 확대하는 것으로 나타났다. 이는 한편으로 유일체제를 정당화하는 면모를 전통적 생활양식에 결합시킨 것으로 볼 수 있다. 또한 수령-당-인민이 하나로 엮여지는 '사회주의 대가정'이라는 유교적 논리가 널리 확산되기 시작했다. 1980년대 후반부터는 음력설과 추석, 그리고 단오 등 민속명절을 공식적으로 부활했고, 전통적 생활양식의 가치도 많은 부분 보편성을 획득했다.

1970~1980년대 문학예술은 당의 유일사상 체계를 세우는 데 우선적인 의의를 부여했다. 그 주된 과업은 김일성의 혁명역사와 영도, 공산주의적 덕성을 훌륭하게 형상화하는 것이었다. 그리하여 문학·영화·가극·연극·음악·무용·미술·교예 등 모든 장르의 문학예술이 이 목적에 부합되게 창작되었다. 영화와 가극, 그리고 연극과 소설을 망라해 꾸며진 대표적인 작품들로는 〈피바다〉, 〈꽃파는 처녀〉, 〈한 자위단원의 운명〉, 〈안중근 이등박문을 쏘다〉 등이 있다. 하지만 1980년대에는 이러한 문예 활동이 일정한 한계에 이르자 생활 속의 다양한 소재를 활용하는 정책이 도입되기도 했다. 그에 따라 제한적이긴 하지만 남녀 간의 애정을 다룬 창작물이 나오기도 했다. 그러나 그 후 내외적인 난관이 도래하면서 문예 활동은 다시금 사상성이 강화되는 방향으로 나아갔다.

영화 〈안중근 이등박문을 쏘다〉의 한 장면

1979년에 제작된 이 작품은 만주 하얼빈에서 현지 촬영해 사실성이 뛰어나다는 평가를 받았다. 1998년에 SBS 방송을 통해 방영되기도 했다.

| 북한의 혁명가극 |

혁명을 그린 극작품들

혁명가극이란 김일성이 1930년대 항일무장투쟁 과정에서 직접 창작했다는 연극을 1970년대 초부터 김정일의 지도로 가극으로 각색한 작품들을 일컫는다. 최초의 혁명가극인 〈피바다〉는 김일성이 1936년 8월에 만주 만강부락에서 만들었다는 〈혈해〉를 기원으로 하고 있다. 〈혈해〉를 혁명가극 〈피바다〉로 각색하는 과정에서 '피바다식' 혁명가극이 탄생한 것이다. 1971년 피바다가극단에서는 혁명가극 〈피바다〉를 7장 4경의 대작으로 만들어 처음 무대에 올렸는데, 이후 이것은 북한의 혁명가극 창작에 있어 모델이 되었다. 이 작품은 1920년대 말에서 1930년대 초를 배경으로 을남 어머니인 순녀가 일제의 간악한 패악을 겪으며 혁명전사로 나아가고 아들을 혁명군에 들여보내는 내용으로 전개된다. 그다음 군중들이 조직되어 항일무장투쟁의 대중적 기반이 확립되는 과정을 그렸다. 결국 이 가극의 핵심은 항일빨치산 활동을 찬양하고 반일투

헤이그 밀사 사건을 소재로 한 〈혈분만국회〉

최초의 혁명가극 〈피바다〉

영화 〈꽃파는 처녀〉

1972년에 김정일의 지도로 만들어졌다고 하는 이 작품은 체코의 카를로비 바리 국제영화제 수상작으로 북한이 가장 자랑하는 영화 중 하나이다. 아래는 영화 주인공을 도안으로 사용한 북한의 1원 지폐.

쟁의 당위성을 강조하는 것이다.

〈꽃파는 처녀〉는 〈피바다〉와 함께 북한 혁명가극을 대표하는 작품이다. 가난한 머슴 가정의 순박한 처녀 꽃분이는 어머니를 간호하면서 낮에는 지주 집에서 일하고 밤에는 꽃을 팔며 살아간다는 배경에서 시작된다. 가난한 꽃분이 일가의 고통과 슬픔, 지주와의 갈등이 묘사되고 이 과정에서 조선인민혁명군에 입대한 오빠의 영향으로 꽃분이의 의식이 변해가는 모습을 묘사하고 있다.

이 두 작품은 영화와 소설로도 제작되었다. 특히 〈꽃파는 처녀〉의 주연배우는 북한 1원권 화폐의 모델에 올랐고, 가극은 중국에서도 상당한 인기를 끌고 있다. 〈피바다〉와 〈꽃파는 처녀〉 외에 대표적인 혁명가극으로는 〈당의 참된 딸〉과 〈밀림아 이야기하라〉, 〈금강산의 노래〉 등이 있는데, 북한은 이를 '5대 혁명가극'이라고 칭한다.

5대 혁명가극 중 하나인 〈당의 참된 딸〉

6

위기의 지속과 새로운 선택의 기로

〈강선의 저녁노을〉, 정영만, 1973

1991–

수령의 사망과 최악의 경제난, 그리고 외교적 고립과 급격히 변화하고 있는 남북관계,
남과 북의 경계에서 들리던 확성기의 소리는 멎었고,
갈등과 화해의 끝없는 변주 가운데 휴전선은 점점 녹슬어가고 있다.

연도	월	내용
1991	12월	남북기본합의서 채택
1992	2월	(남측) 김영삼 대통령 취임
1994	7월	김일성 주석 사망
	10월	북미 제네바 합의
1996-1999 자연재해 등으로 인한 '고난의 행군' 시기. 최악의 경제난을 겪음		
1997	12월	(남측) IMF 구제금융 공식 요청
1998	8월 31일	장거리 미사일(광명성 1호) 시험발사
	9월	김정일 국방위원장 체제 출범
	2월	(남측) 김대중 대통령 취임
2000	1월	서유럽 국가들과 외교관계 수립 2013년까지 세계 161개국과 수교 완료
	6월	남북정상회담, 6·15남북공동선언
2002	7월	'7·1경제관리개선조치' 시행. 부분적인 시장경제 수용
	5월	(남측) 한·일 월드컵 축구대회 개최
2003	1월	핵확산금지조약(NPT) 재탈퇴. 핵 개발 재개로 인한 북미관계 악화
	8월	북핵 6자회담 개시
	2월	(남측) 노무현 대통령 취임
2006	10월	제1차 핵실험
2007	10월	남북정상회담. 10·4남북공동선언
2008	2월	(남측) 이명박 대통령 취임
	7월	(남측) 금강산 관광 중단
2009	5월	제2차 핵실험
	11월	화폐개혁 실시
	5월	(남측) 노무현 전 대통령 서거
2010 천안함, 연평도 사건 발발과 5·24 대북 제재 조치에 따른 남북관계 악화		
2011	12월	김정일 국방위원장 사망
2012	4월	김정은, 조선로동당 제1비서와 국방위원회 제1위원장에 추대됨
	12월	장거리로켓 은하3호 발사 성공
	7월	(남측) 세종특별자치시 출범
2013	2월	제3차 핵실험
	2월	(남측) 박근혜 대통령 취임
	3월	당중앙위 전원회의, 경제 건설과 핵무력 병진노선 채택
	12월	장성택 사형 집행

사회주의 저물다

1989년 베를린 장벽이 무너졌다. 세계 사회주의 체제가 흔들리기 시작한 것을 상징하는 사건이었다. 소련과 동구 사회주의 국가들이 하나둘씩 몰락하자, 이들과의 협력으로 자립적인 민족경제를 표방했던 북한은 심각한 위기를 느낄 수밖에 없었다.

김일성 사망

반세기동안 북한의 '어버이 수령'이었던 김일성 주석이 1994년 7월 8일 사망했다. 그의 죽음은 북한에나 남한에나 큰 충격과 불안을 던진 사건이었다. 후계자 김정일은 김일성 사망 전에 이미 국방위원장에 취임해 북한 권력의 핵심인 당과 군을 제도적으로 장악하게 되었다.

6·15선언

분단 55년, 남북 정상이 처음으로 만났다. 2000년 6월 13일 평양에서 만난 김대중 대통령과 김정일 국방위원장은 6·15남북공동선언을 발표하며 남북 교류의 장을 열었다. 이후 남북 간 경의선·동해선 철도와 도로가 연결되었으며 개성공단에 남한 기업이 입주했고, 금강산의 육로 관광이 시작되었다.

또다시 세대교체

2008년 2월 이명박 정부가 들어서면서 남북관계는 점차 흔들리기 시작했다. 남북의 관계가 암운 속에 놓인 가운데 2011년 12월, 김정일 국방위원장이 사망하자 약관의 김정은이 북한의 새 통치자로 등극했다.

601

현실 사회주의 몰락과 북한

1980년대에 본격화된 북한 경제의 침체는 당시 소련 등 사회주의 국가들의 침체와 무관하지 않았다. 소련 지도부는 만성적인 경기 침체와 인민 생활의 악화를 인식하고 1980년대 중반에 고르바초프로 하여금 개방·개혁 정책을 수행하도록 했다. 하지만 이 정책은 관료들의 저항으로 실효를 거두지 못하고 사회질서의 이완과 혼란만을 야기했다. 또한 사회주의 이념이 약화되면서 소연방 구성 공화국들의 민족주의와 독립의지를 부추겼고, 더욱이 옐친 등으로 대표되는 친서방 정치 세력이 대두하며 민심 이반현상이 계속 발생함으로써 다가올 소비에트 체제의 붕괴를 예고했다.

그 시기에 북한에서도 다가올 난관의 선소가 비치고 있었다. 북한은 정치·경제 등 모든 분야에서 소련에 대해 자주적인 태도와 정책을 취해왔지만, '사회주의의 조국'으로서 소련의 존재는 모든 사회주의 진영의 든든한 배경이었

베를린 장벽의 붕괴

1989년 이후 소련과 동구권의 몰락은 새로운 세계 질서의 도래를 의미했다. 베를린 장벽의 철거로 상징되는 냉전의 붕괴를 직면한 북한 지도부는 자신의 체제를 지킬 수 있는 새로운 활로를 찾아야 했다.

다. 마찬가지로 북한이 표방하는 자립적 민족경제는 소련과 동구 진영과의 협력 없이 쉽게 견딜 수 있는 것이 아니었다.

1989년부터 동구 사회주의 국가들이 하나씩 몰락하자 북한은 심각한 위기의식을 갖기 시작했다. 사회주의의 완전한 승리는 고사하고 사회주의 체제 자체의 존속마저 위협을 받는 상황이 도래한 것이었다. 소련과 동구권의 붕괴는 이들 국가와 이루어진 '우호적인' 경제 교류 및 무역 거래의 파탄을 의미했으며, 이는 북한 경제를 후퇴시키는 직접적인 계기가 되었다. 더욱이 남한이 소련(1991)에 뒤이어 중국(1992)과 공식적인 외교관계를 맺게 되면서 이들 나라와의 동맹관계는 사실상 퇴색되고 말았다. 바야흐로 북한은 자신을 지지했던 동맹국가들을 상실하면서 자본주의 진영의 '압박과 위협'에 봉착하게 되었다.

북한은 사회주의 주요 국가의 이탈이 가속화되는 가운데 사회주의 수호의 명분을 지켜내고자 힘든 여정을 계속했다. 예를 들면, 1992년 4월에 전 세계 70개의 사회주의와 공산주의 계열 정당들을 끌어모아 사회주의의 위업을 옹호하고 전진시킬 것을 강조하는 '평양선언'을 채택하기도 했다. 물론 이러한 시도로는 전 세계적으로 이루지는 사회주의의 퇴조적 흐름을 막아내기 힘들었다.

북한 지도부는 내부적으로 동구 사회주의 국가의 붕괴에 따른 위기의식을 떨치기 위해 단결에 힘을 모으고 사회주의 제도의 '우월성'을 내세우는 데 적지 않은 노력을 기울였다. 1990년 5월, 김일성은 최고인민회의 연설에서 사회주의를 지켜나가는 데 분투할 것을 요구했다. 그는 북한이 이룩한 제도적 성과를 열거하면서 사회주의 위업의 승리를 위해 끝까지 싸워나갈 것을 강조했다. 이듬해 5월, 김정일은 당 중앙위원회 책임일군들과의 담화를 통해 '우리식 사회주의'를 제창하고, 동구권 국가와는 다른 길을 갈 것임을 분명히 했다. 즉, 그는 '우리나라 사회주의 제도는 인민대중에게 자주적이며 창조적인 생활을 마련해주는 가장 우월한 사회제도'라고 함으로써 소련식 사회주의와의 차

별성을 부각시켰다. 1993년 3월에는 「사회주의에 대한 훼방은 허용될 수 없다」라는 논문을 발표해 '사회주의 배신자들'을 비판하면서 사회주의 제도를 옹호했다. 이렇듯 북한 지도부는 형제국가들의 몰락에 대응해 내부적으로는 수령·당·인민의 일심단결과 사상적 무장을 더욱 세차게 강조하는 등 전통적인 주장들을 강화하고 나섰다.

사회주의 몰락의 여파는 곧바로 북한 경제에 돌이키기 힘든 타격을 주기 시작했다. 북한 경제는 비록 자립경제를 토대로 하고 있었지만, 사회주의 국가들과 맺은 다양한 관계, 특히 경제협력 관계가 축소되거나 단절되면서 국가의 생존에 절박한 위기가 몰려왔다. 산업 생산 수준이 전반적으로 후퇴하기 시작했고, 이들 나라로부터 '사회주의 우호가격'을 통해 이루어진 석유를 비롯한 원자재 공급이 사실상 중단되었다. 1987년에 시작된 제3차 7개년계획 초기에 이미 성장률이 급속히 떨어진데다가 설상가상으로 1990년대 들어서는 마이너스 성장을 향해 치닫기 시작했다.

북한 지도부는 경제 위기를 극복하는 방편으로 대외 경제교류 정책을 적극적으로 추진하고자 했다. 물론 그것은 중국이 시도한 규모의 경제개혁 조치와는 거리가 있었다. 북한 지도부는 사회주의 체제 유지를 가장 우선시했기

최초의 남북단일팀 결성

1990년 당시 북한의 경제 위기 속에서도 남북 간의 정치적 긴장을 해소하려는 노력은 계속되었다. 1991년 2월 4차 남북체육회담을 통해 사상 최초로 결성된 남북탁구단일팀은 일본 지바에서 열린 1991년 세계탁구선수권대회에서 우승을 거두었고, 이 일화는 2012년 영화 〈코리아〉로 만들어졌다. 한반도기를 가슴에 달고 경기 중인 남측 선수 현정화(오른쪽), 북측 선수 리분희(왼쪽).

에 조심스러운 행보를 취하지 않을 수 없었다. 그럼에도 불구하고 김일성은 대외 무역을 확대 발전시키고 세계 여러 나라와 경제적·기술적 협조를 활발히 진행시킬 것을 역설했다. 더 나아가 북한은 경제특구 설치라는 좀 더 획기적인 조치를 강구하기에 이르렀다. 1991년 12월에 함경북도 라진·선봉 지역을 중계무역과 수출 가공, 그리고 관광 등 종합적인 국제 교류의 거점으로 육성하기 위해 경제특구로 선포했다. 북한은 경제특구를 법률적으로 뒷받침하기 위해 외국인투자법과 합작법 등 수십여 개의 법망을 단계적으로 제정, 정비하기도 했다. 그러나 라진·선봉 경제특구는 1990년대 북한 위기와 맞물리고, 대북 투자의 주도권을 쥐고 있는 대미·대남 관계의 악화로 당장에 의미 있는 성과를 내지는 못했다.

1990년대 들어와 김정일의 위상은 군사 부문의 실권으로 확대되었다. 1990년 5월, 그는 조직이 확대 개편된 국방위원회의 제1부위원장으로 선출되었고, 이듬해 12월에는 조선인민군 최고사령관으로 추대되었다. 1992년 4월, 북한은 헌법 개정을 통해 국방위원회를 독립기관으로 분리해, '국가주권의 최고 지도기관'으로 격상했다. 원수 칭호(1992년 4월)를 부여받은 김정일은 이듬해 4월에 국방위원장에 취임함으로써 북한 권력의 핵심인 당과 군에 대한

국방위원장 김정일

1993년 4월, 김정일은 군사 부문의 실권을 장악할 수 있는 국방위원장에 취임하며 명실상부한 차기 수령의 위치를 점하게 되었다.

▲ **국제 투자 및 기업 토론회**

라진·선봉 지역에 외국 투자를 유치하기 위해 북측이 개최한 설명회의 모습.

◀ **외국 투자자와의 면담**

북한의 대표들이 투자에 관심을 보이는 외국인들에게 구체적인 설명을 하고 있다.

라진·선봉 자유경제 무역지대 건설 계획도

중국과 러시아, 그리고 북한을 잇는 라진·선봉 자유경제 무역지대는 물류의 중심지로서 황금의 삼각지로 불리며 북한 내외 개방정책의 야심 찬 청사진으로 제시되었으나, 대미·대남 관계의 악화로 가시적 성과를 거두지 못하고 있다.

지도를 제도적으로 보장받게 되었다. 수령으로서의 김일성의 지위는 변함없이 확고했으나 거의 모든 부문에서 정책과 관련한 권한은 계속해서 김정일이 직접 수행했다.

그러는 사이에도 북한의 내외적 환경은 회복의 기미가 보이지 않았고, 그중 경제 상황은 악화일로를 걸었다. 1993년 12월에 북한은 3차 7개년계획의 실패를 사실상 인정했다. 이 기간에 국민소득은 목표 대비 61퍼센트 수준, 주력 산업 부문은 20~50퍼센트 수준에 머무른 것으로 나타났다. 이에 북한 당국은 3년간의 완충기를 설정했는데, 이 기간의 과제로 농업 제일주의, 경공업 제일주의, 무역 제일주의의 3대 제일주의를 내놓았다. 농업의 생산 기반이 약화되면서 먹는 문제의 해결을, 인민 소비품의 증산을 위해 경공업을, 사회주의권의 붕괴로 발생한 무역 환경의 급격한 악화로 인한 무역 활성화를 강조한 것이었다. 이것은 중공업 우선의 경공업·농업 동시 발전 노선을 포기한 것은 아니었지만, 경제적 난관을 이겨내기 위한 방편으로 어쩔 수 없는 선택이기도 했다. 그러나 이 같은 처방도 다가오는 위기를 이겨내기에는 역부족이었으며, 계속되는 마이너스 성장을 피할 수는 없었다.

현실 사회주의 붕괴에 대한 북한의 평가

소련의 몰락 후, 쓰러진 레닌 동상을 바라보는 사람들

북한은 소련과 동구 사회주의 몰락의 직접적인 원인으로 '제국주의자들과 반동들의 책동'을 들었다. 즉, 서방 국가들이 사회주의 국가들에 침투하여 인민의 의식을 마비시키고, 반사회주의자들을 부추겨 혼란을 조성시켰다는 것이다. 북한은 이러한 외적 요인과 함께 사회주의 국가들에서 '세도와 관료주의'가 조장되어 인민이 당과 국가로부터 이탈한 점도 지적했다. 그러나 북한 지도부가 사회주의의 붕괴로 커다란 충격을 받은 것은 말할 것도 없다. 북한은 그 같은 전철을 밟지 않기 위해 내부적으로 사상적 강화와 단결력 고양 등의 처방에 몰두했다.

오랜 고립을 탈피하려는 노력

1970년대 이후 닉슨 미국 대통령의 대중외교로 촉발된 동서 화해 분위기 속에서 북한의 대서방 접근이 시작되었다. 그전까지 북한이 사회주의 진영과 아프리카를 비롯한 비동맹 외교에 치중한 것을 볼 때 실리주의적 전환으로 부를 만했다. 6·25전쟁 이후 냉전기 남북 모두의 외교적 목표는 공히 상대방을 고립시키거나 경쟁에서 우위를 확보하는 데 있었다. 1970년대 북한의 대서방 접근 역시 그 같은 방향을 취하면서 진행되었지만 미국의 영향이 강한 서방국가들과의 관계 개선은 쉽지 않았다. 하지만 이 시기 북한은 스웨덴, 핀란드, 노르웨이, 오스트리아, 스위스 등 북유럽 국가 및 영세 중립국가들과 외교관계를 맺었고, 이후 이 국가들을 서구 문물을 유입하는 통로로 활용할 수 있게 되었다.

1990년대 초 동서 냉전 종식 후 북한은 북미관계의 정상화를 대외정책의 최우선으로 삼았으나 동구 사회주의 국가들의 몰락과 함께 고립된 상태에서 그 희망은 실현되지 못했다. 이때부터 북한은 대외적 고립을 타개하려는 욕구를 핵 개발을 통해 이루고자 했다. 북미 간 엉킨 실타래는 대서방국가와의 관계에 큰 제약 조건이 되었다.

하지만 2000년대 들어 북한은 국제적 고립을 탈피하고 국제사회의 지원을 확보하는 것을 외교 활동의 주요 목표로 설정하고 전 방위 외교를 추진했다. 여기에 남한 김대중 정부의 대북 화해협력 정책은 북한의 대외관계 개선에 도움을 주었다. 이에 따라 네덜란드와 벨기에, 캐나다, 스페인, 독일 등 대다수 서방국가와의 수교가 2000년대 초에 완료되었다. 현재 주요 국가 가운데 미국과 일본만이 사실상 북한의 미수교국으로 남게 된 셈이다. 근래 북한의 대서방관계는 냉전 시대와는 달리 문호가 열리게 되어 많은 국가와의 수교로 이어졌지만, 국제사회의 주도권을 쥔 미국의 대북 강경정책과 이에 대한 북한의 필사적 대응이 국제사회의 대북 제재로 이어지면서 기대만큼의 성과를 거두지 못하고 있다.

한중 수교

북한의 전통적인 혈맹인 소련과 중국이 남한과 수교함으로써 북한을 둘러싼 국제 질서의 기본 축이 바뀌었다.

602

김정일의 권력 승계와 '고난의 행군', 그리고 선군정치

1994년 7월 8일, 거의 반세기 동안 북한을 이끌어온 김일성 주석이 사망했다. 50여 년간 북한의 '어버이'로서 존재해온 그의 죽음은 실로 북한 사회에 엄청난 충격으로 다가왔다. 그가 살아온 역사가 북한의 역사였으며, 그의 모든 언행이 인민의 사회생활에 결정적인 영향을 주는 지침이었기 때문이다. 북한은 이제 한 시대와는 작별을 고하고 다가오는 새로운 역사와 마주했다.

김정일은 아버지의 갑작스러운 죽음으로 북한 체제의 모든 책임을 안게 되었다. 물론 그 자신이 오랫동안 후계자 수업을 통해 많은 분야에서 실질적인 통치력을 행사했고, '또 다른' 수령의 존재로 떠올랐다. 그는 군 최고사령관과 국방위원장 지위를 통해 당상 김일성의 '유훈통치'를 실시하기 시작했다. 유훈통치는 김정일이 김일성의 유훈에 기초해 통치해온 것을 일컫는 말이다. 급

김일성 사망을 추모하는 북한 인민들

1994년 7월 9일 낮 12시, 북한 중앙방송은 시보를 울린 뒤 남자 아나운서가 울먹이는 목소리로 "위대한 수령 김일성 동지께서 1994년 7월 8일 2시에 급병으로 서거하셨다"고 발표했다. 사진은 만수대 앞 김일성 동상에 몰려든 북한 인민들.

작스럽게 김일성의 존재를 지우는 것은 가능하지도, 또 북한 지도부로서는 원하지도 않는 일이었다. 이로 말미암아 당과 국가의 일부 권력기관들은 상당 부분 고유의 기능을 발휘하지 못하게 되었다. 김일성의 사망 이전까지 매년 최소 한 차례씩 개최되던 당 중앙위원회 전원회의도 더 이상 열리지 않게 되었다.

새 통치자인 김정일이 안게 된 실질적인 유산은 계속 내리막길로 치닫는 경제적 어려움이었다. 이미 사회주의권의 붕괴로 인해 원자재와 부품 등 생산자재를 지원 받을 길이 막힌 상황에서 국내 생산은 급격히 와해되기 시작했다. 실패로 끝난 제3차 7개년계획에서 3년간의 완충기를 거치고도 새로운 경제계획조차 수립할 엄두를 내지 못했다. 실질적인 교역 상대국이 현격히 축소되면서 필요한 외화를 충당할 길이 없었다. 북한의 무역고는 대략 1990년도의 47억 달러 수준에서 1995년에는 20.5억 달러대로 급락했다.

이와 같은 난관은 농업 부문에서 가장 심각하게 드러났고, 이에 따른 극도의 식량난을 피할 수 없었다. 더구나 1995년과 1996년에 발생한 대홍수와

유훈통치의 실천

북한은 인민들에게 김일성이 생전에 지시했던 유훈을 관철할 것을 요구하면서 경제 건설과 인민 생활 향상에 매진할 것을 강조해왔다. 이 기간에 김정일은 북한의 최고 지도자였지만 독자적인 정책과 청사진을 제시하지 않았다. 따라서 김일성이 제시했던 '농업, 경공업, 무역 제일주의'라는 3대 원칙 등의 관철이 독려되었다. 유훈통치는 김정일의 권력 위상이 미흡했기 때문이 아니라, 김일성의 존재에 대한 예의와 존경의 차원에서 실시된 것으로 볼 수 있다. 이 시기는 북한이 가장 어려움을 겪은 시기이자 대내외적으로 엄청난 '자숙'을 보인 기간이기도 하다.

김일성의 초상이 들어간 북한의 백원권 지폐.

북한의 경제성장률(남측 추정치)

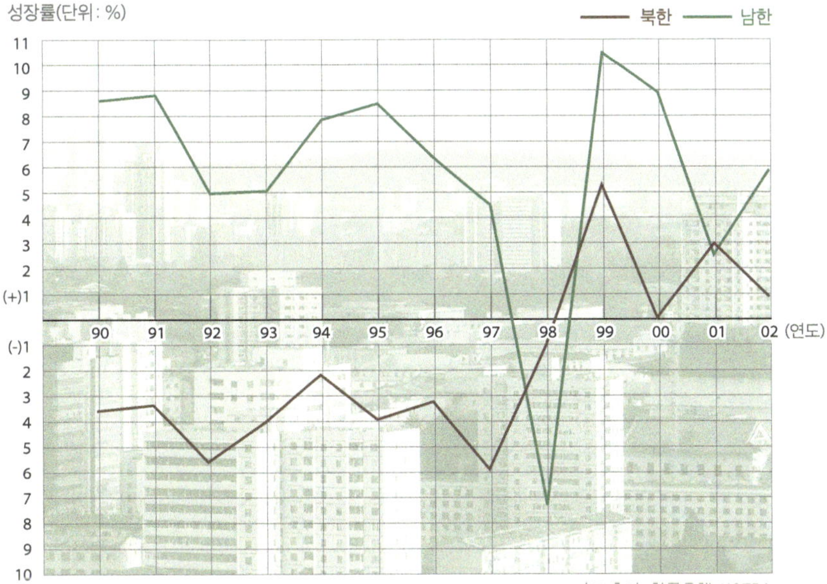

자료 출처 : 한국은행, KOTRA

경제위기를 극복하라

1997년에 바닥을 치고 1998년에야 회복세로 들어선 북한의 경제성장률과 무역을 독려하는 포스터. 북한은 1995년부터 잇따른 자연재해로 1997년까지 '고난의 행군' 시기를 겪어야만했다.

1997년의 심각한 가뭄으로 말미암아 북한 농업은 파멸적인 타격을 받았다. 도처에서 수많은 인민들이 식량을 제대로 배급 받지 못했는데, 특히 배급체계가 원활하지 못한 오지의 인민들은 극심한 굶주림을 겪어야 했다. 식량난으로 인한 전 인민적 고통은 모든 산업 부문에 엄청난 영향을 미치게 되었다. 설상가상으로 석유를 비롯한 여러 에너지가 심각하게 부족해 만성적인 전력난을 불러일으켰으며, 이것은 원료 생산을 위시한 물자 생산 전반에 위기를 몰고 왔다. 곳곳의 생산 설비가 가동을 중단하거나 축소됨으로써 인민 생활은 심각하게 저하되기 시작했다. 오랜 기간 축적되어온 의료 등 사회보장 체계도 사실상 마비 상태에 빠지게 되었다.

북한에 몰아닥친 전례 없는 경제난으로 오랫동안 지속되어온 '당과 수령 중심'의 단일체제가 일부나마 균열되는 양상이 빚어졌다. 일부 인민들은 지속되는 굶주림을 피해 중국 등 해외로 도피하는 사태가 벌어졌다.

끌려 나오는 탈북자

굶주림 등으로 탈북한 북한 인민문제는 중국과 북한, 그리고 남한의 중요 외교 현안으로 떠올랐다. 사진은 지난 2002년에 중국 심양주재 일본 총영사관으로 망명을 시도한 탈북 일가족이 중국 공안에 의해 끌려나오는 모습.

1990~1999년 기간에 남한으로 들어온 이탈 인민 수는 488명에 달했고, 이후 그 수는 급증했다. 이렇듯 경제난으로 시작된 '탈북 행렬'은 단일화된 사회구조와 내부적 단결에 균열을 몰고 올 조짐마저 보였다.

바야흐로 북한은 6·25전쟁 이후 일찍이 겪어보지 못한 '고난의 행군'으로 접어들었다. 여기에 1997년 초, 북한 권력의 주요 인물인 황장엽 국제담당 비서의 망명사건이 일어나 권력 내부의 혼란스런 분위기마저 감지되었다. 북한 지도부는 총체적인 난국을 해소하기 위해 무엇보다 사상적인 일심단결을 우선적으로 강조했다. 당장에 커다란 희생을 피할 수는 없으나 최고 지도자를 중심으로 전체 인민이 합심해 총체적인 난국을 돌파할 것을 호소한 것이다. 이러한 상황에서 경제 복구에 앞장선 것은 군대와 청년들이었다. 이들은 북한의 가장 조직된 세력으로서 경제적 곤란을 타개하는 데 큰 역할을 수행했다.

최악의 '고난의 행군'에서 벗어나 1998년 '강행군' 단계로 들어선 북한은 '유훈통치'를 사실상 종결짓고 본격적으로 김정일 체제의 서막을 올리게 되었다. 이미 1997년 10월에 김정일은 당총비서로 추대되어 점차 권력체계를 정비할 준비를 했다. 이듬해 9월에 북한은 헌법의 개정을 통해 주석제를 폐지하고 김정일 총비서를 국가의 최고 직책으로 격상된 국방위원장에 재추대함으로써 김일성 사후 4년 만에 승계 작업을 마무리했다. 마찬가지로 국가주권의 최고 지도기관인 중앙인민위원회도 폐지해 국가 권력기관을 국방위원

'고난의 행군'의 역사

건설현장의 군인들

북한이 '고난의 행군'이라 명명한 시기는 세 차례 있었다. 먼저 1938년 12월부터 1939년 3월까지 100여 일간 김일성이 이끄는 항일빨치산이 만주에서 모진 추위와 식량난 속에서도 일본군의 추격을 뿌리치며 행군을 감행했는데, 이것이 어원이 되었다.

제2의 '고난의 행군'은 1956년, 이른바 '8월 종파사건'에서 발단되었다. 이는 당시 연안계가 소련계를 끌어들여 김일성의 리더십에 도전했다가 실패한 사건으로 북한이 최대의 정치적 위기를 겪은 기간이었다.

북한은 6·25전쟁 이후 최악의 경제난을 겪은 1996~1997년의 시기를 다시금 '고난의 행군'으로 선포하고 국가적 난국을 헤쳐나갈 것을 호소했다. '고난의 행군' 정신은 '자력갱생·간고분투의 정신, 어떠한 어려운 역경 속에서도 패배주의와 동요를 모르는 낙관주의 정신, 불굴의 혁명정신'으로 정의된다. 1998년 이후 '고난의 행군'은 '강행군', '구보행군'으로 대체되었지만 경제적 난관은 이후에도 장기간 지속되었다.

땔감을 지고 가는 사람

석유를 비롯한 원자재의 공급이 중단됨으로써 공업용 에너지가 부족해졌을 뿐만 아니라 인민들의 일상생활에 필요한 에너지의 조달도 어렵게 되었다.

회(최고 군사지도기관), 최고인민회의 상임위원회(최고인민회의 휴회 중에 최고주권기관), 내각(최고주권의 행정적 집행기관이자 전반적 국가 관리기관)으로 나누었다. 김정일 국방위원장이 국가주석 등 김일성의 지위를 그대로 물려받지 않고, 다소 '비정상적인' 체계를 도입한 것은 일거에 선대 수령과 동격이 되지 않으려는 의도이며, 동시에 자신의 위상을 업적 증진과 맞게 바라보고자 하는 의지의 표시였다고도 볼 수 있다. 더군다나 북한은 가속되는 위기 상황으로 인해 정상적인 체계를 꾸려나가기가 어려웠다.

김정일 체제가 본격적으로 출범한 이유는 경제적 고난을 넘겼기 때문이 아니라 계속되는 난관을 효율적으로 돌파하기 위해서였다. 북한 지도부는 인민들에게 새로운 목표를 담은 구호로 '사회주의 강성대국론'을 제기했다. 강성대국론은 주로 경제와 과학기술 분야에 대한 발전 목표를 일컫는 것이며, 이는 생활상의 어려움에 처한 인민들을 단결시키고 경제발전의 전기를 마련하려

김정일 체제의 서막

1997년 10월 8일, 김정일이 조선로동당 총비서로 공식 추대되었다. 국방위원장직을 유지한 김정일은 공식적으로 북한 최고 권력에 취임하게 된 것이다. 사진은 10월 11일에 김일성광장에서 열린 '총비서 추대기념 경축대회'.

는 동기에서 나왔다. 나중에 '강성국가'로 개칭되는 강성대국론은 1990년대 위기 상황이 불러온 체제 수호의 성격보다는 그것을 넘어선 새로운 전망을 제시하는 담론이라 할 수 있다.

또한 북한 지도부는 국내외적으로 비상한 상황을 맞이해 새로운 통치방식으로서 '선군정치'를 내세우기 시작했다. 1995년 1월 1일 김정일의 다박솔초소에 대한 시찰에서 비롯된 선군정치는 '군대를 중시하고 그를 강화하는 데 선차적 힘을 넣는 정치'를 일컫는다. 이는 우선 북한이 당면한 대내외적 위협을 인민군대의 강화를 통해 대처하고, 극심한 경제난에 대해서는 군대가 중심이 되어 돌파해나가겠다는 것이었다. 북한은 군대보다 당이 우위에 서는 전통적인 사회주의 정치체제를 지향해왔으나 이 시기에 이르러 군의 역할이 급격히 증대되었다. 곧 당의 우위를 근본으로 군의 역할을 강조하는 정치운

선군혁명총진군을 향하여

김일성 광장에서 '김정일' 글자를 표현하는 매스 게임이 펼쳐지고 있다.

영으로 변모한 것이다.

그리하여 전통적으로 최고 정책결정기관인 당 중앙위원회 정치국의 활동이 미미해지고, 국방위원회와 로동당 비서국이 이 기능을 나누어 맡게 되었다. 김정일을 중심으로 한 '비상'체제가 북한의 모든 부문을 이끌게 된 것이다. 권력의 핵심부에는 만경대혁명학원 출신을 비롯한 '혁명 2, 3세대'들이 자리를 잡았다. 이 가운데 조명록(군 총정치국장), 김영춘(군 총참모장), 김일철(인민무력상) 등 군부 출신들의 부상이 가장 눈에 띄었다.

선군정치의 실시는 김정일의 대내 활동에서도 두드러졌다. 그는 최고 지도자가 된 후인 1995년부터 2001년까지 7년 동안 1300개 단위(약 11만 6000킬로미터)를 현지지도로 순회했는데, 그 가운데 군부대가 814개 단위에 이를 정도로 군대 시찰이 압도적이었다. 실제로 이 기간에 북한 인민군은 사회의 조

권력의 실세들 한자리에

김정일 지도부 핵심 인물들이 모였다. 2005년 10월 10일 김일성광장에서 열린 조선노동당창건 60주년 기념식에 참석한 모습이다. 왼쪽부터 김일철, 김영춘, 조명록.

직적 이완이 가속화된 상황에서 경제 건설에서도 큰 역할을 담당해나갔다. 앞서 보았듯이, 도로나 수력댐을 비롯한 사회 기반 시설과 공장, 아파트 등 각종 건축물의 상당수를 군인들을 동원해 건설했다.

김정일의 선군정치에 대한 전 사회적인 인식 역시 널리 확산되어갔다. 각종 선전매체는 선군정치가 가져온 국가 안전상의 담보와 '혁명과 건설'에서 인민군대가 이룩한 성과를 지속적으로 알렸다. 그리하여 선군정치는 1990년대 후반 이래로 북한의 정치현상을 특징짓는 가장 주요한 용어가 되었다. 북한은 선군정치를 통해 유일 초강대국 미국과의 적대관계 속에서도 자신의 체제를 계속 지켜왔다는 자부심을 키웠다. 특히 동구권 사회주의 국가의 붕괴, 김일성의 사망과 연이은 자연재해, 미국과의 전쟁 위기설 등으로 인한 위기 국면을 극복하고 점차 안정을 되찾은 것은 바로 선군정치의 '위력'이라고 해석했다.

북한의 총대가정

총대가정이란 집안의 부자와 형제가 모두 군에 입대해 '조국 보위에 앞장서는 가정'을 가리키는 북한의 신조어다. '선군정치'를 필두로 군대를 중시하는 북한 사회의 분위기를 느낄 수 있다. 사진은 인민군 군관 박용철(신문을 읽고 있는 사람)과 8형제 군관들이 김정일의 친서를 받고 기뻐하는 모습이다.

'서울 불바다' 발언을 한 박영수 북측 대표

1994년 3월, 남북 특사교환 제8차 실무회담에서 북측 박영수 단장(오른쪽)이 "여기서 서울이 멀지 않아요. 전쟁이 일어나면 불바다가 되고 말아요"라고 말해 남북관계를 긴장시켰다. 이후 박영수는 1998년 2월에 베이징에서 열린 남북 해외학자 학술회의에 참석해서 "북한에 핵폭탄이 떨어지면 서울도 그 피해를 입게 될 것이라는 뜻이었다"고 해명했다.

선군정치를 표방하는 것은 '우리식 사회주의'의 기치 하에 계속해서 '자력갱생'의 모델을 지속시키겠다는 의사를 반영한 것이었다. 하지만 이 모델의 한계는 분명해 보였고, 북한의 경제 위기는 좀처럼 극복되지 않았다. 위기의 근저에는 사회주의권의 붕괴에 따른 형제국가와의 전통적 교류가 단절된 것과 미국의 경제 제재 등과 같은 외부적 요인이 직접 자리하고 있었으나, 비효율적인 계획경제 구조와 같은 내부적 요인도 무시하기 힘들었다. 그러나 김정일 지도부는 계획경제의 전환을 통한 발전 전략을 성급히 모색하지는 않았다. 북한은 사회주의 체제의 유지에 좀 더 큰 의미를 두었는데, 이는 미국 등 대서방 진영과의 관계 정상화 없이 시장경제의 전면적인 도입이 가져올 결과에 대한 두려움이 앞섰기 때문이다. 그럼에도 김정일 지도부는 자신의 '조국'을 한계적 상황에 마냥 내버려둘 수는 없었다. 사회주의 체제의 유지를 위해서라도 점진적인 변화는 외면하기 어려웠다. 그것은 21세기 들어 북한이 걸머져야 할 숙명으로 다가오게 되었다.

| 북한 인권 이야기 |

'우리식 인권'의 의미와 한계

그동안 국제사회에서 바라본 북한 내 인권 문제가 북한 사회에 대한 기본적 시각을 제공하는 주요 기준이 되어왔다. 북한의 중대한 인권 침해 사례로 지적되는 것은 개인적 자유와 권리 제약을 비롯해 공개 처형, 정치범 수용소의 존재, 종교의 자유에 대한 탄압, 거주·여행의 자유에 대한 제한, 성분 분류에 의한 인민들의 차별 대우 등이다. 이 가운데 다수는 '복잡한 군중'으로 불리는 '적대계층'에 대한 인권 문제가 주된 것임을 알 수 있다. 실제 북한이 자신의 이념을 통해 '계급의 적'에게는 가혹한 독재를 실시해야 한다고 한 것을 보면 국제사회가 지적하는 인권문제 제기는 상당한 근거가 있어 보인다.

그런데 북한은 서구식 인권 기준에 맞서 자신의 인권 기준을 제시해왔다. 그들이 내세우는 '우리식 인권'의 주요 특성은 개인의 자유보다는 물질적 보장이 중요하다는 것이다. 즉, 인권을 설명할 때 언론·출판·집회·시위와 결사의 자유, 신앙의 자유, 거주 여행의 자유 등 시민적·정치적 권리보다 완전고용, 무상치료, 무상교육, 무상주택, 의식주 보장, 문화시설 보장, 남녀평등 등 경제적·사회적·문화적 권리를 강조한다. 인민의 물질적 기초를 보장하지 못하면서 개인의 권리와 자유를 인정하는 것은 가진 자들의 자유와 권리만을 인정하는 것으로 무의미하다는 것이다. 하지만 계속된 경제난으로 북한이 자랑해온 사회보상제도와 인민 생활의 물질적 기초가 흔들리면서 경제적·사회적·문화적 권리도 일정한 영향을 받고 있는 것이 현실이다. 특히 이로 인해 '고난의 행군' 시기를 거치면서 탈북자들이 급증하게 됨으로써 결과적으로 인권 상황을 악화시켰다.

한편 북한 인권문제에 대한 외부세계의 움직임을 인도적 접근보다는 정치적 동기로 바라보는 시각도 적지 않다. 이 문제를 대북 지원과 협력을 이끌어내기 위해 제기하기보다는 정치적 압박과 고립 수단으로 활용하고 있다는 것이다. 이로 인해 실제적인 인권 개선을 위한 노력이 국제사회의 대북 압력에 상쇄되어 효과를 얻지 못했다.

장애인과 교통보안원

| 북한의 민속명절 |

같지만 또 다른 북녘의 명절 쇠기

“여성은 명절은 물론이고 일상생활에서도 한복을 즐겨 입는다. 반면 남성이 명절에 한복을 입은 모습을 보기란 여간 어렵지 않다. 명절에 남성은 신사복을 주로 입는다.”

설과 추석 등 북한의 민속명절 풍경이다. 북한의 명절은 국경일과 기념일, 민속명절을 총칭하고 있다. 이 가운데 민속명절은 설날(양력과 음력 설 모두 지냄)이나 한가위(추석), 단오와 같이 해마다 일정하게 지키며 민속적으로 즐기는 날이다.

북한은 오랫동안 민속명절이 사회주의 생활양식과 배치된다는 이유로 정책적으로 장려하지 않았다. 그러다가 1980년대 말부터는 ‘조선민족제일주의’의 기풍이 강조되기 시작해 휴무일로 지정되었다. 이후 민속명절은 일상생활 속에 자연스럽게 포함되었고, 북한의 언론매체들도 해당 명절 풍속에 대해 큰 관심을 가지고 보도하게 되었다.

민족음식 밀지짐

양력 설날(1월 1일)에는 집집마다 설떡을 하며 아랫사람이 어른들에게 세배를 한다. 어린이들에게는 세뱃돈을 의미하는 용싯돈을 주기도 한다. 추석에는 새 옷을 차려입고, 가정에서 차례를 지내며, 조상들의 산소를 찾아가서 성묘를 한다. 요즘 남쪽에서는 많이 퇴색된 연날리기, 팽이놀이, 그네뛰기 등 각종 민속놀이가 북한에서는 여전히 명절을 장식한다.

이처럼 설이나 추석에 온 가족이 모여 전통 풍습이나 차례를 지내는 것은 남한과 별반 다르지 않다. 다만 북한은 타지에 이주해 있는 가족이 많지 않기 때문에 ‘민족 대이동’과 같은 모습은 찾기 힘들다.

대표적인 민속놀이 널뛰기

603

남과 북, 화해와 갈등의 순환

1990년대 초에 소련과 동구국가들에서 일어난 사회주의 체제의 붕괴는 남북관계와 통일문제에 대한 북한 지도부의 현실 인식에 일정한 변화를 가져왔다. 하지만 북한은 사회주의 체제를 지키는 것을 절박한 과제로 인식하면서도 남북관계의 주도권을 잃지 않기 위해 공세적 자세를 늦추지 않았다. 1990년에 김일성은 신년사를 통해 남과 북 사이의 자유 왕래와 전면 개방을 주장했다. 그는 남측이 쌓은 콘크리트 장벽을 철거할 것을 요구했다. 이는 독일의 베를린 장벽처럼 남측이 쌓은 콘크리트 장벽을 분단의 상징으로 만들어 남북관계의 정치적 우위를 확보하려는 의도였다.

한편 북한은 미국이나 일본 등과 관계 정상화를 추구하는 과정에서 이들 나라의 요구에 따라 남북당국자회담에도 응하지 않을 수 없었다. 1990년 9월, 남북한 총리를 수석대표로 하는 남북고위급회담이 개최되었다. 이 회담

남북 정상의 만남

2000년 6월 13일, 김대중 대통령이 평양 순안공항에 도착했다. 김정일 국방위원장과 김영남 최고인민회의 상임위원장과 함께 의장대를 사열하고 있다.

에서 남측은 경제와 사회문화 교류를, 북측은 군사와 정치 문제를 주요 의제로 내세워 서로 대립적인 견해를 보였다. 그동안 남측은 점진적인 교류를 통해 남북관계를 개선하자는 입장이었던 반면, 북측은 주한미군이나 국가보안법과 같은 정치적·군사적 문제를 남북관계의 근본 장애로 간주해왔다. 하지만 고위급회담에서 양측은 의견을 절충해 두 주장 모두 포괄적으로 다루기로 하고, 1991년 12월에 상대방의 체제를 인정하고 내정 간섭을 하지 않으며 무력을 사용하지 않는다는 내용을 중심으로 하는 「화해와 불가침 및 교류·협력에 관한 합의서」(남북기본합의서)를 채택했다. 이것은 7·4남북공동성명 이후 남북 당국 간에 이룬 첫 합의로서 남북관계의 큰 획을 그은 사건이었다. 이 기본합의서의 채택에 의해 한때나마 남북한이 상호 실체를 인정하고, 상호 교류와 협력을 통해 민족 공동 발전을 이룩할 수 있는 기틀이 마련되는 듯했다. 그러나 뒤이어 남한과 미국이 팀스피리트 훈련을 재개하고 북핵문제가 불거지면서 남북관계는 소강상태에 빠지게 되었다. 북한은 여전히 정치적·군

백두-한라대행진

제3차 범민족대회(1992)에 참가한 해외 동포와 북측 대표단이 플래카드를 들고 백두산에서 출발해 행진하고 있다.

▲ 남북한 유엔 동시 가입

1991년에 북한은 '분단을 고착화시킨다'는 명분 아래 반대해오던 유엔 동시 가입을 전격적으로 받아들였다. 사진은 유엔 가입 후 유엔 회의장에서 반갑게 인사하고 있는 남북 대표.(사진 가운데)

▼ 제1차 남북고위급 회담, 서울, 1990년 9월 4~7일

남북한의 총리를 수석대표로 하는 남북 고위급회담은 1989년 2월의 첫 예비회담부터 1992년의 8차 회담까지 열렸다. 고위급회담의 형식은 이후 특사 교환과 정상회담의 형식으로 변화했다.

소떼 몰고 고향으로

자유로를 따라 소를 실은 트럭이 길게 줄지어 달리고 있다. 1998년, 현대그룹 명예회장인 정주영이 소 1001마리를 트럭에 싣고 2차에 걸쳐 북한을 방문한 이 일은 김대중 정부의 '햇볕정책'의 본격적인 시작을 상징했다.

사적 문제의 해결에 우위를 두었을 뿐 아니라 자신의 체제를 보장하기 위해 미국과의 담판에 초점을 맞추었고, 남측을 신뢰할 수 있는 상대로 여기지 않았다. 그들의 관점에서 남한은 아직도 미국의 종속적인 '식민지'일 뿐이었다. 남한 역시 냉전 이데올로기에서 벗어나지 못했으며, 북한을 진정한 대화 상대자로 인정하는 데 인색했다.

1991년 9월, 사회주의동맹의 붕괴로 고립이 심화된 상황에서 북한은 그동안 분단을 고착시킨다며 줄곧 반대해오던 남북한 유엔 동시 가입을 받아들였다. 현실의 사회주의가 무너진 국제 환경의 변화를 거역하기는 힘들었던 것이다.

북한은 국가적·사회적 난관이 지속되는 가운데서도 표면적이나마 통일에의 열망을 늦추지 않았고, 오히려 진일보한 제의를 내놓기도 했다. 이를테면, 김일성은 1993년에 발표한 「전민족대단결 10대강령」에서 남북이 서로 상대방을 흡수하지 않을 것을 제기했다. 김일성 자신은 북한이 처한 전반적인 수세적 입장에도 아랑곳하지 않고 말년에 연방제 통일방식에 대해 강한 집착을 보였다.

김영삼 정부 시기에 남북관계는 북미 간 위기의 정점에서 남북정상회담을 합의하는 등 진전의 기회를 맞는 듯했다. 그러나 김일성이 사망하면서 정상회담은 열리지 못했고, 북한은 남한 내 '조문파동'에 대해 극한 반응을 보였다. 설상가상으로 남북관계는 북미 간 핵 갈등, 북한 잠수함사건(1996년 9월), 대북정책을 둘러싼 이른바 '남남갈등'이 더해지면서 거의 성과를 보지 못했다.

김일성 사후의 북한은 내외적인 어려운 여건에 당면해 대남관계에서 적극적인 태도를 사실상 포기했다. 국제적인 고립과 경제적 위기에 빠진 채 남북관계에 대한 자신감을 상실했던 것이다. 새로운 최고 지도자 김정일은 최악의 경제 위기를 맞아 통일문제에 힘을 쏟기가 어려웠다. 그의 일차적인 관심은 핵문제로 야기된 나라의 안전을 보장하는 것과 '고난의 행군'이라는 위기상황에서 탈출하는 것이었다. 말하자면 '우리식 사회주의'를 수호하는 과제가 통일문제보다도 훨씬 시급했다. 다만 1998년 4월에 김정일은 「4·18 서한」에서 김일성의 조국 통일을 위한 전민족대단결 10대강령을 '불멸의 민족대단결 총서'로 간주함으로써 연방제 노선을 계승할 것임을 천명했다. 또한 1997년 8월에는 조국통일 3대헌장(조국통일 3대원칙, 전민족대단결 10대강령, 고려민주연방공화국 창립방안)을 발표해 이를 대내외적으로 확산시키며 지지를 획득하는 데 주력했다.

북한은 1998년에 김대중 정부가 들어서자 남한에 대한 전향적인 태도를 보이기 시작했다. 급격히 악화된 내부 경제를 타개하려면 외부의 지원과 대외경제 교류가 필수적이었으며, 이를 위해서는 무엇보다 남한과의 관계 개선이 필요했기 때문이다. 더구나 김대중은 과거 정권이 취한 대북 강경정책을 버리고 화해와 협력의 정책인 '햇볕정책'을 도입했다. 처음에 북한은 이 정책을 흡수통일 책략으로 간주하고 비판적인 태도를 견지했으나, 그것이 지닌 '우호

북한 잠수함사건

남북기본합의서의 체결에도 불구하고 화해와 협력의 시대는 쉽게 오지 않았다. 1996년에 발생한 북한 잠수함 침투사건은 다시 한 번 남북관계를 긴장의 국면으로 몰고 갔다.

적' 성격을 배척하지는 않았다. 이러한 분위기를 타고 1998년 11월에는 북한이 남측에 금강산 관광을 허용했다. 이를 통해 분단 이후 처음으로 남북 간 해로가 열리게 되었다. 민간기업 현대가 주도한 금강산 관광사업은 북한 측의 경제난 타개와 맞물려 이루어졌다. 이것은 굳게 닫혀 있던 한민족의 분단장벽을 허무는 사실상의 출발점이 되었고, 이로부터 민간 차원의 교류도 점차 활기를 띠게 되었다. 특히 2000년 남북정상회담을 비롯한 남북 교류와 협력 과정에 커다란 징검다리 노릇을 했다. 비록 1999년 6월의 '서해교전'(남북한 해군 사이의 군사적 충돌)과 금강산 관광객 억류사건으로 남북 간에 한때 긴장감이 조성되기도 했지만 전반적인 화해의 흐름을 막지는 못했다.

2000년 3월, 대북 경제 지원 확대와 남북 간 화해와 협력 등을 골자로 한 김대중의 베를린 선언을 계기로 남북은 물밑 대화를 진행했다. 그 결과 남북 정상은 6월 13일에 분단 55년 만에 처음으로 평양에서 만나 6·15선언을 발표했다. 그에 따르면, 통일은 민족이 자주적으로 해결해나가며, 북측의 낮은 단계의 연방제안과 남측의 연합제안을 토대로 지향해야 하는 것이었다. 이 밖에 이산가족 상봉을 비롯해 민간·경제 교류를 활성화하기로 합의했다. 북한은 남북공동선언에 자신들이 줄곧 주장해온 '자주적 입장'과, 절충적이긴 하지만, 연방제의 내용이 포함된 통일방안 합의를 관철시킨 점에 의의를 두었다.

김대중 대통령의 베를린 선언

2000년 3월 9일, 독일을 순방 중이던 김대중 대통령은 베를린 자유대학에서 '독일 통일의 교훈과 한반도 문제' 라는 연설을 진행하던 도중 '베를린 선언'을 발표했다. 베를린 선언은 한반도 평화정착과 남북통일을 위한 제안이며, 남북한 당국이 직접 대화를 통해 경제협력을 논의하고 한반도에서의 냉전을 종식시키자는 내용을 담고 있다.

남북정상회담 이후 북한은 남한 당국에 대한 적대적 태도를 사실상 지양했으며, 남북 대화와 협력의 당사자로서 인정하기에 이르렀다. 그 이전까지 북한이 재야와 학생 등 비정부적인 조직들과의 교류를 중시하고 남측 정부에 대해서는 불신을 감추지 않았던 것에 비해서는 획기적인 변화였다. 북한이 남한에 대해 입장을 바꾼 것은 어려워진 경제를 회생하기 위해서는 남측의 지원과 협력이 절실하기도 했지만 자신을 적대시하지 않게 된 남한 정부의 태도에 대한 인식을 바꾼 측면도 있었다.

이후 남북 간에는 각종 교류가 증대되었고, 남한의 대북 지원이 지속되었다. 남북 사이에는 장관급회담, 이산가족 재회, 경제 협력 등 실제적인 교류와 협력이 진행되었다. 특히 2002년 9월에는 남북 간 경의선·동해선의 철도·도로 연결 착공식이 거행되었다. 같은 해 11월에 북한은 남한 기업들의 입주를 위한 '개성공업지구법'을 채택했고, 2003년 2월에는 금강산의 육로관광을 허용했다.

하지만 새로운 세기에 접어들어 남북관계가 순탄하게 발전한 것은 아니었다. 정상회담 이후 북한은 "우리 민족끼리"라는 선언적 구호 밑에 민족 내부의

《로동신문》 1면의 남북정상회담

평양 지하철 부흥역에서 북한 주민들이 정상회담을 다룬 《로동신문》을 살펴보고 있다.

▲ **개성공업지구의 전경**

남북정상회담 이후 남북의 합작으로 운영되고 있는 개성공업지구는 남북관계의 변화에 따라 운영이 중단되기도 했다.

◀ **금강산 관광버스 정류장**

1998년부터 금강산 관광이 배로 가능했지만 2002년 이후부터는 육로로도 시행되었다. 2008년 금강산 관광객 피격사건으로 이후부터 한국에서의 금강산 관광은 임시 중단되었다.

이산가족의 재회

이산가족 찾기운동은 대한적십자사에서 1971년부터 시작했으며, 2000년 남북정상회담에서 국가 차원의 이산가족 상봉이 합의되어 2010년까지 순조롭게 이어져왔다. 그후 남북관계 냉각으로 중단되었다가, 2014년 2월 재개되었다.

협력을 강조했다. 이 같은 기조는 민족문제에 대한 외세의 개입을 저지하려는 강력한 정치적 목적을 띤 것이며, 민족의 자주성이라는 고유의 주체 이데올로기를 반영한 것이었다. 오랜 기간 한미동맹 관계를 지속해온 남측으로서는 북측이 주장한 민족 공조를 우선하기는 어려웠으며, 이는 남북관계의 근본적인 진전을 가로막는 주요한 이유가 되었다.

남북관계의 발전을 저해하는 다른 내외적 요인들도 적지 않았다. 2002년 6월, 또다시 발생한 서해교전은 남북관계를 일시적으로 악화시키기도 했다. 더욱이 미국 부시 정부의 출범 이후 미국의 대북 강경정책은 남북관계의 진전에 계속해서 부정적인 영향을 주었다. 이에 대해 북한은 6·15공동선언의 틀을 강조하면서 이에 근거한 민족 간 공조를 계속해서 주장했으나, 남측의 적극적인 호응을 받지는 못했다. 이 때문에 남한 당국에 대해 민족 공조의 측면에서 협력은 강조하면서도 반대의 경우 비판적 태도를 취하는 등 이중적 입장을 보였다.

2003년 노무현 정부가 들어선 뒤에도 그와 같은 흐름은 지속되었다. 남북관계는 급격히 나아지지 않았고, 그렇다고 뚜렷하게 경색되지도 않았다. 하지만 경제적 측면에서 남북 간 교역량은 해가 갈수록 큰 폭으로 증대했다. 개성공단의 경우 2005년에 북측 근로자 수가 6000명에 그치던 것이 불과 3년 만에 4만

남한을 방문한 북한 응원단

2003년 대구유니버시아드대회에서 북한 선수단을 응원하기 위해 남한을 방문한 북한 응원단의 모습. 국가 간 체육행사는 남한의 일반 시민들이 북한과 대중적으로 접촉하는 기회다.

명으로 증가했고, 같은 기간 생산액은 16배 이상 늘어났다. 남북 상호 간 인적 왕래는 2000년 7986명에서 2008년에는 18만 6775명으로 비약적인 증가세를 보였다.

북핵문제가 해결되지 않고 국제적 여건이 성숙되지 않은 상황 속에서 남북은 제2차 남북정상회담의 개최에 합의했다. 2007년 10월 남북 정상(노무현-김정일)은 남북관계의 새로운 장을 열었다. 이때 두 정상은 '남북관계 발전과 평화번영을 위한 선언'(10·4선언)에서 2000년 6·15공동선언을 변함없이 이행하며 현 정전체제를 종식시키고 항구적인 평화체제를 구축하는 데 협력할 것을 표명했다. 또한 남북 양측은 서해평화협력특별시대 설치, 공동어로구역과

또 한 번 남북 정상의 만남

2007년 남북정상회담을 위해 방북한 노무현 대통령이 김정일 위원장과 손을 맞잡았다.

평화수역 설정, 개성-신의주 철도와 개성-평양 고속도로 공동 이용, 백두산 관광 실시, 상시적인 이산가족 상봉 등 획기적으로 쌍방의 협력 확대에 합의했다. 이후 남북총리회담을 비롯한 각 분야의 실무회담이 동시다발적으로 열리면서 10·4선언 합의 이행이 순조롭게 진행되는 듯이 보였다.

그러나 2008년 2월 이명박 정부가 들어서면서 남북관계는 점차 흔들리기 시작했다. 북한은 '비핵·개방·3000'으로 대변되는 대북정책을 반민족적 대결론으로 규정하고 점차 비판의 강도를 높였다. 설상가상으로 그해 7월 남측 관광객이 북한 경비원에 피격 사망한 사건으로 금강산 관광이 중단되었다. 이에 뒤이어 남북을 연결하는 경의선·동해선 철도와 도로도 운행을 중단했다.

이후 남북관계의 암운이 더욱 짙어져갔다. 특히 2010년 3월 천안함 침몰사건과 11월 연평도 포격사건은 남북관계를 최악의 상황으로 몰고 갔다. 남북은 마치 냉전 시대로 회귀한 듯이 상호 적대의식을 가감 없이 드러냈고, 이에 따른 양측의 긴장도는 한층 높아져갔다. 남북관계는 당국 간 대화는 물론이고 민간과 경제 교류 역시 급격히 위축되었다.

냉전 이후 남북관계는 긴장 완화에서 적대 국면으로 이어지다가 2000년 이후 협력관계를 모색하는 중에 다시금 대결적 상황으로 전환되었다. 남북관계의 부침은 한반도 정세에 절대적인 영향을 미치는 북미관계를 비롯한 국제정치 환경 때문이기도 하지만 남북의 서로를 보는 시각과 입장 차이도 크게 작용했다.

현재 북한은 남북관계에서 연방제 방식에 의한 '조국 통일 실현'이라는 기존 목표를 변함없이 유지하고 있다. 그러나 북한은 어디까지나 '우리식 사회주의' 체제 유지라는 목표를 우선한 까닭에 통일에 대한 집착은 이전에 비해 약화된 것이 분명하다.

| 연합제와 낮은 단계의 연방제 |

통일을 모색하는 남북

2000년 6월, 남북 정상이 합의한 통일방안은 남측의 연합제와 북측의 낮은 단계의 연방제 사이의 공통성에서 찾기로 했다. 원래 북한이 주장한 고려연방제 통일안은 1연방국가, 2체제, 2지역정부를 내용으로 했다. 이 방안에 따르면, 연방정부는 외교권과 군사권을 갖고, 남북의 지역정부는 자치권한만 갖게 된다. 이에 북한은 낮은 단계의 연방제안에 대해 '남북한의 현 정부가 내정, 군사, 외교권을 비롯한 현재의 기능과 권한을 그대로 보유하는 2체제 2정부를 유지하면서 민족 통일 기구를 구성하는 것'이라고 함으로써 남측 안과의 절충을 시도했다.

남측의 연합제는 1994년 8월에 자주·평화·민주의 기조 위에 화해·협력, 남북연합, 통일국가 완성이라는 3단계의 민족 공동체 통일방안에서 상정하고 있는 남북연합 단계를 염두에 둔 방안이다. 즉, 남북연합 단계에서 남북한은 2체제 2정부를 유지하며, 가능한 분야에서 협력을 제도화한다는 것이다.

두 안의 공통점은 통일의 중간 단계를 설정하고, 남북의 공존과 협력을 제도화하려는 것, 상호 정부를 통일 주체와 파트너로서 인정한 것, 지역정부에 군사권과 외교권을 부여한다는 것 등을 들 수 있다. 이렇듯 두 안에는 유사성이 있지만 정작 중요한 것은 통일국가의 체제 선택 문제라 할 수 있다. 이에 대해 북측은 그 선택은 후대에게 맡기자고 주장하지만 사회주의적 방식의 통일을 기대하고, 남측은 사실상 자유민주주의(시장경제) 통일방식을 추구해왔다. 흡수통일을 배제하는 원칙에서 본다면 이러한 차이는 통일 논의에서 본질적인 장애 요인이라 할 수 있다.

남북의 통일 과정은 당국 간 협상과 합의는 물론이고 광범위한 민간 영역의 교류와 협력을 전제로 한다. 통일국가는 시대의 요구, 남북 간 힘의 관계 및 구성원의 희망 등에 의해 결정될 것이지만, 이 과정은 상당 기간의 공존과 교류를 거쳐 평화적으로 합의해나가는 수순이 필요할 것이다. 현재까지 남북이 합의한 통일방안은 남북 간의 '추상적인' 통일방식에 대한 합의일 뿐, 그 구체적인 내용은 남북 간의 실질적인 교류와 협력의 증대 속에서 여전히 수많은 논의를 거쳐야 할 것이다.

조국통일 3대헌장 기념탑

| 금강산 관광과 개성공단 |

남북관계를 잇는 협력의 현장

분단 이후 현재까지 남북의 민간협력과 교류사업의 가장 두드러진 성과는 금강산 관광과 개성공단 사업이라고 말할 수 있다.

1998년 11월 18일, 현대 금강호가 북녘 땅을 향해 동해항을 출발하면서 남한 관광객들은 분단 이후 처음으로 관광을 통해 북한 지역을 방문할 수 있게 되었다. 금강산 관광은 민족 최고의 명산을 관광하고자 하는 남쪽의 희망과 북쪽의 경제적 동기가 어우러져 실현될 수 있었다. 여기에 북에 고향을 둔 현대 창업자 정주영의 애착과 김대중 정부의 적극적 지원이 따랐다. 2003년 9월에는 해상에 이어 금강산 육로관광이 실시되었다. 금강산에서는 10여 차례에 걸쳐 남북 이산가족 상봉행사가 개최되고, 이를 정례화하기 위한 이산가족 면회소도 건설되었다. 그러나 2008년 7월 남측 관광객 피살사건 이후 남북관계의 악화로 인해 금강산 관광은 중단되었다. 금강산 관광은 금강산 지구라는 제한된 지역에 대한 관광에서 시작된 것이지만, 이 사업은 이후로 남북 민간 교류의 확대에 식산섭석으로 크게 기여했다. 그때까지 금강산을 다녀온 관광객 총수는 190여만 명을 헤아린다.

개성공단은 2000년 현대아산과 북한 간의 '공업지구 개발에 관한 합의시' 체결로 시작되어, 이후 북한이 '개성공업지구법'을 제정할 정도로 의욕을 보인 사업이었다. 2004년 12월 첫 제품을 생산한 이래 이듬해 남측 18개 기업이 경공업 제품 위주의 생산 활동에 들어갔다. 개성공단 사업은 '천안함 사건'(2010년 3월)과 '연평도 포격 사건'(2011년 11월)으로 남북관계가 사실상 단절되었던 시기에도 중단되지 않을 만큼 남북관계를 잇는 끈으로 작용했다. 개성공단을 폐쇄하기에는 남북한 당국 모두에게 커다란 부담으로 작용했던 것이다. 2012년 기준으로 남측 기업 122개에 북측 근로자 5만여 명이 일하는 남북 협력의 살아 있는 현장으로 남아 있다. 남북관계 악화로 인해 2013년 3월 잠정적인 폐쇄를 겪기도 했지만 5개월 후 다시 재가동되었다. 이 사업을 일거에 접기에는 남북한 당국 모두에게 커다란 부담이 되었던 것이다.

2000년에 금강산을 방문한 미스코리아들의 기념사진.

604

고립을 극복하기 위한 대강대국 외교

1990년대 전통적인 동맹국가들이 사라진 상황에서, 북한 지도부는 외교적·안보적 고립을 탈피하기 위해 좀 더 적극적으로 대외관계를 개선하기 위해 나섰다. 갑자기 몰아닥친 체제의 위기를 타개하기 위해서는 미국과 일본과의 관계를 정상적으로 돌려놓아야 했다. 그러나 북한의 입장에서 이것은 쉬운 일이 아니었다. 무엇보다도 미국은 소련과 동구 사회주의권이 붕괴된 마당에 거의 홀로 남아 있는 북한을 '정상국가'로 인정하길 원치 않았다. 그렇지만 북한의 입장에서는 미국과 일본 등 서방국가와의 관계 개선 없이는 고립에서 벗어나기 힘들다는 판단이 앞섰다.

대미관계

외부세계의 '위협'은 북한 체제의 생존문제를 자극했고, 이에 북한 지도부

바깥을 살피다

공동경비구역에서 한 인민군이 쌍안경으로 외부를 살펴보고 있다. 끊임없이 변화하는 세계 정세에 따라 북한도 고립을 극복하고 생존하기 위해 외부와의 교류를 다양하게 모색하면서 분투해왔다.

는 핵 '카드'를 들고 나옴으로써 돌파구를 찾고자 했다. 1993년 3월, 북한 정부는 국제원자력기구가 핵사찰을 결의하자 핵확산금지조약(NPT)의 탈퇴를 선언해 국제적으로 긴장 국면을 조성했다. 북한은 국제원자력기구의 사찰 요구를 '미국의 반공화국 책동'으로 인식하면서 여기에 굴복하지 않겠다는 의사를 천명한 것이었다. 북한이 핵문제를 걸고 미국의 공세에 결사적으로 대응하자, 양측은 전쟁 일보 직전의 위기로 치달았다. 이 위기는 카터 전 대통령이 방북을 통한 중재로 넘길 수 있었다.

북한과 미국은 핵문제를 해결하기 위해 지루한 협의를 거친 끝에 1994년 10월에 북한의 핵 개발 동결과 미국의 경수로 건설 제공, 그리고 양국 간 관계 정상화 추진 등을 주요 내용으로 하는 제네바 기본합의서를 채택했다. 이 합의의 기본 요지는, 북한은 핵 개발을 중단하고 그 대가로 미국은 경수로 건설과 중유 제공을 약속한다는 것이었다. 또한 양측은 장차 정치적·경제적 관계

카터와 김일성

1994년 6월, 북한의 NPT 탈퇴 후 전개된 핵 위기를 중재하기 위해 미국의 전 대통령 카터가 북한을 방문해 김일성을 만났다. 김일성은 이 만남에서 카터가 제안한 남북정상회담을 수락했다. 그러나 불과 한 달도 되지 않아 김일성이 사망하게 되어 해방 후 첫 정상회담은 무산되었다.

의 완전 정상화를 추구하기로 했다. 이 합의서의 채택으로 북한이 '정상국가'로 나아가는 길이 열리는 것처럼 보였다.

그러나 이 합의는 양국의 기본적인 신뢰의 부족 등으로 인해 일정대로 지켜지는 데 많은 난관이 따랐다. 미국 측은 기본적으로 북한이 붕괴할지도 모른다고 생각했기 때문에 북미 합의를 이행하는 데 주저했다. 여기에 북한의 미사일 생산문제와 금창리 지역의 지하 핵시설 의혹이 불거지면서 양국 관계는 더 이상 나아가지 못했다. 북한은 미사일을 자주권에 속하는 문제로 보고, 이를 풀기 위해서는 대북 경제 제재 해제와 미사일 수출 중지로 인한 손실을 보상해야 한다고 맞섰다. 새로운 핵시설 의혹은 북한 측이 미국으로부터 제공 받을 식량의 대가로 현장조사를 허용함으로써 일단락되었다.

하지만 미사일의 생산과 개발, 그리고 배치문제가 지속되면서 양국 관계는 더 이상 나아지지 못했다. 북한은 군사력의 강화를 안보의 최후 수단으로 간

경수로 건설현장

함경남도 신포에 한반도에너지재개발기구(KEDO)를 설립하여 경수로 발전소 건설에 들어갔다. 그러나 북미관계의 악화로 발전소 건설은 2003년에 중단되었다.

주했고, 더구나 1998년 8월에는 어려운 경제 여건에서도 전략 로켓인 '광명성 1호' 발사실험을 강행해 주변국들에 충격을 안겨주었다. 북한은 이른바 북한식 '힘의 외교'를 통해 안보 위기와 고립을 타개하고자 했다. 그러나 이러한 방식은 미국과 일본의 반발을 초래해 오히려 주변 정세의 경색을 가중시켰다. 마찬가지로 1997~1998년에 진행된 남북한과 미국, 그리고 중국이 참여한 한반도 평화 구축을 위한 4자회담에서도 별다른 진전이 없었다. 북한 지도부는 주한미군 철수, 대미 평화협정 체결 등 오랫동안 고수해온 원칙적 입장들을 포기하려 들지 않았다. 북한은 스스로가 고립되어 있다고 여겼던 까닭에 이들 문제에 대한 '대담한 양보'를 하는 데 주저했다. 뿐만 아니라 북한은 이른바 미국의 '5027작전계획'에 의해 전쟁 위기로 치달은 1998년 12월에도 "인민군대의 타격에는 한계가 없다"고 강경하게 맞섰다.

이러한 상황에서 미국이 남한 정부의 대북 '햇볕정책'에 영향을 받고 자신들의 대북 강경책에 한계를 느낌으로써 대북 입장에 변화가 찾아왔다. 이로써 북미관계는 점차 호전 단계로 접어들 기미를 보였다.

1999년 9월, 미사일 문제가 어느 정도 봉합되면서 북미 양국은 관계 정상화를 위한 본격적인 협상에 착수했다. 이듬해 10월에는 조명록 북한 특사와 매들린 올브라이트 미 국무장관이 워싱턴과 평양을 각각 방문해 외교대표부를 설치, 한반도 긴장 완화를 위한 구체적인 조치 등을 심도 있게 논의함으로써, 양국은 관계 정상화에 다가서는 듯했다. 그러나 이때 양국은 결정적인 합의에 이르지 못했다.

2001년 1월에 출범한 조지 부시 새 행정부는 강경한 대북정책을 예고했고, 그해 9·11 테러를 계기로 국제적 무력 분쟁에 적극적으로 나서면서 북한은 더욱 위기의식을 느끼게 되었다. 더구나 부시가 2002년 1월에 북한을 '악의 축'으로 지목하고 타협할 의사가 없음을 분명히 하면서 제네바 협정은 사실상 사문화의 길을 걷게 되었다. 결국 북한은 미국이 새로운 핵 의혹을 제기한 채 중유 공급을 중단하자 2003년 1월에 NPT를 다시금 탈퇴하고 핵시설들에

북한의 미사일 개발/생산 연혁

일자	개발 / 생산 활동
1975	• FROG-5, 7 역설계. • 중국의 DF-61 개발계획 참여하여 미사일 기술 획득.
1976~1981	• 1976년 이집트와 군사협정 체결. • 소련제 SCUD-B(R-17E) 24기 및 발사대를 이집트로부터 도입.
1984	• SCUD-B 최초 발사시험 성공(사정거리: 280km, 탄두 중량: 1,000kg)
1985	• SCUD-B 개량형 시험발사 성공.
1986	• SCUD-B 개량형 양상체제 준비.(연간 100기 생산능력)
1987	• SCUD-B 개량형 실전 배치.
1989	• SCUD-C 개발.(SCUD PIP) • 로동 1호 최초 식별.
1990	• SCUD 최초 배치 식별.
1993	• 로동 1호 최초 발사시험 성공.(SCUD D)
1994	• 대포동 1호 최초 식별.(SCUD E, 로동 2호) • 대포동 2호 최초 식별.(로동 3호)
1997	• 로동 1호 작전 배치 최초 식별. • 대포동 지하 발사진지 건설.
1998. 8	• 대포동 1호(광명성 1호) 시험발사.
2006. 7	• 대포동 2호 시험발사.

북한의 미사일 기종

자료 출처: 『국방백서』 1999, 2012

구분	DF-61	SCUD B(R-17E)	SCUD A(개량형)	SCUD B(개량형)
사거리(km)	600	220~300	300~320	300
탄두 중량(kg)	1,000	1,000	1,000	1,000
비고				작전 배치
구분	SCUD C(개량형)	로동 1호 (SCUD-D)	대포동 1호 (로동 2호)	대포동 2호 (로동 3호)
사거리(km)	500	1,300	2,500	6,700 이상
탄두 중량(kg)	770	700	500	650~1,000(추정)
비고	작전 배치	작전 배치	발사시험	개발중

대한 봉인을 제거했다. 이러한 조치는 미국의 초강경 정책에 맞선 '최후의 선택'으로서, 북한은 다시금 '핵 카드'를 꺼내들고 국가적 생존의 길을 찾아 나섰다.

또다시 북한의 강력한 선택에 봉착한 미국은 북·미 양자회담을 통한 해결보다는 관련 당사국들을 끌어들이는 방식을 선호했다. 2003년 8월 남북한, 미국, 중국, 일본, 러시아가 참가하는 6자회담은 북핵문제에 대한 미국의 접근 방안으로서 시작되었다. 처음 6자회담은 "완전하고 검증 가능하며 불가역적인 핵 폐기(CVID)"를 목표로 북한의 핵무기 외에 평화적 목적의 핵 활동까지 동결해야 한다는 미국의 입장과 핵 동결 대상은 핵무기에 국한되어야 한다는 북한의 주장이 팽팽히 맞서 별다른 성과를 거두지 못했다. 2005년 2월 북한은 핵무기 제조 보유를 공식 선언함으로써 협상력을 증대시키고자 했다. 결국 제4차 6자회담에서는 북한이 핵무기를 포함한 핵 개발을 포기하는 대신 한반도 비핵화, 미국의 대북 불가침 의사 확인, 대북 경수로 제공 논의, 미-일관계 정상화, 5개 당사국의 대북 에너지 지원, 한국의 대북 전력(200만 킬로와트) 지원, 항구적 한반도 평화체제 건설 협상 등의 사항이 합의되었다(9·19 공동성명). 북한으로서는 1994년 제네바 합의 이후 대미관계의 정상화를 이룰 기회로 다가왔다. 그러나 9·19공동성명이 실천에 옮겨지기도 전에 마카오

"한반도 1994년에 전쟁 문턱까지…"

1994년, 북핵 협상의 미국 측 주역들이 당시 협상의 전모를 다룬 신작 『위기의 심화: 제1차 북핵위기(Going Critical: The First North Korean Nuclear Crisis)』를 출간했다. 로버트 갈루치 전 북핵협상대사 등 세 명의 저자는 "한반도는 1994년 6월 16일에 전쟁의 문턱까지 갔다"면서 "만약 그때 전쟁이 났다면 한국에서만 100만 명 이상의 사상자가 났을 것이고 주한미군도 수만여 명 목숨을 잃었을 것"이라고 밝혔다. 갈루치는 "제네바 합의가 없었다면 북한은 세 개의 원자로에서 매년 150킬로그램의 플루토늄을 추출해 나가사키에 투하된 것과 같은 핵폭탄 30개를 만들 수 있었을 것"이라고 주장했다.
(《문화일보》 2004년 4월 29일자 참조)

에 있는 방코델타아시아(BDA)가 북한의 위조 달러와 자금 세탁을 지원했다는 의혹이 불거졌고, 미국은 BDA와의 거래를 금지하는 등 북한의 대외 금융 거래에 족쇄를 채웠다. 북한은 자신의 '제도 전복'(체제 전복)을 추구하는 미국의 본심이 전혀 변하지 않았다고 비난하면서 강력 대응을 암시했다.

2006년 10월, 북한은 첫 번째 지하 핵실험을 실시했다. 이에 유엔은 대북 제재 조치를 통해 북한을 압박했지만 큰 실효성을 거두지는 못했다. 2007년 2월, 제5차 3단계 6자회담이 개최되어 '9·19공동성명 이행을 위한 초기조처'로 명명된 합의문서(2·13합의)가 채택되었다. 특히 이 합의에 따라, 북미는 전면적인 외교관계로 나아가기 위한 양자 대화를 개시하기로 했다. 이 합의 역시 북미 간 상호 불신으로 인해 실천에 옮겨지지 못했지만 북한은 마침내 2008년 10월 '테러지원국' 명단에서 삭제되었다.

북한 미사일

2012년 4월 태양절 기념 열병식에서 선보인 북한의 새 미사일. 길이 18미터에 이르는 이 미사일을 북한은 대륙간 탄도미사일이라고 소개했다.

2009년 들어서 북한은 미국 오바마 행정부의 출범을 기해 미국의 대북정책에 대한 변화를 기대했다. 4월, 북한은 미국 신정부의 입장을 가늠해보고자 주권국가의 평화로운 우주 이용 권리로 주장해온 장거리 로켓 '광명성 2호'를 발사했다. 대북 대화가 미국의 대외정책의 우선순위에서 밀리자 미국과 하루속히 담판을 짓고자 했던 것이다. 이것으로도 별다른 효과를 거두지 못하자 북한은 바로 제2차 핵실험을 강행했다. 이에 유엔의 결의에 따른 대북제재가 뒤따랐고, 미국 정부는 북한에 대한 '전략적 인내'로 표현되는 봉쇄정책을 지속했다.

대일관계

1990년대 북한은 대일관계의 개선을 대미관계 못지않게 중요한 현안으로 간주했다. 일본과 관계를 정상화함으로써 일본의 투자를 유인하고, 특히 식민지 지배에 대한 보상금을 얻어내 경제 건설의 재원으로 활용하길 원했다.

제3차 핵실험 성공 집회

북한은 핵실험 성공 이후 집회를 열어 대내외에 과시했다. 2013년 제3차 지하 핵실험 후 평양에서 열린 성공 축하 집회.

하지만 북한과 일본 간에 이루어지는 접근과 대화는 대체로 미일동맹과 적대적인 북미관계의 흐름과 궤를 같이했기 때문에 큰 어려움이 따를 수밖에 없었다.

1990년 9월, 북한은 일본의 자민당과 사회당 대표단을 초청해 식민지 지배와 전후 45년에 대한 보상과 양국 간의 조기 수교를 촉구하는 공동선언문을 이끌어냈다. 이에 따라 북일 정부 사이에는 2년 가까이 수교회담을 진행했지만 배상문제와 북한 측의 핵 개발 문제에 대한 이견으로 별다른 성과 없이 끝났다. 그 후 양국 간의 대화는 얼마간 소강상태에 접어들다가 북미 제네바 협정을 계기로 조기 국교 정상화를 실현하는 데 합의했으며(1995년 3월), 북일 수교 예비회담이 진행되면서 북송교포 일본인 처의 고향 방문이 실현되기도 했다(1997년 8월). 그러나 일본이 자국민 납치 의혹을 제기했고, 이는 양국 관계 정상화에 큰 걸림돌로 작용했다. 게다가 북한이 '광명성 1호'를 발사해 양국 관계를 더욱 악화시켰다.

1999년 12월에는 무라야마 도미이치 전 총리가 이끄는 의원대표단이 평양을 방문해 대화 분위기를 띄웠다. 또한 북한이 양국 적십자회담에서 일본 측이 의뢰한 행방불명자를 조사·의뢰할 것을 약속하면서 2000년 4월, 7년 만에 양국 수교회담이 재개되었지만 결실을 거두지는 못했다. 북한이 과거 청산, 즉 식민 지배에 대한 사죄와 배상, 그리고 이에 기초한 국교 정상화라는 일관된 입장을 취했기 때문이다. 북한은 일본인 납치에 대해서는 일제 시기에 일어난 수백만 명에 이르는 일본의 조선인 납치문제로 대응했다.

그러다가 북한은 북미관계가 개선될 기미가 없자 일본과의 전격적인 타협을 통한 관계 정상화를 시도했다. 2002년 9월, 김정일 위원장은 고이즈미 준이치로 일본 총리를 평양에 초청해 식민지 배상원칙을 양보하고 일본인 납치사건에 대한 '굴욕적인' 인정을 감수하면서까지 관계 정상화에 적극적인 의지를 내비쳤다. 이때 채택된 평양선언에는 국교 정상화의 조속한 실현을 위해 노력하며, 일본의 대북 보상문제에 대해서 1945년 이전의 재산청구권을 상호 포기한다고 했다. 또한 국교 정상화 이후 일본은 무상 자금 협력, 저금리 장기차관 제공 및 국제기구를 통한 인도주의적 지원 등의 경제 협력을 실시한다고 했다. 이 선언은 장차 북일관계 정상화를 위한 과정에서 획기적인 선언으로 간주되었다. 그러나 납치사건에 대한 일본 내 반북 여론이 악화되면서 이 선언은 실천에 옮겨지지 못했다. 북한은 2004년 일본인 납북자 가족과 납북 희생자인 요코다 메구미의 유골을 송환하는 등 대일 교섭에 힘썼으나 원하는 성과를 얻지 못했다. 일본의 입장에서는 납북자 문제가 해결되지 않았다고 판단한데다가 북한의 핵 보유와 미사일 발사시험이 관계 개선의 발목을 붙잡은 것이다. 2006년 10월, 일본은 북한 국적의 선박 입항 금지 및 대북 수입 금지, 북한 국적 소지자들의 입국 금지 등 독자적인 대북 제재 조치를 취했다. 그로부터 북일관계는 장기간 침체와 단절이 지속되었다.

대중 · 러관계

1990년대 중반까지 북한은 사회주의를 포기한 러시아와 불편한 관계를 유지했으며, 경제적 실리를 추구한 나머지 한중 수교에 나선 중국과도 비교적 소원한 편이었다. 하지만 김정일 지도부는 국제적으로 고립된 상황에서 벗어나 자신의 외교적 역량을 발휘하기 위해 과거 동맹국가들과의 관계 회복에 노력하게 되었고, 이 두 나라와의 관계는 정상 간 외교를 통해 정점에 도달했다.

김정일은 개혁·개방 정책에 성공한 중국의 모습을 직접 확인하고자 2000년 5월과 2001년 1월 두 차례에 걸쳐 중국을 방문했다. 2001년 9월에는 장쩌민 중국 주석의 답방으로 양국 관계는 강력한 결속력을 과시했다. 2002년 북한이 중국과 사전 협의 없이 신의주 경제특구를 조성하기 위해 중국인 양빈(楊斌)을 행정장관으로 임명하자 중국은 이에 반발해 양빈을 구속하는 일이 발생했다. 이 일로 한동안 양국 관계는 냉각기를 겪었다. 그러나 2004년 4월과 2006년 1월에 김정일이 중국을 방문하고, 2005년 10월 후진타오 중국 주석이 북한을 방문하는 등 정상외교가 이어지면서 양국 간 우호관계가 회복되

◀ 조명록과 올브라이트

2000년 10월, 조명록 인민군 총정치국장이 특사 자격으로 미국을 방문했다. 방문 기간 동안 조명록은 클린턴 대통령과 윌리엄 코언 국방장관 등을 만나 양국 관계 정상화에 다가서는 듯했다.

▶ 북일 정상회담

2002년 9월, 김정일은 일본과의 관계 정상화를 위해 고이즈미 준이치로 일본 총리를 평양에 초청했다.

▼ 북러 정상회담

2000년 7월, 푸틴 러시아 대통령이 북한을 방문했고, 2003년에는 김정일이 모스크바를 답방하며 1990년 이후 불편해진 양국 관계를 회복시켰다.

▲ 피랍 일본인 가족 기자회견

2004년 7월, 김정일은 일본과의 수교를 위해 일본인 납치문제에 전향적인 자세로 나서 북측이 확인해준 일본인 피랍자 다섯 명 전원과 그 가족을 일본으로 돌려보냈다. 사진은 피랍 일본인 석방을 촉구하는 가족들의 기자회견.

었다.

김정일은 2010년(2회)과 2011년에 연달아 중국을 방문하는 등 대외관계에서의 대중국 의존도를 높여갔다. 특히 2010년 5월 방중에서는 북중 국경지대인 나선과 황금평-위화도에서 경제지대를 공동 개발하는 데 합의함으로써 북중 간 경제협력이 의미 있는 방향으로 나아가도록 했다. 비록 두 차례에 걸친 북한의 핵실험이 국제적으로 중국의 입장을 난처하게 했으나 냉전 이후 중국은 핵문제로 인해 고립된 북한에게 생존과 발전을 위한 토대를 제공했다고 볼 수 있다.

2000년 2월, 북한과 러시아는 친선 선린 및 협조에 관한 조약을 체결하면서 관계 강화에 나섰다. 그해 7월에 푸틴 러시아 대통령이 북한을 방문했고, 이듬해 8월에는 김정일이 모스크바를 답방했다. 북한으로서는 과거 러시아가 제공한 안보적, 경제적 이점은 사라졌으나 지정학적 위치를 고려하면 양국 간 상호 협력은 여전히 중요한 것이었다. 더구나 러시아가 6자회담을 비롯한 국제무대에서 최소한 중립적 태도를 취해온 것은 북한의 대외정책 수행에 커다란 도움이 되었다. 대한반도 정책과 관련하여 러시아는 상당 기간 시베리아횡단철도(TSR)와 한반도 종단철도(TKR)의 연결, 그리고 남·북·러 가스관 연결 사업에 강한 집착을 가졌으며, 이는 북러 양국 간의 가장 큰 현안 가운데 하나이기도 하다. 다른 측면에서 북한은 러시아와의 협력을 점차 증대시켜왔다. 중국에 비하면 적은 수준이나 북러 간 교역량은 꾸준히 확장되었고, 특히 북한 노동자들의 러시아 진출이 활발히 이루어졌다.

한편 2000년 이후 북한은 대서방국가들, 특히 유럽연합(EU) 국가들과 외교관계 수립에 적극적으로 나섰다. 이것은 대서방 관계 개선을 통해 북한이 처한 외교적 고립 상태와 경제적 어려움을 탈피하고자 함이었다. 그 결과 북한은 대다수 서방국가들과의 수교를 완료했고, 현재는 주요 국가 가운데 사실상 미국과 일본만이 미수교국으로 남아 있는 상태다.

중국과 북한, 혈맹 혹은 순망치한

한반도와 중국의 관계는 수천 년을 거슬러 올라가지만, 북중관계는 1930년대 조선인과 중국인들로 이루어진 항일빨치산의 투쟁이 기원이라고 말할 수 있다. 이 시기 조·중 빨치산들이 항일투쟁이라는 공동의 목표 하에 유격투쟁을 벌였다. 북한은 중국의 제2차 국공내전 시기(1946~1949)에 중국공산당을 지원했고, 중국은 6·25전쟁에 대규모 자국 군대를 파견해 패배 직전의 북한을 구원해주었다. 이로 인해 양국은 냉전 시기 '혈맹', '순망치한(脣亡齒寒)' 관계를 유지해왔다. 특히 북한 주둔 중국 군대는 전후 복구사업에 대대적으로 투입되어 양국의 우호를 한층 강화시키는 데 일조했다.

그러나 북한 내 권력투쟁인 1956년 8월 전원회의사건으로 김두봉과 최창익을 비롯한 친중 세력들이 몰락하게 되었다. 이 사건이 발생하자 중국은 소련과 함께 6·25전쟁 당시 조중연합사를 지휘한 펑더화이를 파견해 북한의 내정에 개입했다. 이 사건은 막 제기되고 있던 북한의 '주체노선'에 기름을 부은 셈이 되었다. 이후 북한은 대외관계에서 자주적 입장을 확립했고, 중국은 더 이상 대북 내정 간섭을 하기가 어렵게 되었다. 그로부터 양국은 이데올로기적 유대에 기반한 교류와 협력관계를 유지했다.

1990년대 초 냉전체제가 해체되고 한중 수교가 맺어지자 북한과 중국은 이전의 '혈맹관계'의 틀을 변화시켰다. 양국 관계는 공통된 이데올로기를 기반으로 한 관계보다는 지정학적 관점에서 안보적 이익이 우선되는 방향을 취하기 시작했다. 중국의 입장에서 북한은 미국과 일본의 대륙 진출을 막아내는 완충지대로서의 역할을 수행해왔다. 중국은 북한의 위기가 자국 안보에 직접적인 위협이 될 수 있다는 점을 고려했다. 반면 국제적 고립 상황에 처한 북한은 자신의 생존과 발전을 위해 중국의 외교적·경제적 지원이 절실히 필요했다.

북한은 중국과 떼려야 뗄 수 없는 관계를 유지했다. 김정은 위원장이 2012년 8월 방북 중인 왕자루이(王家瑞) 중국 공산당 대외연락부장과 건배하고 있다.

605

생존과 발전을 위한 변화 모색

북한에게 '고난의 행군' 시기는 6·25전쟁 이래 최악의 난관이자 위기였다. 그 시기의 심각성은 북한이 역사상 처음으로 외국에 인도적 원조를 요청한 데서도 잘 알 수 있다. 1990년대 북한의 경제 위기는 다양한 원인으로 나뉜다. 그것은 북한식 사회주의 계획경제와 자립경제의 모순과 한계뿐 아니라 사회주의 시장의 붕괴, 외부의 경제 제재, 과중한 국방비 부담, 극심한 자연재해 등과 같은 내외적 요인들이 결합됨으로써 발생한 것이었다. 이 가운데 사회주의 시장의 붕괴와 심각한 자연재해는 경제적 타격의 가장 직접적인 원인이었으며, 계획경제 체제의 한계나 미국의 경제 제재 등은 구조적인 장애 요인으로도 기능했다.

2000년대 들어서도 북한은 중공업을 우선으로 하고 경공업과 농업을 동시

'손전화' 확인

자전거를 타고 가던 북한 주민이 휴대전화를 확인하고 있다. 북한에서 휴대전화 사업을 하고 있는 이집트 오라스콤사는 2011년 북한 휴대전화 가입자 수가 약 66만 명이라고 밝혔다. 최근 북한에서는 자체 기술로 태블릿 PC와 스마트폰을 개발하고 있다.

에 발전시키는 전통적인 경제정책을 계속해서 견지했다. 중공업 가운데서도 북한 경제의 밑뿌리이며 '사회주의 수호와 부강 조국 건설의 생명선'으로 간주된 국방공업의 중요성이 강조되었다. 이는 외부의 위협에 대처하고 군사력을 중시하는 선군정치 노선을 경제적으로 뒷받침하려는 것이었다.

그러나 전통적인 경제노선의 필요성이 되풀이된다고 해서 북한 지도부가 세계 경제의 흐름과 동향을 간과한 것은 아니었다. 김정일은 지난 1990년대에 현저하게 후퇴한 북한 경제를 다시금 성장으로 이끌기 위해 적극적인 행보에 나섰다. 그는 중국과 러시아를 방문해 북한의 경제 전략을 점검하고, 과학기술과 정보기술(IT)을 발전시켜 경제를 회생시키고자 했다.

북한은 1990년대 중반부터 본격화된 총체적인 경제적 어려움을 극복하기 위해 여러 가지 조치를 취했다. 그중에서도 예전과 마찬가지로 자력갱생을 기

'고난의 행군' 종결

성장 동력의 상실, 국제적인 정세 변화와 고립, 잦은 기상 재해……. 1990년대 북한은 건국 이후 최악의 시기를 경험했고, 북한 지도부는 항일유격투쟁 시절의 '고난의 행군'으로 극복하자고 했다.

북한의 토지정리 사업 결과 (1998~2004)

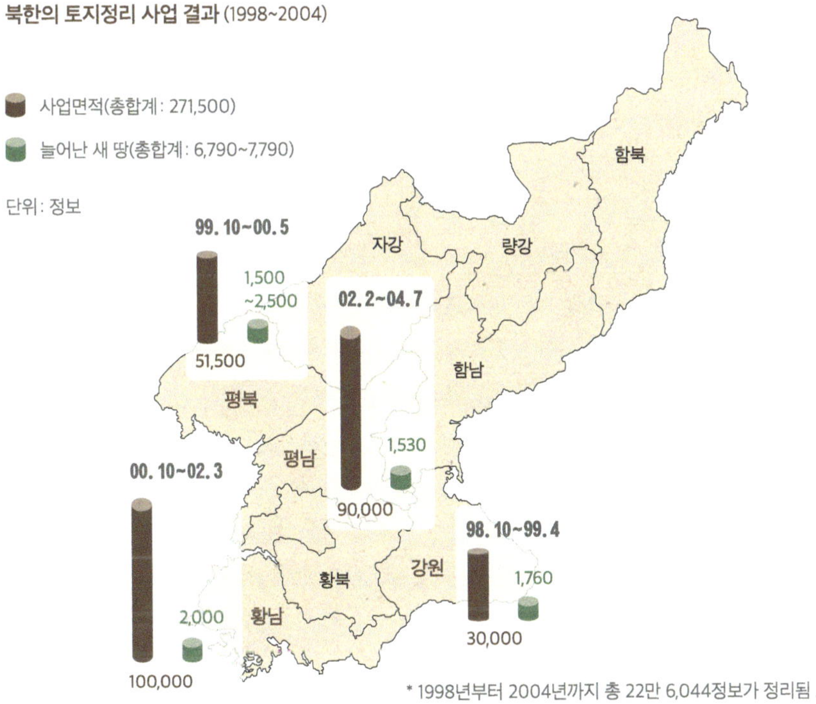

* 1998년부터 2004년까지 총 22만 6,044정보가 정리됨 .

치로 내세워 최대한 내부자원을 동원하는 것이 우선시 되었다. 가령, 1998년 7월에는 농업과 식량 문제를 해결하기 위해 김정일이 이른바 '대자연 개조' 구상을 밝힌 것을 계기로 전국적인 토지정리 사업이 진행되었다. 북한은 주곡의 하나로서 수확량이 높은 감자의 재배를 대대적으로 확충했고, 지역적으로 두벌식(이모작) 농사를 확대했다. 역시 식량문제를 해결하고자 전국적으로 닭 공장과 오리 공장 등을 개설하거나 확장하고, 물고기 양식업을 널리 보급했다. 식량난 못지않게 극심한 에너지난을 수력발전소의 건설로 돌파하려 했으나 근본적인 해결책은 되지 못했다.

북한은 내부자원의 동원을 극대화하기 위해서 부분적인 경제개혁 조치를 도입했다. 바로 2002년 7월에 실시된 경제관리 개선조치로 시장경제적 성격의 정책을 통해 생산을 증대하고 공급을 원활히 하고자 한 것이었다. 이 조치의 골자는 재화와 용역에 대한 국가보조금을 중단해 가격체계에 변화를 주고, 생산을 늘리기 위해 인센티브를 제공하며, 생활비(월급)를 인상한다는 것이었다.

북한이 처한 경제적 어려움을 근본적으로 해결하기 위해서는 대외 시장경제와의 교류가 필요할 수밖에 없었다. 2000년대 들어 북한은 대외 자본의 유입에 더욱 관심을 보이기 시작했다. 일찍이 1990년 말에 지정된 라진·선봉 경제특구를 비롯하여 2002년에는 '신의주특별행정구'(9월), '금강산관광지구'(10월), '개성공업지구'(11월)를 지정하고, 관련 법령들을 공포했다. 관련 법령들은 북한으로서는 획기적인 '자본주의적' 내용을 과감하게 수용한 것이었다. 다만 이때 신의주 특구 개발은 중국과의 사전 협의 미비로 인한 갈등으로 당장에 진전을 보지 못했다.

극도로 피폐한 인민 생활은 2000년 이후 조금씩 호전되었지만 전반적인 경제 상황은 상당 기간 개선되지 못했다. 2006년경에 이르러서야 경제 상황은 점진적인 상승 국면에 접어들었고, 2008년 12월 김정일은 2012년까지 '강성대국'의 대문을 여는 총진군의 시작을 선언했다. 이 목표를 향해 북한은 전체 사회 역량을 결집시켰고, 각지에서 다시금 경제 건설의 나팔이 울려 퍼졌다. '련하기계'로 대표되는 독자적인 첨단

개천-태성호 물길

북한은 전기가 없어도 자연 흐름식으로 관개농업이 가능한 150킬로미터 길이의 대규모 수로를 건설했다.

기술 개발 성과를 대내외에 과시함으로써 실제로 큰 변화가 일어나고 있음을 보여주려 했다.

집단주의적 생활체계가 뿌리내린 북한 인민의 생활은 오랫동안 국가적 책임 하에 유지되어왔다. 직장을 위시해 생필품과 교육, 의료, 주택 등 기본적인 생활 유지 수단은 국가적으로 보장되었다. 그러나 '고난의 행군'을 거치면서 각자의 수입에 따라 물건을 구입하고 생활하는 시장형 경제가 배급제의 사이에 비집고 들어서게 되었다. 인민들은 '일한 것만큼 분배를 받는다'는 원칙에 따라 국가에 의한 생활보장 체계에만 의존할 수 없게 되었고, 생활 유지를 위해서는 각자의 노력이 더욱 중요해졌다. 농산물 위주의 거래만이 허용되던 농민시장은 갖가지 생필품이 유통되는 시장으로 바뀌었다. 시장의 성장은 일부 계층의 부를 키워 경제 활성화에 도움을 주기도 했지만 시장에 의존하는 비율이 높아질수록 인플레와 빈부 격차의 확대 같은 부정적인 요소들이 드러나기도 했다.

7·1경제관리 개선조치는 진행형

평안북도 박천군에 있는 남흥청년화학련합기업소의 야경

"생산 확대의 일면만을 강조한 나머지 그 과정에 자재와 로력이 얼마나 지출되었는가, 말하자면 흑자인가 적자인가에 대하여 큰 관심을 돌리지 못했지요. 실리에 대한 관점이 없었던 것입니다."(《조선신보》 2003년 11월 29일자) 7·1조치 이전의 북한 경제 상황을 단적으로 나타내주는 북한 학자의 말이다.

이 조치의 목적은 생산물을 제 가치대로 계산하고 생산자들의 노동 의욕을 높임으로써 경제 각 부문에 생산력 증대를 도모하고, 국가의 부담을 줄이기 위한 데 있었다. 하지만 극심한 인플레와 빈부 격차의 확대 같은 부정적인 요소들이 드러났고, 상당 기간 눈에 띄는 성과를 내는 데도 실패했다. 그럼에도 7·1조치가 북한 경제의 시장적 요소의 발전과 전반적인 사회적 변화를 이끄는 시작점이 되었다는 데 역사적 의미를 둘 수 있다.

북한은 2009년 11월 화폐개혁을 전격 단행했다. 이는 심각한 인플레이션과 재정 악화로 국가 주도의 계획경제 체제 운영이 어려운 상황을 타개하고자 함이었다. 그러나 본래의 목적과는 달리 이후 화폐가 남발되면서 인플레이션이 지속되었고, 특히 막 성장하던 시장 세력에게는 큰 타격을 주었다. 전반적인 경제 상황은 전에 비해 다소간 호전되어 갔지만 2012년 김일성 탄생 100주년을 기해 경제적 '강성대국'의 대문을 열겠다는 목표는 달성하지 못했다. 제한적인 대외 교류 상황에서 자력갱생 방식을 통한 성장 모델이 갖는 한계를 증명했다고 볼 수 있다.

교류와 발전을 위한 시도

2007년 5월 17일, 경의선-동해선 남북 열차 시험 운행 행사가 열렸다. 평화와 교류의 염원을 담은 열차가 문산역에서 북측을 향해 출발하고 있다.

사회주의 대가정의 어버이, 그 작동 원리

김일성과 김정일, 그리고 김정은으로 이어지는 북한 체제는 삼대로 이어지고 있다. 1960년대 초에 김일성 유일체제가 성립된 이후 수령 중심의 사회주의 제도는 본질적인 변동 없이 그 기본 틀을 유지해왔다. 이 체제는 능동적이든 수동적이든 간에 인민의 동의 속에 작동하는 것임에는 틀림이 없다. 이 체제가 장기간 존속할 수 있는 요인은 단순히 물리적 강제력이나 교육·선전과 같은 지배체제의 일방적 메커니즘으로만 설명하기는 어렵다. 따라서 정치·이데올로기, 경제, 사회문화, 대외관계 등 모든 요인을 고려해야 한다.

정치·이데올로기적 요인 : 김일성의 항일유격대가 중심이 된 정치체제의 성격이 북한의 정당성을 심어주는 구실을 했다. 일제와 투쟁한 세력이 집권함으로써 권력의 정당성에 대한 의구심이 애초에 제거되었다. 여기에 당 간부들은 대중 속에 들어가 사업하고 인민에 대해 헌신할 것을 끊임없이 요구받음으로써 사회의 일체화를 도모했다. 서구식 정치적 경험을 가지지 못한 것도 장기 집권을 가능하게 한 요인이다. 또한 남북 분단으로 인한 한반도 긴장상태는 최고 지도자의 권한을 극대화시키는 데 커다란 구실을 했고, 주체사상이라는 유일사상이 전 사회적으로 강제된 것은 체제의 지속성을 뒷받침했다.

경제적 요인 : 자본주의적 '착취'로부터의 해방을 외쳐온 만큼 경제적 평등을 강조하는 것은 사회의 자연스런 기조다. 물론 북한 사회 역시 불평등 구조에서 벗어난 것은 아니지만 재화의 사회적 분배에서 의식적으로 균등한 방식을 지향해왔다. 여기에 무상교육, 무상의료, 완전고용 등 기본 생활의 국가적 보장체계를 우선시한 것은 사회 내부의 통합을 위한 물적 기반이 되었다.

사회문화적 요인 : 사회는 하나의 '사회주의 대가정'으로 묘사되며, 혁명의 수령은 대가정의 '어버이'로서 지칭된다. 수령-당-인민의 일심단결과 집단에 헌신적으로 복무하는 인간상을 강조하는 집단주의 생활양식과 조직적 교양은 최고 지도자의 권위를 한없이 증대시켰다. 학교와 사회교육은 유일체제를 뒷받침하는 제도적 틀을 제공해왔다.

대외관계적 요인 : 먼저 대외 교류에서의 폐쇄성이 언급될 수 있다. 미약한 대외 교류는 외국의 문물이 북한 사회에 끼칠 영향을 최소화시킴으로써 그로 인한 사회적 동요를 막아왔다. 또한 북한의 반미 성향과 미국이 중심이 된 대북 고립과 압박정책은 역설적으로 수령체제의 지속성에 크게 '기여'한 측면이 있다. 즉, 외부의 압력이 거셀수록 지도자의 구심적 역할은 증대되기 때문이다. 이들 요인 가운데 어떤 것이 절대적이라고 말하기는 쉽지 않다. 각각이 상대적 독립성을 지니기도 하지만 대부분은 상호 밀접한 결합 속에서 작용해왔다. 말하자면, 어느 한 요인이 다른 한 가지 이상의 요인에 영향을 주기도 하고, 그 자신은 다른 요인에 종속변수가 되기도 한다.

606

김정은 시대의 개막

2010년 9월 조선로동당 당대표자대회에서 김정일의 3남 김정은은 당 중앙 군사위원회 부위원장이라는 직책을 부여받음으로써 북한의 공식 후계자로 등장했다. 그는 1998년부터 약 2년간 스위스의 공립학교에서 유학했고, 귀국 후에는 김일성군사종합대학에서 수학한 것으로 알려졌다. 북한 지도자로서 전례가 없는 서방국가 체류 경험은 나중에 그가 최고 통치자가 되었을 때 국가 정책의 방향타에 영향을 줄 수 있었다. 반면, 이후 국내에서 군사학을 전공한 사실은 부친의 선군정치를 습득하기 위한 과정으로 읽혔다. 아무튼 혈연에 의한 권력 세습이라는 대외적 비판을 무릅쓰면서까지 그가 등장할 수밖에 없었던 것은 장기간 유일체제가 이어지면서 이 체제를 뛰어넘을 비판적 대안을 마련하지 못한 북한 정치 상황이 낳은 필연적 결과라 볼 수 있다.

젊은 통치자 김정은과 6·25의 노병들

2011년 김정일의 삼남 김정은이 로동당 제1비서와 국방위원회 제1위원장에 추대되었다. 사진은 2013년 북한이 '전승절'(정전협정 체결일 7월27일) 60주년 기념 열병식에서 촬영한 것이라고 밝힌 김정은과 6·25 참전자, 지휘성원들의 모습이다.

김정은이 후계자로 등장한 지 얼마 지나지 않은 2011년 12월, 김정일 국방위원장이 사망했다. 현실 사회주의의 붕괴 이후 20여 년간 총체적 난국을 이끌어온 그의 시대가 마감한 것이었다. 그의 집권 기간은 6·25전쟁 이후 최대의 경제적 난국인 '고난의 행군' 시기에서 벗어나는 기간과 일치했다. 그는 경공업과 농업을 우선적으로 발전시키는 방침을 밀고 나갔고, 경제특구 설치 및 외국 투자 유치 등 대외 개방적 분위기를 조성하기도 했지만 바라던 '경제강국' 건설은 끝내 보지 못했다. 반면, 대외적으로 비난과 제재를 받은 핵무기와 장거리 미사일 개발은 대내적으로는 인민들의 자부심을 고취하여 체제 결속에 도움을 주기도 했다.

김정일 장례 행렬과 조문하는 시민들

2011년 12월 김정일 국방위원장이 사망했다. 보존 처리된 시신은 김일성 시신과 함께 금수산태양궁전에 안치되었다.

2012년 4월, 제4차 로동당대표자회의와 최고인민회의 제12기 5차 회의에서 김정은을 각각 조선로동당 제1비서와 국방위원회 제1위원장에 추대하여 김정일이 지녔던 당과 정부의 최고 지위를 그에게 물려주었다. 같은 해 7월, 김정은은 조선민주주의인민공화국 공화국 '원수' 칭호를 부여받았다. 새로운 지도자의 등극은 매우 신속하게 이루어졌다.

부친의 급작스러운 사망으로 일거에 한 국가의 전권을 물려받은 김정은은 매우 단기간에 걸쳐 자신의 지도력을 확신시켜야만 하는 과제와 마주쳤다. 이를 위해 북한 당국은 각종 매체를 동원하여 그에 대한 '위인화' 작업을 서두르면서 새로운 '수령'으로서의 위상을 높이고자 했다. 동시에 그는 '선대 수령들'이 걸어온 통치방식을 답습하면서 자신의 대민 이미지를 높이기 위한 활동에 나섰다. 각 경제 단위와 시설, 생활 현장, 군대 등에 대한 현지지도를 꾸준히 수행함으로써 인민적 지도자상을 구축하고자 했다.

단기간의 후계 수업에도 불구하고 김정은의 권력 장악과 리더십 확립은 순조롭게 진행되는 듯이 보였다. 김정일 시대의 고위 인물들인 김영남(최고인민회의 상임위원회 위원장), 최영림(내각총리), 리영호(군 총참모장), 장성택(국방위원회 부위원장), 김기남(당비서), 최태복(당비서) 등 당과 군의 지도세력은 물론이고 고모 김경희(정치국 위원)과 고모부 장성택(국방위원회 부위원장)이 그의 권력을 뒷받침하였다. 그의 집권 2년간을 보면 이전 보다 잦은 당·정·군 간부들의 인사 이동이 목격되었는데, 이는 권력기관 내 세대교체의 신호로 받아들여졌다. 하지만 2012년 7월 군의 최고 실세인 총참모장 리영호가 전격 해임되고, 게다가 2013년 12월 '권력 2인자'로 알려진

장성택 처형

남한 시민들이 장성택 처형을 보도하는 방송을 시청하고 있다. 북한 정부의 핵심적인 실세이자 김정은 위원장의 고모부이기도 한 장성택의 축출 소식을 세계 매체들이 특종으로 다루었다.

고모부 장성택이 '국가전복음모죄'에 걸려 전격적으로 숙청·처형된 사건은 '새로운 수령'으로서 김정은의 입지 확립에 일정한 난관이 가로놓여 있음을 확인시켜 주었다.

김정은 앞에 놓인 목표는 자신의 아버지가 제시한 '강성국가' 건설로 표현된다. 이 목표의 달성은 1990년대 이래로 이어온 안보와 경제 문제의 해결과 연결된다. 북한은 이 둘을 별개 문제라기보다는 서로 밀접한 관련이 있는 문제로 본다. 즉 안보문제의 해결로 경제적 난관을 돌파하겠다는 것이다. 북한은 안보문제를 핵무기 개발을 통한 대미 협상 전략으로 해결하려는 방침을 굳힌 상태에서 2012년 12월 '광명성 3호' 위성을 탑재한 장거리 로켓 '은하 3호'를 발사했고, 이듬해 2월 핵무기 성능을 더욱 진전시킨 제3차 핵실험을 강행했다. 핵무기와 장거리 로켓을 내세워 대미 협상력을 높이고 북미관계 정상화를 통해 생존과 발전을 보장받고자 한 것이다. 이 전략은 2013년 3월 조선로동당 중앙위원회 전원회의에서 경제 건설과 핵무력 건설을 병진시키는 노선으로 구체화되었다. 다시 말해서, 핵무력이라는 비교적 적은 비용으로 국방력을 강화하면서 경제 건설을 재촉하여 '강성국가'에 도달하자는 것이었다. 이는 또한 과거 김일성과 김정일 시대에 내세운 경제·국방 병진노선을 변모시킨 것으로 볼 수 있다.

2012년 12월 12일 북한의 장거리 로켓 은하 3호가 평안북도 철산군 동창리의 서해위성발사장에서 발사되고 있다. 은하 3호에 실린 위성 광명성 3호는 지구궤도에 정상 진입했으나 작동 여부는 확인되지 않고 있다.

북한 당국은 '경제 강국'의 실현 여부를 자신의 앞날을 좌우하는 주요 척도로 보면서 군대를 비롯한 내부자원을 총동원해 각종 건설에 투입하고 산업 생산의 정상화에 전력을 기울이고 있다. 각 기업소와 공장이 확대된 자율권을 지니고 책임경영을 하도록 해 초과 생산에 대한 처분권을 실질적으로 행사하도록 하거나, 협동농장의 생산과 분배에 대한 개선 조치가 실시되고 있는 것은 주목할 만한 변화로 읽혀진다. 또한 김정일 통치 후반기에 이미 나타난 바와 같이, 북한 당국은 전례 없이 수출을 독려하고 대외투자 유치에 적극 나서고 있다.

김정은 시대의 경제 발전 전략은 전통적인 자립경제 노선을 기반으로 하여 대외경제 교류를 확대하는 방향으로 나아갈 것으로 예상된다. 자립경제 노선은 주체사상과 같이 체제 존립의 근간이기 때문에 인위적인 변화를 기대하기는 어렵다. 따라서 북한은 자립경제 노선과 대외개방이 절충되는 타협점을

만수대창작사의 세계 진출

북한이 제작한 세네갈의 초대형 조형물 〈아프리카 르네상스〉

만수대창작사는 북한의 국립 미술 제작소로, 1959년에 설립되었다. 이 '예술 공장'에서는 1000여 명의 예술가를 포함한 4000여 명의 인력이 활동 중이며 조선화·조각·목판·도안·유화·수예 등 다양한 형태의 미술품을 생산하고 있다. 평양의 주체사상탑, 초대형 김일성 동상 등 해외에도 잘 알려진 북한의 대표적 조형물들을 만수대창작사에서 제작했고, 작품 수출과 해외 전시 등으로 외화를 벌어들이고 있다. 사실적이고 강한 표현력과 상대적으로 저렴한 제작비에 아프리카 여러 국가가 특히 많이 의뢰했으며, 2010년에는 만수대창작사 공훈조각창작단이 세네갈 독립 50주년 기념 대형 조형물 〈아프리카 르네상스〉를 의뢰받아 제작한 사실이 화제가 되었다. 또 2014년에는 캄보디아 앙코르와트에 북한이 약 160억 원을 투자하고 만수대창작사가 주도하여 건립한 '그랜드파노라마 박물관'이 개관했다. 만수대창작사에서 활동하는 예술가들의 작품 판매를 위한 인터넷 사이트(www.mansudacartstudio.com)도 운영 중인데, 이탈리아의 한 기업이 사이트 관리와 판매를 전담하며 남한에서도 접속이 가능하다.

끊임없이 찾을 것으로 예상된다. 김정은 체제의 성공 여부는 크게는 경제적 성장과 그에 따른 체제 안정에 달려 있다고 볼 수 있다. 이를 위해서는 국제사회의 대북 고립과 경제 제재를 어떻게 극복할 것인지가 관건인데, 특히 북미 관계의 정상화 없이 북한의 경제 발전이 순조로울 것인지는 여전히 미지수다. 또한 경제 성장이 뒷받침되고 북미관계가 정상화된다 하더라도 북한 사회 내부의 변화 요구가 상승할 경우, 전반적인 사회적 진로를 점치기는 쉽지 않다고 할 수 있다.

김정은 리설주 부부

김정은이 추대되며 그의 아내 리설주도 북한의 퍼스트레이디로서 주목을 받았다. 리설주는 2005년 인천에서 개최된 아시아육상선수권대회에 북측이 보낸 청년학생협력단 단원으로 파견되어 남한을 방문한 적이 있다.

북조선, 네트워크의 세계로 들어오다

클릭 한 번으로 지구 반대편 소식을 알 수 있는 시대다. 그와는 영 동떨어져 있을 것만 같던 북한도 이제는 개인용 휴대전화와 컴퓨터, 인터넷을 사용하는 정보사회로 서서히 변모하고 있다. 2003년 5개년계획의 일환으로 이동통신망이 도입된 후, 북한에서는 '손전화'라 부르는 휴대전화 사용자가 2013년에는 200만 명을 넘어선 것으로 보고되었다. 또한 2013년 북한은 자체 기술로 태블릿 PC '삼지연'을 개발했고, 외국인 방문객들이 '삼지연'을 구입해 "저렴한 가격에 비해 좋은 성능"이라고 호평해 관심을 모으기도 했다.

반면 세계로 접속할 수 있는 인터넷은 정부 부처와 일부 대학교에서만 사용이 가능한 상태다. 북한 정부 차원에서 다양한 웹사이트도 운영 중인데, '조선중앙통신'과 '로동신문' 등 대표 언론사 사이트 및 '우리민족끼리', '내나라' 등 북한을 홍보하는 사이트까지 10여 개 정도 되는 웹사이트가 있다.

북한에서 개발한 태블릿 PC '삼지연'

웹사이트 외에도 북한은 세계적인 동영상 사이트 유튜브(Youtube), 소셜 네트워킹 서비스인 페이스북(Facebook)과 트위터(Twitter) 계정도 개설했으나, 페이스북 측에서는 이용약관에 위배된다며 북한의 페이지를 삭제한 바 있다. '우리민족끼리' 트위터 계정에 올라온 글을 조롱의 의미로 리트윗(Retweet, 남이 쓴 글을 더 많은 사람들이 볼 수 있도록 재게시하는 것)하거나 '우리민족끼리' 사이트와 이메일로 소통하려 한 남한 시민들이 국가보안법 위반 혐의로 구속되는 사건들도 있었다. 이전까지는 신문이나 방송 등 공적 언론을 통해서만 북한 소식을 접할 수 있었으나, 이제는 개인도 인터넷을 이용해 북한 정보를 찾아볼 수 있기에 생긴 사건들이다. 구글(Google)에서 위성 촬영된 북한의 풍경을 볼 수도 있고, 북한을 방문한 외국인들의 방문기와 사진을 블로그에서 쉽게 접할 수도 있다.

북한은 정보화에 대응하기 위해 2011년 말 '콤퓨터망관리법'·'전자인증법' 등 정보통신 관련법을 제정했다. 이는 대체로 북한 내부의 정보 인프라를 관리하기 위한 행보로 보인다. 그러나 북한의 일반 대중에게 인터넷이 공개되는 날이 온다면, 북한 내에서는 물론 그와 접촉하게 될 남한에서도 새로운 사건과 문제가 생겨날 것이고, 이에 대한 해법도 모색해야 할 것이다.

ㅈ

ㅊ

ㅋ

ㅌ

ㅍ

ㅎ

이미지 제공처

– 이 책은 아래의 단체 및 저작권자의 도움으로 만들어질 수 있었습니다.
사진을 제공해주신 분들께 감사드립니다.

– 저작권자를 찾지 못하여 게재 허락을 받지 못한 사진에 대해서는 저작권자가 확인되는 대로
게재 허락을 받고 통상의 기준에 따라 사용료를 지불하도록 하겠습니다.

*숫자는 해당 페이지를 말함.

게티이미지 34, 68, 241, 250
김광운 30, 39(아래), 44, 46, 52, 72, 192
눈빛출판사 26, 51(아래), 94(위, 아래 오른쪽), 100, 105, 109, 111, 114, 115, 118, 120, 132, 188
미국 국립문서기록관리청(NARA) 86, 98, 106, 108, 117, 124
민족21 169(아래), 280, 317, 318, 348, 349(아래)
백범기념관 62(왼쪽)
서정남 195, 278, 279, 319, 321(위)
역사비평사 65, 170, 174, 176
연합뉴스 301(아래), 308, 340, 345, 353(위 왼쪽, 아래), 355(맨 아래), 358, 359, 360, 365, 367, 372, 375(맨 위, 맨 아래 양쪽), 380, 384, 386, 388, 389, 390, 391, 392
이구열 144, 168, 182(오른쪽)
정선아리랑연구소 70
정창현 234(아래)
중앙일보 27, 43(오른쪽), 48, 55, 60, 62(오른쪽), 71, 94(아래 왼쪽), 101, 126, 127, 129, 244, 245, 249, 282, 301, 302, 305, 316, 335, 342, 347
효형출판사(백승종) 135, 154, 156, 164, 165, 191, 193